U0369816

图书在版编目(CIP)数据

民国中国文化史要籍汇刊. 第一卷 / 侯杰主编. —影印本. —天津 ：南开大学出版社，2019.1
(近代稀见旧版文献再造丛书)
ISBN 978-7-310-05702-3

Ⅰ. ①民… Ⅱ. ①侯… Ⅲ. ①文化史—文献—汇编—中国 Ⅳ. ①K203

中国版本图书馆 CIP 数据核字(2018)第 278036 号

南开大学出版社出版发行
出版人:刘运峰
地址:天津市南开区卫津路 94 号　　邮政编码:300071
营销部电话:(022)23508339　23500755
营销部传真:(022)23508542　　邮购部电话:(022)23502200
*
北京隆晖伟业彩色印刷有限公司
全国各地新华书店经销
*
2019 年 1 月第 1 版　　2019 年 1 月第 1 次印刷
148×210 毫米　32 开本　14.375 印张　4 插页　413 千字
定价:180.00 元

如遇图书印装质量问题,请与本社营销部联系调换,电话:(022)23507125

出版说明

一、本书收录民国时期出版的中国文化史著述，包括通史性文化著述、断代史性文化著述和专题性文化史著述三大类；民国时期出版的非史书体裁的文化类著述，如文化学范畴类著述等，不予收录；同一著述如有几个版本，原则上选用初始版本。

二、个别民国时期编就但未正式出版过的书稿如吕思勉的《中国文化史六讲》和民国时期曾以文章形式公开发表但未刊印过单行本的著述如梁启超的《中国文化史·社会组织篇》，考虑到它们在文化史上的重要学术影响和文化史研究中的重要文献参考价值，特突破标准予以收录。

三、本书按体裁及内容类别分卷，全书共分二十卷二十四册；每卷卷首附有所收录著述的内容提要。

四、由于历史局限性等因，有些著述中难免会有一些具有时代烙印、现在看来明显不合时宜的内容，如『回回』『满清』『喇嘛』等称谓及其他一些提法，但因本书是影印出版，所以对此类内容基本未做处理，特此说明。

南开大学出版社
二〇一八年十一月

总序

侯　杰

中国文化，是世代中国人的集体创造，凝聚了难以计数的华夏子孙的心血和汗水，不论是和平时期的锲而不舍、孜孜以求，还是危难之际的攻坚克难、砥砺前行，都留下了历史的印痕，闪耀着时代的光芒。其中，既有精英们的思索与创造，也有普通人的聪明智慧与发奋努力；既有中华各民族儿女的发明创造，也有对异域他邦物质、精神文明的吸收、改造。中国文化，是人类文明的一座巨大宝库，发源于东方，却早已光被四表，传播到世界的很多国家和地区。

如何认识中国文化，是横亘在人们面前的一道永恒的难题。虽然，我们每一个人都不可避免地受到文化的熏陶，但是对中国文化的态度却迥然有别。大多离不开对现实挑战所做出的应对，或恪守传统，维护和捍卫自身的文化权利、社会地位，或从中国文化中汲取养料，取其精华，并结合不同历史时期的文化冲击与碰撞，进行综合创造，或将中国文化笼而统之地视为糟粕，当作阻碍中国迈向现代社会的羁绊，欲除之而后快。这样的思索和抉择，必然反映在人们对中国文化的观念和行为上。

中国文化史研究的崛起和发展是二十世纪中国史学的重要一脉，是传统史学革命的一部分——传统史学在西方文化的冲击下，偏离了故道，即从以帝王为中心的旧史学转向以民族文化为中心的新史学，又和中国的现代化进程有着天然的联系。二十世纪初，中国在经受了一系列内乱外患后，千疮百孔，国力衰微；与此同时，西方的思想文化如潮水般涌入国内，于是有些人开始对中国传统文化产生怀疑，甚至持否定态度，全盘西化论思潮的出笼，更是把这种思想推向极致。民族自信力的丧失既是严峻的社会现实，又是亟待解决的问题。而第一次世界大战的惨剧充分暴露出西方社会的弊端，其文化取向亦遭到人们的怀疑。人们认识到要解决中国文化的出路问题就必须了解中国文化的历史和现状。很多学者也正是抱着这一目的去从事文化史研究的。

在中国文化史书写与研究的初始阶段，梁启超是一位开拓性的人物。早在一九〇二年，他就深刻地指出：『中国数千年，唯有政治史，而其他一无所闻。』为改变这种状况，他进而提出：『历史者，叙述人群进化之现象也。』而所谓『人群进化之现象』，其实质是文化演进以及在这一过程中所迸发出来的缤纷事象。以黄宗羲『创为学史之格』为楷模，梁启超呼吁：『中国文学史可作也，中国种族史可作也，中国财富史可作也，中国宗教史可作也。诸如此类，其数何限？」从而把人们的目光引向中国文化史的写作与研究。一九二一年他受聘于南开大学，讲授『中国文化史』，印有讲义《中国文化史稿》，后经过修改，于一九二二年在商务印书馆以《中国文化史稿第一编——中国历史研究法》之名出版。截至目前，中国学术界将该书视为最早的具有史学概论性质的著作，却忽略了这是梁启超对中国文化历史书写与研究的整体思考和潜心探索之举，充满对新史学的拥抱与呼唤。

与此同时，梁启超还有一个更为详细的关于中国文化史研究与写作的计划，并拟定了具体的撰写目录。梁启超的这一构想，部分体现于一九二五年讲演的《中国文化史·社会组织篇》中。在这个关于中国文化史的构想中，梁启超探索了中国原始文化以及传统社会的婚姻、姓氏、乡俗、都市、家族和宗法、阶级和阶层等诸多议题。虽然梁启超终未撰成多卷本的《中国文化史》（其生前，只有《中国文化史·社会组织篇》等少数篇目问世），但其气魄、眼光及其所设计的中国文化史的书写与研究的构架令人钦佩。因此，鉴于其对文化史的写作影响深远，亦将此篇章编入本丛书。

此后一段时期，伴随中西文化论战的展开，大量的西方和中国文化史著作相继被翻译、介绍给中国读者。桑戴克的《世界文化史》和高桑驹吉的《中国文化史》广被译介，影响颇大。国内一些学者亦仿效其体例，参酌其史观，开始自行编撰中国文化史著作。一九二一年梁漱溟出版了《东西文化及其哲学》，这是近代国人第一部研究文化史的专著。尔后，中国文化史研究进入了一个短暂而兴旺的时期，一大批中国文化史研究论著相继出版。在二十世纪二三十年代，有关中国文化史的宏观研究的著作不可谓少，如杨东莼的《本国文化史大纲》、陈国强的《物观中国文化史》、柳诒徵的《中国文化史》、陈登原的《中国文化史》、王德华的《中国文化史略》等。在这些著作中，柳诒徵所著《中国文化史》被称为『中国文化史的开山之作』，而杨东莼所撰写的《本国文化史大纲》则是第一本试图用唯物主义研究中国文化史的著作。与此同时，对某一历史时期的文化研究也取得很大进展。如孟世杰的《先秦文化史》、陈安仁的《中国上古中古文化史》和《中国近世文化史》等。在宏观研究的同时，微观研究也逐渐引起学人们的注意。其中，中西文化交流史研究成绩斐然，如郑寿麟的《中西文化之关系》、张星烺的《欧化东渐史》等。一九三六至一九三七年，商务印书馆出版了由王云五等主编的《中国文化史丛书》，共有五十余种，体例相当庞大，内容几乎囊括了中国文化史的大部分内容。

此外，国民政府在三十年代初期出于政治需要，成立了『中国文化建设会』，大搞『文化建设运动』，致力于『中国的本位文化建设』。一九三五年十月，陶希盛等十位教授发表了《中国本位文化建设宣言》，提出『国家政治经济建设既已开始，文化建设亦当着手，而且更重要』。因而主张从中国的固有文化即传统伦理道德出发建设中国文化。这也勾起了一些学者研究中国文化史的兴趣。同时，这一时期又恰逢二十世纪中国新式教育发生、发展并取得重要成果之时，也促进了『中国文化史』课程的开设和教材的编写。清末新政时期，废除科举，大兴学校。许多文明史、文化史的著作因非常适合作为西洋史和中国史的教科书，遂对历史著作的编纂产生很大的影响。在教科书撰写方面，多部中国史的教材，无论是否以『中国文化史』命名，实际上都采用了文化史的体例。而这部分著作也占了民国时期中国文化史著作的一大部分。如吕思勉的《中国文化史二十讲》（现仅存六讲）、王德华的《中国文化史略》、丁留余的《中国文化史问答》、李建文的《中国文化史讲话》、范子田的《中国文化小史》等。

二十世纪的二三十年代实可谓中国学术发展的黄金时期，这一时期的文化史研究成就是有目共睹的，不少成果迄今仍有一定的参考价值。此后，从抗日战争到解放战争十余年间，中国文化史的书写和研究遇到了困难，陷入了停顿，有些作者还付出了生命的代价。但尽管如此，仍有一些文化史论著问世。此时，综合性的文化史研究著作主要有缪凤林的《中国民族之文化》、陈安仁的《中国文化史》、王治心的《中国文化史类编》、陈竺同的《中国文化史略》和钱穆的《中国文化史导论》等。其中，钱穆撰写的《中国文化史导论》和陈竺同撰写的《中国文化史略》两部著作影响较为深远。钱穆的《中国文化史导论》，完成于抗日战争时期。该书是继《国史大纲》后，他撰写的第一部系统讨论中国文化史的著作，专就中国通史中有关文化史一端作的导论。因此，钱穆建议读者『此书当与《国史大纲》合读，庶易获得写作之大意所在』。不仅如此，钱穆还提醒读者该书虽然主要是在专论中国，实则亦兼论及中西文化异同问题。数十年来，『余对中西文化问题之商榷讨论屡有著作，而大体论点并无越出本书所提主要纲宗之外』。故而，『读此书，实有与著者此下所著有关商讨中西文化问题各书比较合读之必要，幸读者勿加忽略』。陈竺同的《中国文化史略》一书则是用生产工具的变迁来说明文化的进程。他在该书中明确指出：『文化过程是实际生活的各部门的过程』，『社会生产，包含着生产力与生产关系。这本小册子是着重于文化的过程。至于生产关系，就政教说，乃是权力生活，属于精神文化，而为生产力所决定』。除了上述综合性著作外，这一时期还有罗香林的《唐代文化史研究》、朱谦之的《中国思想对于欧洲文化之影响》等专门性著作影响较为深远。

不论是通史类论述中国文化的著作，还是以断代史、专题史的形态阐释中国文化，都包含着撰写者对中国文化的情怀，也与其人生经历密不可分。柳诒徵撰写的《中国文化史》也是先在学校教习之用，后在出版社刊行。鉴于民国时期刊行的同类著作，有的较为简略，有的只可供学者参考，不便于学年学程之讲习，所以他发挥后发优势，出版了这部比较丰约适当之学校用书。更令人难忘的是，柳诒徵不仅研究中国文化史，更有倡行中国文化的意见和主张。他在《弁言》中提出：『吾尝妄谓今之大学宜独立史学院，使学者了然于史之封域非文学、非科学，且创为斯院者，宜莫吾国若。三二纪前，吾史之丰且函有亚洲各国史实，固俨有世界史之性。丽、鲜、越、倭所有国史，皆师吾法。夫以数千年丰备之史为之干，益以近世各国新兴之学拓其封，则独立史学院之自吾倡，不患其异于他国也。』如今，他的这一文化设想，在南开大学等国内高校已经变成现实。正是由于有这样的文化观念，所以他才自我赋权，主动承担起治中国文化史者之责任：『继往开来……择精语详，以诏来学，以贡世界。』

杨东莼基于『文化就是生活。文化史乃是叙述人类生活各方面的活动之记录』的认知，打破朝代观念，将各时代和作者认为有关而又影响现代生活的重要事实加以叙述，并且力求阐明这些事实前后相因的关键，希望读者对中国文化史有一个明确的印象，而不会模糊。不仅如此，他在叙述中，尽力坚持客观的立场，用经济的解释，以阐明一事实之前因后果与利弊得失，以及诸事实间之前后相因的关联。这也是作者对『秉笔直书』『夹叙夹议』等历史叙事方法反思之后的选择。

至于其他人的著述，虽然关注的核心议题基本相同，但在再现中国文化的时候却各有侧重，对中国文化的评价也褒贬不一，存在差异。这与撰写者对中国文化的认知，及其史德、史识、史才有关，更与其学术乃至政治立场、占有的史料、预设读者有关。其中，既有学者之间的对话，也有学者与读者的倾心交流，还有对大学生、中学生、小学生的知识普及与启蒙，对中外读者的文化传播，及其跨文化的思考。他山之石，可以攻玉。二十世纪二十年代日本学者高桑驹吉的著述以世界的眼光，叙述中国文化的历史，让译者感到：数千年中，我过去的祖先曾无一息与世界相隔离，处处血脉流转，气息贯通。如此叙述历史，足以养成国民的一种世界的气度。三十年代，中国学者陈登原不仅将中国文化与世界联系起来，而且还注意到海洋所带来的变化，以及妇女地位的变化等今天看来都亟待解决的重要议题。实际上，早在二十世纪二十年代，就有一些关怀中国文化命运的学者对十九世纪末到二十世纪初通行课本大都脱胎于日本人撰写的《东洋史要》一书等情形提出批评：以外人目光编述中国史事，精神已非，有何价值？而陈旧固陋，雷同抄袭之出品，竟占势力于中等教育界，垂二十年，亦可怜矣。乃者，学制更新，旧有教本更不适用。为改变这种状况，顾康伯广泛搜集文化史料，因宜分配，撰成《中国文化史》，脉络分明，宗旨显豁，不徒国史常识可由此习得，即史学门径，亦由此窥见。较之旧课本，不可以道里计，故而受到学子们的欢迎。此外，中国文化的海外传播、中国对世界文化的吸收以及中西文化关系等问题，也是民国时期中国文化史撰写者关注的焦点议题。

围绕中国文化史编纂而引发的有关中国文化的来源、内涵、特点、价值和贡献等方面的深入思考，耐人寻味，发人深思。孙德孚更将翻译美国人盖乐撰写的《中国文化辑要》的收入全部捐献给因日本侵华而处于流亡之中的安徽的难胞，令人感佩。

实际上，民国时期撰写出版的中国文化史著作远不止这些，出于各种各样的原因，没有收入本丛书，也是非常遗憾的事情。至于已经收入本丛书的各位作者对中国文化的定义、解析及其编写体例、使用的史料、提出的观点、得出的结论，我们并不完全认同。但是作为一种文化产品值得批判地吸收，作为一种历史的文本需要珍藏，并供广大专家学者，特别是珍视中国文化的读者共享。

感谢南开大学出版社的刘运峰、莫建来、李力夫诸君的盛情邀请，让我们徜徉于卷帙浩繁的民国时期中国文化史的各种论著，重新思考中国文化的历史命运；在回望百余年前民国建立之后越演越烈的文化批判之时，重新审视四十年前改革开放之后掀起的文化反思，坚定新时代屹立于世界民族之林的文化自信。

感谢与我共同工作、挑选图书、撰写和修改提要，并从中国文化中得到生命成长的区志坚、李净昉、马晓驰、王杰升等香港、天津的中青年学者和志愿者。李力夫全程参与了很多具体工作，表现出一位年轻编辑的敬业精神、专业能力和业务水平，从不分分内分外，让我们十分感动。

总目

第八卷　王德华　中国文化史略

　　　　陈竺同　中国文化史略

第九卷　李继煌译　中国文化史

第十卷　姚名达　朱鸿禧　中国文化小史

　　　　范子田　中国文化小史

　　　　常乃悳　中国文化小史

第十一卷　李建文　中国文化史讲话

　　　　靳仲鱼　中国文化史要

　　　　孙德孚译　中国文化辑要

第十二卷　王云五　编纂中国文化史之研究

　　　　陈安仁　中国文化建设问题

　　　　陈安仁　中国文化演进史观

陈国强　物观中国文化史（上、下）

第十三卷　丁留余　中国文化史问答

姚江滨　民族文化史论

缪凤林　中国民族之文化

第十四卷　王治心　中国文化史类编（上、中）

第十五卷　雷海宗　中国文化与中国的兵

蒋星煜　中国隐士与中国文化

第十六卷　孟世杰　先秦文化史

罗香林　唐代文化史研究

第十七卷　陈安仁　中国上古中古文化史

第十八卷　陈安仁　中国近世文化史

第十九卷　朱谦之　中国思想对于欧洲文化之影响

第二十卷

张星烺　欧化东渐史

郑寿麟　中西文化之关系

梁启超　中国文化史·社会组织篇

吕思勉　中国文化史六讲

梁启超《中国历史研究法（中国文化史稿第一编）》

梁启超（1873—1929），字卓如，一字任甫，号任公、饮冰子，别署饮冰室主人，广东新会人，是中国近代思想家、文学家，因著述广泛涉及政治、经济、哲学、历史、文化、语言、宗教、艺术、音韵等方面，被称为『百科全书式学者』。二十世纪二十年代初，梁启超退出政坛在清华学校任教，一九二五年，梁启超受聘清华学校大学部国学研究院，与王国维、陈寅恪、赵元任并称清华『四大导师』。

《中国文化史稿第一编》原为作者在天津南开大学的讲演稿，曾发表于一九二二年第十一期、第十二期《改造》杂志上。一九二二年由商务印书馆正式出版。全书共分六章：『史之意义及其范围』『过去之中国史学界』『史之改造』『说史料』『史料之搜集与鉴别』『史迹之论次』。后亦以《中国历史研究法》为名独立成书。相较于一九〇二年发表的《新史学》，本书体现了作者创造『新史』的抱负，和从学术范式上调和所谓传统与现代、东方与西方不同方法论间矛盾的尝试。如提出历史研究不仅要关注人类活动之产品，也要关注人类『活动之情态』；应着眼于『生人本位』而非『死人本位』；『以社会全体为史的中枢写国民的历史』；等等。

钱穆《中国文化史导论》

钱穆（1895—1990），字宾四，江苏无锡人，历史学家、思想家、教育家，台湾『中研院』院士，台北故宫特聘研究员。治学范围涉及史学、哲学、文化学、宗教学、政治学、教育学等领域，主要著述有《中国近三百年学术史》《国史大纲》《中国文化史导论》《宋明理学概论》《中国历代政治得失》等等。

《中国文化史导论》的主体完成于抗日战争时期，于一九四三至一九四四年间相继发表在张其昀等人创办的《思想与时代》杂志上。钱穆为该杂志撰稿，是其研究方向从历史研究转向文化研究的标志。全书最早由上海正中书局于一九四八年结集出版。该书虽主要论述中国，实际兼论中西文化异同问题。作者就中国文化的地理背景、国家凝成与民族融合、古代观念与古代生活、古代学术与古代文字、东西接触与文化更新等专题将中国文化与外国文化进行比较。他以人文主义特色的文化观为切入点，凸显中国文化精神中的融和特质，反对用西方文化模式剪裁中国文化，进而阐述出中国文化的世界价值和现实意义。

新會梁啓超著

中國歷史研究法

中國文化史稿第一編

自序

中國歷史可讀耶？二十四史兩通鑑九通五紀事本末乃至其他別史雜史等都計不下數萬卷，幼童習焉，白首而不能殫，在昔猶苦之，況於百學待治之今日，學子精力能有幾者？中國歷史可不讀耶？然則此數萬卷者，以之覆瓿，以之當薪；舉凡數千年來我祖宗活動之跡足徵於文獻者，認爲一無價值，而永屏諸人類文化產物之圈外，非惟吾儕爲人子孫者所不忍，抑亦全人類所不許也。既不可不讀而又不可讀，其必有若而人焉竭其心力以求善讀之，然後出其所讀者以供人之讀，是故新史之作，可謂我學界今日最迫切之要求也已。近今史學之進步有兩特徵。其一，爲客觀的資料之整理：——疇昔不認爲史蹟者，今則認之；疇昔認爲史蹟者，今或不認。舉從前棄置散佚之跡，鉤稽而比觀之；其夙所因襲者，則重加鑑別以估定其價值。如此則史學立於「真」的基礎之上，而推論之功，乃不至枉施也。其二，爲主觀的觀念之革新：——以史爲人類活態之再現，而非其殭跡之展覽；爲全社會之業影，而非一人一家之譜錄。如此，然後歷史與吾儕生活相密接，讀之能親切有味；如此，然後能使讀者領會團體生活之意義以助成其爲一國民爲一世界人之資格也。歐美近百數十年之史學界全向於此兩種方嚮以行。今雖僅見其進未見其止，顧所成就則既斐然矣。我國史界浩如煙海之資料，苟無法以整理之耶？則誠如一堆瓦礫，只覺其可厭。苟有法以整理之耶？則如在礦之金，採之不竭；學者任擇治其一部分，皆可以名家；而其所貢獻於世界者皆可以極大。啓超不自揆，蓄志此業，逾二十年，所積叢殘之稿，亦既盈尺。顧不敢自信，遷延不以問諸世。客歲在天津南開大學任課外講演，乃裒理舊業，益以新知，以與同學商榷一學期，終得中國歷史研究法一卷，凡十萬言。孔子曰：『工欲善其事，必先利其器』吾治史所持之器，大略在是。吾發心殫三四年之力，用此方法以創造一新史。吾之稿本，將悉以各學校之巡迴講演成之。其第二卷爲五千年史勢鳥瞰，以今春在北京清華學校講焉。第三卷以下以時代爲次，更俟續布也。顧茲事體大，原非一手一足之烈所能爲力；況學殖淺薄如啓超者，重以講堂匆匆開演，講義隨講隨布，曾未獲稍加覆勘，則其紕繆舛誤矛盾漏略之多，又豈俟論。區區此稿，本宜堅鐍之以俟他日之改定。既而覆思吾研究之結果，雖未必有價值，其或者因吾之研究以引起世人之研究焉，因世人之研究以是正吾之研究焉，則其所得不已多耶？故貿然刊布而字之曰史稿。孟子曰：「取人為善，與人為善。」吾之此書，非敢有以與人也，將以取諸人而已。願讀者鑒玆微尚，痛予別裁，或糾其大端之謬，或繩其小節之疏，或著論箴駁，或通函誨責，俾得自知其失而自改之，由稿本蛻變以成定本，則片言之錫，皆吾師也。十一年一月十八日啓超自述。

中國歷史研究法目錄

中國歷史研究法

新會梁啓超著

第一章　史之意義及其範圍

史者何？記述人類社會賡續活動之體相，校其總成績，求得其因果關係，以爲現代一般人活動之資鑑者也。其專述中國先民之活動供現代中國國民之資鑑者，則曰中國史。

今宜將此定義分析說明：

一　活動之體相：人類爲生存而活動，亦爲活動而生存。活動休止，則人道或幾乎息矣。凡活動，以能活動者爲體，以所活動者爲相。史也者，綜合彼參與活動之種種體，與其活動所表現之種種相，而成一有結構的叙述者也，是故非活動的事項——例如天象地形等屬於自然界現象者，皆非史的範圍；反之凡活動的事項——人類情感理智意志所產生者，皆活動之相，卽皆史的範圍也。此所謂相者，復可細分爲二：一曰活動之產品，二曰活動之情態。產品者，活動之過去相，因活動而得此結果者也。情態者，活動之現在相，結果之所從出也。產品者，譬猶海中生物，經無數個體一期間協合之嬗化而產出一珊瑚島，此珊瑚島實經種種活動情態而始成。而今則既殭矣，情態不復可得見，凡史蹟皆人類過去活動之殭迹也，史家能事，乃在將殭迹變爲活化——因其結果以推得其情態，使過去時代之現在相，再現於今日也。

二　人類社會之賡續活動：　不曰「人」之活動而曰「人類社會」之活動者：一個人或一般人之食息生殖爭鬭憶念談話等等，不得謂非活動也，然未必皆爲史蹟。史蹟也者，無論爲一個人獨力所造，或一般人協力所造，要之必以社會爲範圍；必其活動力之運用貫注，能影響及於全社會——最少亦及於社會之一部，然後足以當史之成分。質言之，則史也者，人類全體或其大多數之共業所構成，故其性質非單獨的，而社會的也。復次，言活動而必申之以「賡續」者：個人之生命極短，人類社會之生命極長，社會常爲螺旋形的向上發展，隱然若懸一目的以爲指歸；此目的地遼遠無垠，一時代之人之所進行，譬猶涉塗萬里者之僅躓一步耳。於是前代之人，恆以其未完之業，遺諸後代，後代襲其遺產而繼長增高焉，如是遞遺遞襲，積數千年數萬年，雖到達尚邈無其期，要之與目的地之距離，必日近一日；含生之所以進化，循斯軌也。史也者，則所以敘累代人相續作業之情狀者也。率此以談，則凡人類活動在空際含孤立性，在時際含偶現性斷滅性者，皆非史的範圍；其在空際有周徧性，在時際有連續性者，乃史的範圍也。

三　活動之總成績及其因果關係　活動必有成績，然後可記，不待言也。

然成績云者，非一個人一事業成功失敗之謂，實乃簿錄全社會之作業而計其總和。質言之，卽算總帳也。是故成績有彰顯而易見者，譬猶澍雨降而麥苗茁，烈風過而林木摧；歷史上大聖哲大英雄之出現，大戰爭大革命之經過，是其類也。亦有微細而難見者，譬猶退潮刷江岸而成淤灘，宿茶浸陶壺而留陳漬，雖聽察者猶不之覺，然其所演生之蹟，乃不可磨滅。一社會一時代之共同心理，共同習慣，不能確指其爲何時何人所造，而匹夫匹婦日用飲食之活動，皆與有力焉，是其類也。吾所謂總成績者，卽指此兩類之總和也。夫成績者，今所現之果也，然必有昔之成績以爲之因；而今之成績又自爲因，以孕產將來之果；因果相續，如環無端，必尋出其因果關係，然後活動之繼續性可得而懸解也。然因果關係，至複賾而難理；一果或出數因，一因或產數果；或潛伏而易代乃顯，或反動而別證始明；故史家以爲難焉。

四　現代一般人活動之資鑑：　凡作一書，必先問吾書將以供何等人之讀，然後其書乃如隰之有畔，不致泛濫失歸，且能針對讀者以發生相當之效果。例如資治通鑑，其著書本意專以供帝王之讀，故凡帝王應有之史的智識無不備，非彼所需，則從擯闕。此誠絕好之「皇帝教科書」，而亦士大夫之懷才竭忠以事其上者所宜必讀也。今日之史，其讀者爲何許人耶？既以民治主義立國，人人皆以國民一分子之資格立於國中，又以人類一分子之資格立於世界；共感於過去的智識之萬不可缺，然後史之需求生焉。質言之，今日所需之史，則「國民資治通鑑」或「人類資治通鑑」而已。史家目的，在使國民察知現代之生活與過去未來之生活息息相關，而因以增加生活之興味；睹遺產之豐厚，則歡喜而自壯；念先民辛勤未竟之業，則矍然思所以繼志述事而不敢自暇逸；觀其失敗之跡與夫惡因惡果之遞嬗，則知恥知懼，察吾遺傳性之缺憾而思所以匡矯之也。夫如此，然後能將歷史納入現在生活界使生密切之聯鎖。夫如此，則史之目的，乃爲社會一般人而作，非爲某權力階級或某智識階級而作，昭昭然也。

今人韋爾思有言：「距今二百年前，世界未有一著述足稱爲史者。」（注一）

夫中外古今書籍之以史名者亦多矣，何以謂竟無一史？則今世之史的觀念，有以異於古所云也。我國二千年來史學，視他國爲獨昌。雖然，彼其體例，多屬千餘年前學者之所創；彼時所需要之史，與今不同。彼時學問未分科，凡百智識皆恃史以爲之記載；故史之範圍，廣漠無垠。積年愈久，爲書愈多，馴至爲一人畢生精力所不能殫讀。吾儕居今日而讀舊史，正所謂「披沙揀金往往見寶」。離沙無金，固也。然數斗之沙，得金一顆，爲事既已甚勞；況揀金之術，非盡人而能；苟誤其塗，則取沙棄金；在所不免。不幸而中國現在歷史的教育，乃正類是。吾昔在友家見一八歲學童，其父面試以元明兩代帝王世次及在位年數，童對客僂數，一無漏誤；倘此童而以他朝同一之事項質客（我）者，客惟有忸怩結舌而已。吾既歎異此童之慧敏，轉念以如此慧敏之腦，而役以此等一無價值之勞動，其冤酷乃真無極也。不寧惟是，舊史因專供特殊階級誦讀，故目的偏重政治，而政治又偏重中樞，遂致吾儕所認爲極重要之史蹟，有時反闕不載，試舉其例：如巴蜀滇黔諸地，自古本爲中華民族文化所未被，其次第同化之跡，治史者所亟欲聞也。而古代史上有兩大役，實茲事之關鍵。其在巴蜀方面，為戰國時秦司馬錯之定蜀；其在滇黔方面，為三國時蜀諸葛亮之平蠻。然而史記之敘述前事，僅得十一字；三國志之敘述後事，僅得六十三字（注二）其簡略不太甚耶？又如隋唐間佛教發達，其結果令全國思想界及社會情狀生一大變化，此共見之事實也；然而徧讀隋書新舊唐書，此種印象，竟絲毫不能印入吾腦也。如元明間雜劇小說，為我文學界闢一新紀元，亦共見之事實也；然而徧讀元史明史，此間消息，乃竟未透漏一二也。又如漢之攘匈奴，唐之征突厥，皆間接予西方史蹟以莫大之影響，明時歐人之「航海覓地熱」，其影響之及於我者亦至鉅；此參稽彼我年代事實而可見者。然而徧讀漢唐明諸史，其能導吾以入於此種智識之塗徑者，乃甚稀也。由此觀之，彼舊史者，一方面因範圍太濫，卷帙浩繁，使一般學子望洋而歎；一方面又因範圍太狹，事實闕略，不能予吾儕以圓滿的印象，是故今日而欲得一理想的中國史以供現代中國人之資鑑者，非經新史家一番努力焉不可也。

（注一）看英人韋爾思 H. G. Wells 所著史綱 Outline of History 初版第二四七葉。

（注二）史記敍秦定蜀事僅秦本紀中有『六年蜀侯煇反司馬錯定之』十一字。三國志敍蜀平蠻事，僅後主傳中有『三年春三月丞相亮南征四郡四郡皆平改益州郡爲建寧郡分建甯永昌郡爲雲南郡又分建寧牂牁爲古郡』凡四十三字。又諸葛亮傳中有『三年春亮率衆南征其秋悉平軍資所出國以富饒』凡二十字。此兩役可謂史上極重要之事實，然正史所紀乃簡略至此，使非有戰國策華陽國志等稍補其闕，則此西南徼兩片大地何以能與中原民族發生關係，吾儕將瞢無所知矣。

今欲成一適合於現代中國人所需要之中國史，其重要項目，例如：

中華民族是否中國之原住民？抑移住民？

中華民族由幾許民族混合而成？其混合醇化之蹟何如？

中華民族最初之活動，以中國何部分之地爲本據？何時代發展至某部分，何時代又發展至某部分？最近是否仍進行發展，抑已停頓？

外來蠻族——例如匈奴突厥等，其與我共爭此土者凡幾？其來歷何如？其紛爭結果影響於我文化者何如？我文化之影響於彼者又何如？

世界他部分之文化民族——例如印度歐洲等，其與我接觸交通之蹟何如？其影響於我文化者何如？我文化之影響於彼者又何如？

中華民族之政治組織——分治合治交迭推移之蹟何如？

統治異民族及被統治於異民族，其成敗之迹何如？

階級制度——貴族平民奴隸之別，何時發生，何時消滅；其影響於政治者何如？

國內各種團體——例如家族團體地方團體宗教團體職業團體等，其盛衰興廢何如？影響於政治者何如？

民治主義基礎之有無？其久不發育之故安在？

法律因革損益之跡何如？其效力之及於社會者何如？

經濟基件——衣食住等之狀況,自初民時代以迄今日,其進化之大勢何如?

農工商業更迭代嬗以占經濟之主位,其推移之跡何如?

經濟制度——例如貨幣之使用,所有權之保護,救濟政策之施行等等,其變遷何如?其影響於經濟狀況者何如?

人口增殖移轉之狀況何如?影響於經濟者何如?

與外國交通後所生經濟之變動何如?

中國語言文字之特質何在?其變遷何如?其影響於文化者何如?

民族之根本思想何在?其各時代思潮蛻變之跡何如?

宗教信仰之情狀及其變遷何如?

文化之繼承及傳播,其所用教育方式何如?其變遷及得失何如?

哲學文學美術音樂工藝科學等,各時代進展之跡何如?其價值何如?

各時代所受外國文化之影響何如？我文化之曾貢獻或將貢獻於世界者何如？

上所論列，不過略舉綱領，未云詳盡也。要之現代之史，必注目於此等事項，校其總成績以求其因果，然後史之爲物，乃與吾儕之生活不生距離，而讀史者乃能親切而有味。舉要言之，則中國史之主的如下：

第一：說明中國民族成立發展之跡，而推求其所以能保存盛大之故，且察其有無衰敗之徵。

第二：說明歷史上曾活動於中國境內者幾何族，我族與他族調和衝突之跡何如？其所產結果何如？

第三：說明中國民族所產文化，以何爲基本，其與世界他部分文化相互之影響何如？

第四：說明中國民族在人類全體上之位置及其特性，與其將來對於全人類所應負之責任進斯軌也，庶可語於史矣。

第二章　過去之中國史學界

人類曷爲而有史耶？曷爲惟人類爲能有史耶？人類又曷爲而貴有史耶？人類所以優勝於其他生物者，以其富於記憶力與模倣性，常能貯藏其先世所遺傳之智識與情感，成爲一種「業力」，以作自己生活基礎。而各人在世生活數十年中，一方面既承襲所遺傳之智識情感；一方面又受同時之人之智識情感所熏染；一方面又自濬發其智識情感，於是復成爲一種新業力以貽諸後來。如是展轉遞增，展轉遞蛻，而世運乃日進而無極。此中關鍵，則在先輩常以其所經驗之事實及所推想之事理指導後輩，後輩則將其所受之指導應用於實際生活，而經驗與推想皆次第擴充而增長。此種方法，在高等動物中已解用之，如犬如猴……等等，常能以己之動作指導或暗示其幼兒，其幼兒亦不怠於記憶與模倣，此固與人類非大有異也。而人類所以優勝者，乃在記憶模倣之能繼續。他種動物之指導暗示，恆及身而止；第一代所指導暗示者，無術以傳至第二第三代，故第二第三代之指導暗示，亦無以加乎其舊。人類不然；先代所指導所暗示，常能以記誦或記錄的形式，傳諸後代，歷數百年數千年而不失墜。其所以能遞增遞蛻者皆恃此。此即史之所由起與史之所以爲有用也。

最初之史烏乎起？當人類之漸進而形成一族屬或一部落也，其族部之長老，每當游獵鬬戰之隙暇，或值佳辰令節，輒聚其子姓，三三五五，圍爐藉草，縱談己身或其先代所經之恐怖所演之武勇……等等，聽者則娓娓忘倦，興會飆舉。其間有格外奇特之情節，可歌可泣者，則蟠鏤於聽衆之腦中，湔拔不去，展轉作談料，歷數代而未已，其事蹟遂取得史的性質。所謂『十口相傳爲古』也。史蹟之起原，罔不由是。今世北歐諸優秀民族如日耳曼人荷蘭人英人等，每當基督誕節，猶有家族團聚徹夜談故事之俗，其近代名著如熙禮爾之詩，華克拿之劇，多取材於此等傳說，此即初民演史之遺影也。

最初之史，用何種體裁以記述耶？據吾儕所臆推，蓋以詩歌古代文字傳寫甚不便，或且並文字亦未完具，故其對於過去影事之保存，不恃記錄而恃記誦。而最便於記誦者，則韻語也。試觀老聃之談道，孔子之贊易，乃至秦漢間人所造之小學書，皆最喜用韻，彼其時文化程度已極高，猶且如此，古代抑可推矣。四吠陀中之一部分，印度最古之社會史宗教史也，皆用梵歌。此蓋由人類文化漸進之後，其所受之傳說，日豐日賾，勢難悉記，思用簡便易誦之法以永其傳；一方面則愛美的觀念，日益發達，自然有長於文學之人，將傳說之深入人心者，播諸詩歌，以應社會之需；於是乎有史詩。是故邃古傳說，可謂爲「不文的」之史；其「成文的」史，則自史詩始。我國史之發展，殆亦不能外此公例。古詩或刪或佚，不盡傳於今日，但以今存之詩經三百篇論，其屬於純粹的史詩體裁者，尚多篇。例如：

玄鳥篇——天命玄鳥，降而生商，宅殷土芒芒。古帝命武湯，正域彼四方。……

長發篇——洪水芒芒，禹敷下土方，外大國是疆。……有娀方將，帝立子生商。……

……玄王桓撥，……率履不越。……相土烈烈，海外有截。……武王載旆，有虔秉鉞。……韋顧既伐，昆吾夏桀……

殷武篇——撻彼殷武，奮伐荆楚，罙入其阻。……昔有成湯，自彼氐羌，莫敢不來享，莫敢不來王。……

生民篇——厥初生民，時維姜嫄。……履帝武敏歆。……載震載夙，載生載育，時維后稷。……

公劉篇——篤公劉，匪居匪康。……迺裹餱糧，于槖于囊。……干戈戚揚，爰方啓行。……篤公劉，于豳斯館，涉渭爲亂。取厲取鍛，止基乃理。……

六月篇——六月棲棲，戎車既飭。……玁狁孔熾，我是用急。……玁狁匪茹，整居焦穫，侵鎬及方，至于涇陽。……薄伐玁狁，至于太原。文武吉甫，萬邦爲憲。

此等詩篇，殆可指爲中國最初之史。玄鳥生民等述商周開國之跡，半雜神話；殷武六月等鋪敍武功，人地粲然；觀其詩之內容，而時代之先後，亦略可推也。此等史詩所述之事既饒興趣，文章復極優美。一般人民咸愛而誦之，則相與謳思其先烈而篤念其邦家，而所謂「民族心」者，遂於茲播殖焉。史之最大作用，蓋已見端矣。

中國於各種學問中，惟史學爲最發達；史學在世界各國中，惟中國爲最發達。（二百年前可云如此）其原因何在，吾未能斷言。然史官建置之早與職責之崇，或亦其一因也。泰西史官之建置沿革，吾未深考；中國則起原確甚古，其在邃古，如黃帝之史倉頡沮誦等，雖不必深信；然最遲至殷時必已有史官，則吾儕從現存金文甲文諸遺蹟中可以證明。吾儕又據尚書國語左傳諸書所稱述，確知周代史職，已有分科，有大史小史內史外史左史右史等名目。又知不惟王朝有史官，乃至諸侯之國及卿大夫之家莫不皆有。（注一）又知古代史官，實爲一社會之最高學府，其職不徒在作史而已，乃兼爲王侯公卿之高等顧問，每遇疑難，諮以決焉。（注二）所以者何？蓋人類本有戀舊之通性，而中國人尤甚；故設專司以記錄舊聞，認爲國家重要政務之一。既職在記述，則凡有關於人事之簿籍，皆歸其保存，故史官漸成爲智識之中樞。(注三)又古代官人以世，其累代襲此業者，漸形成國中之學問階級。例如周任史佚之徒，幾於吐辭爲經；先秦第一哲學家老子，其職即周之守藏史也。漢魏以降，世官之制雖革，而史官之華貴不替。所謂「文學侍從之臣」歷代皆妙選人才以充其職。每當易姓之後，修前代之史，則更網羅一時學者，不遺餘力，故得人往往稱盛焉。三千年來史乘，常以此等史官之著述爲中心。雖不無流弊，(詳下說)然以專才任專職，習慣上法律上皆認爲一種重要事業，故我國史形式上之完備，他國殆莫與京也。

(注一)殷周史官人名見於古書者，如夏太史終古，殷內史向摯，見呂覽先識。周史佚，見周書世俘，左僖十五，周語上。史扁，見文選注引六韜。太史辛甲，見左襄四，晉語，韓非說林。太史周任，見論語，左隱六。左史戎夫，見周書史記。史角，見呂覽當染。史伯，見鄭語。內史過，見左莊三十二，周語上。內史叔興，見左僖十六，二十八，周語上。內史叔服，見左文元。太史儋，見史記老子傳。史大弢，見莊子則陽。右吾雜舉所記憶者如此，尚未備也。

各國史官可考者：魯有太史，見左昭二。鄭有太史，見左昭元。齊有太史南史，見左襄二十五。楚有左史，見左昭十二楚語上。秦趙皆有御史，見史記廉藺傳。薛有傳史，見史記孟嘗傳。其人名可考者，如虢有史嚚，見晉語二。晉有史趙董狐，見左襄三十。楚有倚相見左昭十二。有史皇，見左定四。趙有史墨，見左昭二十九。右亦雜舉所記，恐尙有遺漏。

（注二）右所舉史官諸名，大半皆應當時公卿之顧問，而古書述其語者。

（注三）衞宏漢儀注云：『漢法，天下計書，先上太史，副上丞相。』其言信否，雖未敢斷；然古制恐是如此，蓋史官爲保管文籍一重要機關也。

古代史官所作史，蓋爲文句極簡之編年體。晉代從汲冢所得之竹書紀年經學者考定爲戰國時魏史官所記者，即其代表。惜原書今復散佚，不能全覩其眞面目。惟孔子所修春秋，體裁似悉依魯史官之舊。吾儕得藉此以窺見古代所謂正史者其內容爲何如。春秋第一年云：

「元年春王正月。三月，公及邾儀父盟于蔑。夏，五月，鄭伯克段於鄢。秋，七月，天王使宰咺來歸惠公仲子之賵。九月，及宋人盟于宿。冬，十有二月，祭伯來。公子益師卒。」

吾儕以今代的史眼讀之，不能不大詫異：第一：其文句簡短，達於極點，每條最長者不過四十餘字，（如定四年云：「三月公會劉子晉侯宋公蔡侯衞侯陳子鄭伯許男曹伯莒子邾子頓子胡子滕子薛伯杞伯小邾子齊國夏於召陵侵楚」）最短者乃僅一字。（如隱八年云：「螟」）。第二：一條紀一事，不相聯屬，絕類村店所用之流水帳簿。每年多則十數條，少則三四條；（竹書紀年記夏殷事，有數十年乃得一條者。）又絕無組織，任意斷自某年，皆成起訖。第三：所記僅各國宮廷事或宮廷間相互之關係，而於社會情形一無所及。第四：天災地變等現象，本非歷史事項者，反一一注意詳記。吾儕因此可推知當時之史的觀念及史的範圍，非惟與今日不同，卽與秦漢後亦大有異。又可見當時之史，只能謂之簿錄，不能謂之著述。雖然，世界上正式的年代史，恐不能不推我國史官所記爲最古。（注四）竹書紀年起自夏禹，距今旣四千年，卽春秋爲孔子斷代之書，亦旣當西紀前七二二至四八一年。其時歐洲史蹟有年可稽者尚絕稀也。此類之史，當春秋戰國間，各國皆有。故孟子稱「晉之乘，楚之檮杌，魯之春秋」，墨子稱「周之春秋，燕之春秋，宋之春秋」，又稱「百國春秋」，則其時史書之多，略可概見。乃自秦火之後，蕩然無存，司馬遷著書時，已無由資其參驗。（注五）汲冢幸得碩果，旋又壞於宋後之竄亂。（注六）而孔子所修，又藉以寄其微言大義，只能作經讀，不能作史讀。（注七）於是二千年前爛若繁星之古史，竟無一完璧以傳諸今日！吁可傷也。

（注四）埃及及米梭必達迷亞諸國古史蹟，多由後人從各種遺物及雜記錄中推尋而得，並非有正式一史書也。

（注五）史記秦始皇本紀云：『臣請史官非秦紀皆燒之。』六國表云：『秦焚書，諸侯史記尤甚。』可知當時各國之史受禍最烈，故漢與後詩書百家語多存，而諸史則無一也。

（注六）竹書紀年來歷，別見第三章注十八。但今所傳者非原書，蓋出宋以後人雜糅竄補。清朱右曾別輯汲冢紀年存眞二卷，今人王國維因之更成古本竹書紀年輯校一卷，稍復本來面目。然所輯僅得四百二十八條，以較晉書束晳傳所云十三篇，隋書經籍志所云十二卷，知其所散佚者多矣。

（注七）看今人康有爲孔子改制考，春秋筆削大義微言考。

同時復有一種近於史類之書，其名曰「書」，或曰「志」，或曰「記」。今六經中之尚書，卽屬此類。漢書藝文志謂：『左史記言，右史記事；事爲春秋，言爲尚書。』此種嚴格的分類，是否古代所有，雖屬疑問。要之此類記載，必發源甚古。觀春秋戰國時人語常引夏志商志周志或周書周記等文，可知也。此等書蓋錄存古代策命告誓之原文，性質頗似檔案，又似文選。但使非出杜撰，自應認爲最可寶之史料。蓋不惟篇中所記事實直接有關於史蹟，卽單詞片語之格言，亦有時代思想之背景在其後也。此類書現存者有尚書二十八篇，（注八）其年代上起堯舜，下訖春秋之秦穆。然應否全部認爲正當史料，尚屬疑問。此外尚有逸周書若干篇，眞贗參半（注九）然其眞之部分，吾儕應認爲與尚書有同等之價値也。

（注八）據漢人所傳說，謂古代書有三千二百四十篇，孔子刪纂之爲百篇，遭秦而亡焉。漢興，由伏生傳出二十八篇，共三十三卷，卽所謂今文尚書也；其後孔安國所傳，復多十六篇，卽所謂古文尚書也。古文尚書出而復佚焉。此事爲二千年學界一大公案。是否百篇外尚有書？孔子所刪定是否確爲百篇？孔安國之古文尚書爲眞爲僞？皆屬未決之問題。惟有一事則已決定者，今四庫所收之尚書五十八卷，其中有二十五卷爲東晉人所僞造，並非孔安國原本，此則經清儒閻若璩惠棟輩所考證，久成定識者也。今將眞本二十八篇篇目列舉如下，其在此目以外諸篇，萬不容誤認爲史料而徵引之也。

堯典第一（今本舜典乃割原本堯典下半而成） 皐陶謨第二（今本益稷乃割原本皐陶謨下半而成） 禹貢第三 甘誓第四 湯誓第五 盤庚第六 高宗肜日第七 西伯戡黎第八 微子第九 牧誓第十 洪範第十一 金縢第十二 大誥第十三 康誥第十四 酒誥第十五 梓材第十六 召誥第十七 洛誥第十八 多士第十九 毋逸第二十 君奭第二十一 多方第二十二 立政第二十三 顧命第二十四（今本康王之誥乃割原本顧命下半而成） 費誓第二十五 呂刑第二十六 文侯之命第二十七 秦誓第二十八

（注九）漢書藝文志載周書七十一篇，原注云『周史記』，顏師古注云：『今之存者四十五篇矣。』今四庫所收有逸周書七十一篇之目具在，文則佚其十篇，現存者爲六十一篇，反多於唐時顏氏所見本矣。以吾度之，今最少應有十一篇爲僞造者。其餘諸篇亦多竄亂，但某篇爲眞某篇爲僞，未能確指，俟他日當爲考證。然此書中一大部分爲古代極有價值之史料，則可斷言也。

春秋尚書二體，皆可稱爲古代正史。然此外尚非無史籍焉。蓋文字之用既日廣，疇昔十口相傳者，漸皆著諸竹帛，其種類非一。例如左傳所稱三墳五典八索九丘，莊子所稱金版六弢，孟子所云『於傳有之』，其書今雖皆不傳，然可懸想其中所記，皆前言往行之屬也。汲冢所得古書，有瑣語，有雜書，有穆天子傳；其雜書中，有周食田法，有美人盛姬死事。（穆天子傳，及美人盛姬死事，今存。瑣語亦有輯佚本。）凡此皆正史以外之記錄，即後世別史雜史之濫觴。計先秦以前此類書當不少，大抵皆經秦火而亡。漢藝文志中各書目，或有一部分屬此類，惜今並此不得見矣。

右三類者，或爲形式的官書，或爲備忘的隨筆，皆未足以言著述。史學界最初有組織之名著，則春秋戰國間得二書焉：一曰左丘之國語；二曰不知撰人之世本。左丘或稱左丘明；今本左傳，共稱爲彼所撰。然據史記所稱述，則彼固名丘不名丘明，僅撰國語而未撰左傳，或謂今本左傳乃漢人割裂國語以僞撰，其說當否且勿深論。但國語若既經割裂，則亦必須與左傳合讀，然後左氏之面目得具見也。左氏書之特色：第一，不以一國爲中心點，而將當時數個主要的文化國平均敘述。蓋自春秋以降，我族已漸爲地方的發展，非從各方面綜合研究，不能得其全相。當時史官之作，大抵皆偏重王室，或偏重於其本國。（例如春秋以魯爲中心；竹書紀年自周東遷後，以晉爲中心，三家分晉後，以魏爲中心。左氏反是，能平均注意於全部。其國語將周魯齊晉鄭楚吳越諸國分篇敍述，無所偏畸。左傳是否原文，雖未敢斷；卽以今本論之，其溥徧的精神固可見也。第二：其敍述不局於政治，常涉及全社會之各方面。左氏對於一時之典章與大事，固多詳敍；而所謂「瑣語」之一類，亦采擇不遺。故能寫出當時社會之活態，予吾儕以頗明瞭之印象。第三：其敍事有系統，有別裁，確成爲一種「組織體的」著述。彼「帳簿式」之春秋，「文選式」之尚書，雖極莊嚴典重，而讀者寡味矣。左氏之書，其斷片的敍事雖亦不少，然對於重大問題，時復遡原竟委，前後照應，能使讀者相悅以解。此三特色者，皆以前史家所無。劉知幾云：『左氏爲書，不遵古法。……然而言事相兼，煩省合理。』（史通載言篇）誠哉然也。故左丘可謂商周以來史界之革命也。又秦漢以降，史界不祧之大宗也。左丘舊云孔子弟子，但細讀其書，頗有似三家分晉田氏篡齊以後所追述者；苟非經後人竄亂，則此公著書，應在戰國初年，恐不逮事孔子矣。希臘大史家希羅多德生於紀前四八四年，卽孔子卒前六年，恰與左氏並世。不朽大業，東西同揆，亦人類史中一佳話也。

世本一書，宋時已佚：然其書爲史記之藍本，則司馬遷嘗自言之。今據諸書所徵引，知其內容篇目，有帝系，有世家，有傳，有譜，有氏姓篇，有居篇，有作篇。帝系世家及氏姓篇，敍王侯及各貴族之系牒也；傳者，記名人事狀也；譜者，年表之屬，史注所謂旁行斜上之周譜也；居篇則彙紀王侯國邑之宅都焉；作篇則紀各事物之起原焉。（注十）吾儕但觀其篇目，卽可知其書與前史大異者兩點：其一，開後此分析的綜合的研究之端緒，彼能將史料縱切橫斷，分別部居，俾讀者得所比較以資推論也。其二，特注重於社會的事項，前史純以政治爲中心，彼乃詳及氏姓，居，作等事；已頗具文化史的性質也。惜著述者不得其名，原書且久隨灰燼，而不然者，當與左氏同受吾儕尸祝也。

（注十）漢書藝文志著錄世本十五篇。原注云：『古史官記黃帝以來迄春秋時諸侯大夫。』漢書司馬遷傳後漢書班彪傳皆言「司馬遷刪據世本等書作史記。」今據世本篇目以校遷書，可以知其淵源所自矣。原書宋鄭樵王應麟尙及見，其佚當在宋元之交。清錢大昭孫馮翼洪飴孫秦嘉謨茆泮林張澍各有輯本，茆張二家較精審。

史界太祖，端推司馬遷。遷之年代，後左丘約四百年。此四百年間之中國社會，譬之於水，其猶經百川競流波瀾壯闊以後，乃匯爲湖泊，恬波不揚。民族則由分展而趨統一；政治則革閥族而歸獨裁；學術則倦貢新而思竺舊。而遷之史記，則作於其間。遷之先，旣世爲周史官；遷襲父談業，爲漢太史；其學蓋有所受。遷之自言曰：「余所謂述故事，整齊其世傳，非所謂作也。」（太史公自序）然而又曰：「考之行事，稽其成敗興壞之理，……欲以究天人之際，通古今之變，成一家之言。」（報任安書）蓋遷實欲建設一歷史哲學，而借事實以爲發明，故又引孔子之言以自況，謂：「載之空言，不如見之行事之深切著明。」（自序）舊史官紀事實而無目的，孔子作春秋，時或爲目的而犧牲事實。其懷抱深遠之目的，而又忠勤於事實者，惟遷爲兼之。遷書取材於國語、世本、戰國策、楚漢春秋……等，以十二本紀十表八書三十世家七十列傳組織而成。

其本紀以事繫年，取則於春秋；其八書詳紀政制，蛻形於尚書；其十表稽牒作譜，印範於世本；其世家列傳，既宗雅記，亦采瑣語，則國語之遺規也。諸體雖非皆遷所自創，而遷實集其大成，兼綜諸體而調和之，使互相補而各盡其用，此足徵遷組織力之強，而文章技術之妙也。班固述劉向揚雄之言，謂「遷有良史之材，善序事理」漢書本傳贊 鄭樵謂「自春秋後，惟史記擅制作之規模」通志總序 諒矣。其最異於前史者一事：曰以人物為本位，故其書廁諸世界著作之林，其價值乃頗類布爾達克之英雄傳；其年代略相先後，布爾達克後司馬遷約二百年。 其文章之佳妙同，其影響所被之廣且遠亦略同也。後人或能譏彈遷書；然遷書固已皋牢百代，二千年來所謂正史者，莫能越其範圍。豈後人創作力不逮古耶？抑遷自有其不朽者存也。

司馬遷以前，無所謂史學也。漢書藝文志以史書附於六藝略之春秋家，著錄者僅四百二十五篇。其在遷前者僅百九十一篇 及隋書經籍志史部著錄，乃驟至一萬六千五百八十五卷；數百年間，加增四十倍。此遷以後史學開放之明效也。古者惟史官為能作史。私人作史，自孔子始，然孔子非史家，吾既言之矣。司馬遷雖身為史官，而其書實為私撰。觀其傳授淵源，出自其外孫楊惲，斯可證也。（看漢書惲傳）遷書出後，續者蠭起；見於本書者有褚少孫；見於七略者有馮商；見於後漢書班彪傳注及史通者，有劉向等十六人；見於通志者有賈逵。其人大率皆非史官也。班固雖嘗為蘭臺令史，然其著漢書，實非以史官資格，故當時猶以私改史記搆罪繫獄焉。（看後漢書本傳）至如魚豢孫盛王銓王隱習鑿齒華嶠陳壽袁宏范曄何法盛臧榮緒輩，則皆非史官。（看史通正史篇）曷為古代必史官乃能作史，而漢以後則否耶？世官之制，至漢已革，前此史官專有之智識，今已漸為社會所公有，此其一也。文化工具日新，著寫傳鈔收藏之法皆加便，史料容易蒐集，此其二也。遷書既美善，引起學者研究興味，社會靡然向風，此其三也。自茲以還，蔚為大國，兩晉六朝，百學蕪穢，而治史者獨盛，在晉尤著。讀隋書經籍志及清丁國鈞之補晉書藝文志可見也。故吾常謂晉代玄學之外，惟有史學；而我國史學界，亦以晉為全盛時代。

斷代爲史，始於班固，劉知幾極推尊此體，謂『其包舉一代，撰成一書，學者尋討，易爲其功。』（史通六家篇）鄭樵則極詆之，謂『善學司馬遷者，莫如班彪。彪續遷書，自孝武至於後漢，欲令後人之續己，如己之續遷，既無衍文，又無絕緒。……固爲彪之子，不能傳其業。……斷代爲史，無復相因之格。……會通之道，自此失矣』（通志總序）此兩種反對之批評，吾儕蓋祖鄭樵。樵從編纂義例上論斷代之失，其言既已博深切明。（看原文）然遷固兩體之區別，在歷史觀念上尤有絕大之意義焉。史記以社會全體爲史的中樞，故不失爲國民的歷史；漢書以下，則以帝室爲史的中樞，自是而史乃變爲帝王家譜矣。夫史之爲狀，如流水然，抽刀斷之，不可得斷。今之治史者，強分爲古代中世近世，猶苦不能得正當標準，而況可以一朝代之興亡爲之劃分耶？史名而冠以朝代，是明告人以我之此書爲某朝代之主人而作也。是故南朝不得不謂北爲索虜，北朝不得不謂南爲島夷，王淩諸葛誕毋丘儉之徒，著晉史者勢不能不稱爲賊；而雖以私淑孔子自命維持名教之歐陽修，其新五代史開宗明義第一句，亦不能不對於積年劇盜朱溫其人者，大書特書稱爲「太祖神武元聖孝皇帝」也。斷代史之根本謬誤在此。而今者官書二十四部，咸率循而莫敢立異，則班固作俑之力，其亦偉矣。

章學誠曰：「遷書一變而爲班氏之斷代，遷書通變化，而班氏守繩墨，以示包括也。後世失班史之意，而以紀表志傳同於科舉之程式，官府之簿書，則於記注撰述兩無所取。」又曰：「紀傳行之千有餘年，學者相承，殆如夏葛冬裘，渴飲饑食，無更易矣。然無別識心裁可以傳世行遠之具。……」（文史通義書教篇）此言班書以下，作者皆陳陳相因，無復創作精神。其論至痛切矣，然今所謂二十四史者，其品之良穢亦至不齊。同在一體裁中，而價値自固有高下。前人比較評騭之論旣甚多，所評當否，當由讀者自懸一標準以衡審之；故今不具論。惟有一明顯之分野最當注意者：則唐以前書皆私撰而成於一人之手，唐以後書皆官撰而成於多人之手也。最有名之馬班陳范四史皆出私撰，前已具陳。卽沈約蕭子顯魏收之流，雖身爲史官，奉勅編述，然其書什九獨力所成。自唐太宗以後，而此風一變。太宗既以雄才大略，削平天下，又以「右文」自命，思與學者爭席，因欲自作陸機王羲之兩傳贊，乃命史臣別修晉書，書成而舊著十八家俱廢。看史通正史篇同時又勅撰梁陳齊周隋五書，皆大開史局，置員猥多，而以貴官領其事。自茲以往，習爲成例。於是著作之業，等於奉公，編述之人，名實乖迕。例如房喬魏徵劉昫托克托宋濂張廷玉等，尸名爲某史撰人，而實則於其書無與也。蓋自唐以後，除李延壽南史北史，歐陽修新五代史之外，其餘諸史，皆在此種條件之下而成立者也。此種官撰合撰之史，其最大流弊，則在著者無責任心。劉知幾傷之曰：「每欲記一事載一言，皆閣筆相視，含毫不斷。故頭白可期，汗青無日。」又曰：「史官記注，取稟監修，一國三公，適從何在？」史通忤時篇既無從負責，則羣相率於不負責，此自然之數矣。坐此之故，則著者之個性湮滅，而其書無復精神。司馬遷忍辱發憤，其目的乃在「成一家之言」。班范諸賢，亦同斯志，故讀其書而著者之思想品格皆見焉。歐陽修新五代史，其價值如何，雖評者異辭，要之固修之面目也。若隋唐宋元明諸史，則如聚羣匠共畫一壁，非復藝術，不過一絕無生命之粉本而已。坐此之故，並史家之技術，亦無所得施，史料之別裁，史筆之運用，雖有名手，亦往往被牽掣而不能行其志，故愈晚出之史，卷帙愈增，而蕪累亦愈甚也。（明史不在此例）萬斯同有言：『治史者譬如入人之室，始而周其堂寢匽湢焉，繼而知其蓄產禮俗焉，久之，其男女少長性質剛柔輕重無不習察，然後可制其家之事也。官修之史，倉卒而成於衆人，不暇擇其材之宜與事之習，是猶招市人而與謀室中之事耳。』（方苞撰萬季野墓表）此言可謂博深切明。蓋我國古代史學，因置史官而極發達，其近代史學，亦因置史官而漸衰敝，則史官之性質，今有以異於古所云也。

與紀傳體並峙者為編年體。帳簿式之舊編年體，起原最古，既如前述，其內容豐富而有組織之新編年體，舊說以為起於左傳。雖然，以近世學者所考訂，則左氏書原來之組織，殆非如是。故論此體鼻祖，與其謂祖左氏，毋寧謂祖陸賈之楚漢春秋。惜賈書今佚，其真面目如何，不得確知也。漢獻帝以漢書繁博難讀，詔荀悅要删之；悅乃撰爲漢紀三十卷，此現存新編年體之第一部書也，悅自述謂『列其年月，比其時事。撮要舉凡，存其大體，以副本書。』又謂：『省約易習，無妨本書。』語其著作動機，不過節鈔舊書耳。然結搆既新，遂成創作。蓋紀傳體之長處，在內容繁富，社會各部分情狀，皆可以納入；其短處，在事蹟分隸淩亂，其年代又重複，勢不可避。劉知幾所謂：『同爲一事，分爲數篇，斷續相離，前後屢出。……又編次同類，不求年月；……故賈誼與屈原同列，曹沫與荆軻並編。』（史通二體篇）此皆其弊也。漢紀之作，以年繫事，易人物本位爲時際本位，學者便焉。悅之後，則有張璠袁宏之後漢紀，孫盛之魏春秋，習鑿齒之漢晉春秋，干寶徐廣之晉紀，裴子野之宋略，吳均之齊春秋，何之元之梁典……等。（現存者僅荀袁二家。）蓋自班固以後，紀傳體既斷代爲書；故自荀悅以後，編年體亦循其則。每易一姓，紀傳家既爲作一書，編年家復爲作一紀，而皆繫以朝代之名。斷代施諸紀傳，識者猶譏之；編年效顰，其益可以已矣。宋司馬光毅然矯之，作資治通鑑，以續左傳。上紀戰國，下終五代，（西紀前四〇三至後九五九。）千三百六十二年間大事，按年紀載，一氣銜接。光本邃於掌故；（觀所著涑水紀聞可見）其別裁之力又甚強。（觀通鑑考異可見）其書斷制有法度。胡三省注而序之曰：「溫公徧閱舊史，旁採小說，抉擿幽隱，薈萃爲書。而修書分屬，漢則劉攽，三國訖於南北朝則劉恕，唐則范祖禹，皆天下選也，歷十九年而成。」其所經緯規制，確爲中古以降一大創作。故至今傳習之盛，與史漢埒。後此朱熹因其書稍加點竄，作通鑑綱目，竊比孔氏之春秋，然終莫能奪也。光書既訖五代，後人紛紛踵而續之，卒未有能及光者。故吾國史界稱前後兩司馬焉。

善鈔書者可以成創作，荀悅漢紀而後，又見之於宋袁樞之通鑑紀事本末。編年體以年爲經，以事爲緯，使讀者能瞭然於史蹟之時際的關係，此其所長也。然史蹟固有連續性，一事或亘數年或亘百數十年。編年體之紀述，無論若何巧妙，其本質總不能離帳簿式。讀本年所紀之事，其原因在若干年前者或已忘其來歷；其結果在若干年後者，苦不能得其究竟。非直翻檢爲勞，抑亦寡味矣。樞鈔通鑑，以事爲起訖；千六百餘年之書，約之爲二百三十有九事。其始亦不過感翻檢之苦痛，爲自己研究此書謀一方便耳。及其旣成，則於斯界別闢一蹊徑焉。楊萬里敍之曰：『搴事之成，以後於其萌；提事之微，以先於其明。其情匿而泄，其故悉而約。』蓋紀傳體以人爲主，編年體以年爲主，而紀事本末體以事爲主。夫欲求史蹟之原因結果以爲鑑往知來之用，非以事爲主不可。故紀事本末體，於吾儕之理想的新史最爲相近，抑亦舊史界進化之極軌也。章學誠曰：『本末之爲體，因事命篇，不爲常格；非深知古今大體，天下經綸，不能網羅隱括，無遺無濫。文省於紀傳，事豁於編年；決斷去取，體圓用神。……在袁氏初無其意，且其學亦未足語此。……但卽其成法，沈思冥索，加以神明變化，則古史之原，隱然可見。』（文史通義書教篇）其論當矣。樞所述僅局於政治，其於社會他部分之事項多付闕如。其分目又仍涉瑣碎，未極貫通之能事。然彼本以鈔通鑑爲職志，所述不容出通鑑外，則著書體例宜然。卽提要鉤元之功，亦愈後起而愈易致力；未可以吾儕今日之眼光苛責古人也。樞書出後，明清兩代踵作頗多。然謹嚴精粹，亦未有能及樞者。

紀傳體中有書志一門，蓋導源於尚書，而旨趣在專紀文物制度。此又與吾儕所要求之新史較爲接近者也。然茲事所貴在會通古今，觀其沿革。各史既斷代爲書，乃發生兩種困難：苟不追敘前代，則源委不明；追敘太多，則繁複取厭。况各史非皆有志，有志之史，其篇目亦互相出入。遇所闕遺，見斯滯矣。於是乎有統括史志之必要。其卓然成一創作以應此要求者，則唐杜佑之通典也。其書『採五經羣史，上自黃帝，至於有唐天寶之末，每事以類相從，舉其始終歷代沿革廢置及當時羣士論議得失，靡不條載，附之於事。如人支脈，散綴於體。』（李翰序文）此實史志著作之一進化也。其後元馬端臨倣之作文獻通考，雖篇目較繁備，徵引較雜博，然無別識，無通裁，（章學誠文史通義評彼書語）僅便繙檢而已。

有通鑑而政事通，有通典而政制通，正史斷代之不便，矯正過半矣；然猶未盡也。梁武帝勅吳均等作通史，上自漢之太初，下終齊室，意欲破除朝代界限，直接遷書，厥意甚盛。但其書久佚，無從批評。劉知幾譏其蕪累，謂『使學者寧習本書，怠窺新錄。』（史通六家篇）想或然也。宋鄭樵生左馬千歲之後，奮高掌，邁遠蹠，以作通志，可謂豪傑之士也，其自序抨擊班固以下斷代之弊，語語皆中竅要。清章學誠益助樵張目，嘗曰：『通史之修，其便有六：一曰免重複，二曰均類例，三曰便銓配，四曰平是非，五曰去牴牾，六曰詳鄰事。其長有二：一曰具翦裁，二曰立家法。』又曰：『鄭氏通志卓識名理，獨見別裁，古人不能任其先聲，後代不能出其規範。雖事實無殊舊錄，而諸子之意寓於史裁。』（文史通義釋通篇。）其所以推獎者至矣。吾儕固深賞鄭章之論，認通史之修爲不可以已；其於樵之別裁精鑑，亦所心折。雖然，吾儕讀通志一書，除二十略外，竟不能發見其有何等價值。意者仍所謂『寧習本書，怠窺新錄』者耶？樵雖抱宏願，然終是向司馬遷圈中討生活，松柏之下，其草不植，樵之失敗，宜也。然僅二十略，固自足以不朽。史界之有樵，若光芒竟天之一彗星焉。

右所述爲舊目錄家所指紀傳、編年、紀事本末、政書之四體，皆於創作之人加以評騭，而踵效者略焉。二千年來斯學進化軌跡，略可見矣。自餘史部之書，隋書經籍志分爲雜史，霸史，起居注，故事，職官，雜傳，儀注，刑法，目錄，譜牒，地理，凡十一門。史通雜述篇臚舉偏記，小錄，逸事，瑣言，郡書，家史，別傳，雜記，地理書，都邑簿，凡十種。此後累代著錄，門類皆小異而大同。以吾觀之，可中分爲二大類：一曰供後人著史之原料者；二曰製成局部的史籍者。第一類，並未嘗經鍾鍊組織，不過爲照例的或一時的之記錄，備後世作者之蒐採。其在官書，則如起居注，實錄，諭旨，方略之類，如儀注，通禮，律例，會典之類。其在私著，則或專紀一地方，如趙岐三輔決錄，潘岳關中記等；或在一地方中復專紀一事類，如陸機建康宮殿記，楊衒之洛陽伽藍記，楊孚交州異物志等；或專紀一時代，如陸賈楚漢春秋，王度二石僞治時事等；或在一時代中專紀一事，如晉修復山陵故事，晉八王故事等；有專紀一類人物者，如劉向列女傳，皇甫謐高士傳等；有紀人物復限於一地方或一年代者，如陳壽益部耆舊傳，謝承會稽先賢傳，袁敬仲正始名士傳等；有專爲一家或一人作傳者，如江統之江氏家傳，范汪之范氏家傳，慧立之慈恩法師傳等；或記載游歷見聞，如郭象述征記，法顯佛國記等；或採錄異聞，作半小說體，如山海經，穆天子傳，飛燕外傳等；或拾遺識小，聊供談噱，如劉義慶世說，裴榮期語林等。凡此皆未嘗以述作自居，惟取供述作者之資料而已。右所舉例，皆取諸隋唐兩志，其書今存者希。

其第二類，則蒐集許多資料，經一番組織之後，確成一著述之體裁。但所敍者專屬於某種事狀，其性質爲局部的，而與正史編年等含有普遍性質者殊科焉。此類之書，發達最早者爲地方史，常璩之華陽國志，其標本也；其流衍爲各省府州縣之方志。次則法制史，如歷代職官表，歷代鹽法志等類。次則宗教或學術史，如佛祖歷代通載，明儒學案等類。其餘專明一義，如律曆，金石，目錄，……等等，所在多有；然裒然可觀者實稀。蓋我國此類著述，發達尙幼稚也。

史籍既多，則注釋考證，自然踵起。注釋有二：一曰注訓詁，如裴駰徐野民等之於史記，應劭如淳等之於漢書；二曰注事實，如裴松之之於三國志。前者於史蹟無甚關係，後者則與本書相輔矣。考證者，所以審定史料之是否正確，實爲史家求徵信之要具。隋書經籍志有劉寶之漢書駁議，姚察之定漢書疑，蓋此類書之最古者。司馬光既寫定通鑑，卽自爲考異三十卷，亦著述家之好模範也。大抵考證之業，宋儒始引其緒，劉攽洪邁輩之書，稍有可觀。至清而大盛其最著者如錢大昕之廿二史考異，王鳴盛之十七史商榷，趙翼之廿二史劄記。其他關於一書一篇一事之考證，往往析入豪芒，其作者不可僂指焉。

近代著錄家，多別立史評一門。史評有二：一批評史蹟者；二批評史書者。批評史蹟者，對於歷史上所發生之事項而加以評論。蓋左傳史記已發其端，後此各正史及通鑑皆因之。亦有涉爲專篇者，如賈誼過秦論陸機辨亡論之類是也。宋明以後，益尚浮議；於是有史論專書，如呂祖謙之東萊博議，張溥之歷代史論等。其末流只以供帖括勦說之資，於史學無與焉。其較有價値者，爲王夫之之讀通鑑論宋論，雖然，此類書無論若何警拔，總易導讀者入於奮臆空談一路，故善學者弗尙焉。批評史書者，質言之，則所評卽爲歷史研究法之一部分，而史學所賴以建設也。自有史學以來二千年間，得三人焉：在唐則劉知幾，其學說在史通；在宋則鄭樵，其學說在通志總序及藝文略校讎略圖譜略；在清則章學誠，其學說在文史通義。知幾之自述曰：「史通之爲書也，蓋傷當時載筆之士，其義不純；思欲辨其指歸，殫其體統。其書雖以史爲主，而餘波所及，上窮王道，下掞人倫。……蓋談經者惡聞服杜之嗤，論史者憎言班馬之失；而此書多譏往哲，喜述前非，獲罪於時，固其宜矣。」（史通自敍）鄭樵之自述曰：「凡著書者雖采前人之書，必自成一家之言。……臣今總天下之大學術而條其綱目，名之曰略。凡二十略，百代之憲章，學者之能事，盡於此矣。其五略，漢唐諸儒所得而聞；其十五略，漢唐之儒所不得而聞也。」又曰：「夫學術造詣，本乎心識，如人入海，一入一深。臣之二十略，皆臣自有所得，不用舊史之文。」（通志總序）學誠自述曰：「鄭樵有史識而未有史學，曾鞏具史學而不具史法，劉知幾得史法而不得史意，此予文史通義所爲作也。」（志隅自序）又曰：「拙撰文史通義，中間議論開闢，實有不得已而發揮，爲千古史學闢其榛蕪。然恐驚世駭俗，爲不知己者詬厲。」（與汪遺書題跋）又曰：『吾於史學，自信發凡起例，多為後世開山。而人乃擬吾於劉知幾；不知劉言史法，吾言史意；劉議館局纂脩，吾議一家著述。』（家書二）讀此諸文，可以知三子者之所以自信為何如；又可知彼輩卓識，不見容於並時之流俗也。竊常論之，劉氏事理縝密，識力銳敏；其勇於懷疑，勤於綜核，王充以來，一人而已。其書中疑古惑經諸篇，雖於孔子亦不曲徇，可謂最嚴正的批評態度也。章氏謂其所議僅及館局纂脩，斯固然也。然鑑別史料之法，劉氏言之最精，非鄭章所能逮也。鄭氏之學，前段已略致評。章氏評之謂『其精要在乎義例，蓋一家之言，諸子之學識，而寓於諸史之規矩。』（文史通義釋通篇）又謂『通志例有餘而質不足以副。』（與邵二雲書）皆可謂知言。然劉章惟有論史學之書，而未嘗自著成一史，鄭氏則既出所學以與吾人共見，而確信彼自有其不朽者存矣。章氏生劉鄭之後，較其短長以自出機杼，自更易為功。而彼於學術大原，實自有一種融會貫通之特別見地。故所論與近代西方之史家言多有冥契。惜其所躬自撰述者，僅限於方志數種，未能為史界闢一新天地耳。要之自有左丘司馬遷班固荀悅杜佑司馬光袁樞諸人，然後中國始有史；自有劉知幾鄭樵章學誠，然後中國始有史學矣。至其持論多有爲吾儕所不敢苟同者，則時代使然，環境使然，未可以居今日而輕謗前輩也。

吾草此章將竟，對於與吾儕最接近之清代史學界，更當置數言：前清爲一切學術復興之時代，獨於史界之著作，最爲寂寥。唐宋去今如彼其遠，其文集雜著中所遺史蹟，尙纍纍盈望。清則舍官書及諛墓文外，殆無餘物可以相餉，史料之涸乏，未有如清者也。此其故不難察焉：試一檢康雍乾三朝諸文字之獄，則知其所以箝吾先民之口而奪之氣者，其凶悍爲何如。其敢於有所論列而倖免於文網者，吾見全祖望一人而已。（看鮚埼亭集）竊位者壹意摧殘文獻以謀自固，今位則成閏矣，而已湮已亂之文獻，終不可復，哀哉耗矣。雖然，士大夫之聰明才力，終不能無所用，故壓於此者伸於彼，史學之在清代，亦非無成績之可言。章學誠之卓犖千古，前旣論之矣。此外關於史界，尙有數種部分的創作：其一，如顧祖禹之讀史方輿紀要，其書有組織，有斷制，全書百三十卷一氣呵成爲一篇文字；以地理形勢爲經而緯之以史蹟。其善於駕馭史料蓋前人所莫能逮故魏禧稱爲「數千百年絕無僅有之書」也。其二，如顧棟高之春秋大事表：將全部左傳拆碎，而自立門類以排比之。善用其法，則於一時代之史蹟能深入而顯出矣。其三，如黃宗羲之明儒學案：實爲中國有學史之始；其書有宗旨有條貫，異乎鈔撮駁雜者。其四，如趙翼之廿二史劄記：此書雖與錢大昕王鳴盛之作齊名，見前然性質有絕異處。錢王皆爲狹義的考證，趙則教吾儕以蒐求抽象的史料之法。昔人言「屬辭比事春秋之教」，趙書蓋最善於比事也。此法自宋洪邁容齋隨筆漸解應用，至趙而其技益進焉。此四家者，皆卓然有所建樹，足以自附於述作之林者也。其他又尚有數類書，在清代極爲發達：（一）表。志之補續，自萬斯同著歷代史表後，繼者接踵，各史表志之缺，殆已補綴無遺，且所補常有突過前作者。（二）史文之考證，考證本爲清代樸學家專門之業，初則僅用以治經，繼乃並用以治史。此類之書有價值者毋慮百數十種。對於古籍，訂譌糾繆，經此一番整理，爲吾儕省無限精力。(三)方志之重修，各省府州縣志，什九皆有新修本，董其事者皆一時名士，乃至如章學誠輩之所懷抱，皆借此小試焉。故地方史蔚然可觀，爲前代所無。(四)年譜之流行，清儒爲古代名人作年譜者甚多，大率皆精詣之作。章學誠所謂「一人之史而可以與家史國史一代之史相取證」者也。(五)外史之研究，自魏源徐松等喜談邊徼形事，漸引起研究蒙古史蹟之興味。洪鈞之元史釋文證補，知取材於域外，自此史家範圍益擴大，漸含有世界性矣。凡此皆清代史學之成績也。雖然，清儒所得自效於史學界者而僅如是，固已爲史學界之不幸矣。

我國史學根柢之深厚既如彼，故史部書之多亦實可驚。今剌取累代所著錄之部數卷數如下：

漢書藝文志　一一部　四二五篇

隋書經籍志　八一七部　一三二六四卷

舊唐書經籍志	八八四部	一七九四六卷	
宋史藝文志	二二四七部	四三一〇九卷	
通志藝文略	二三〇一部	三七六一三卷	在圖譜外
文獻通考經籍考	一〇三六部	二四〇九六卷	
明史藝文志	一三一六部	三〇〇五一卷	限於明代人著作
清四庫書目	二一七四部	三七〇四九卷	存目合計

右所著錄者代代散佚，例如隋志之萬三千餘卷，今存者不過十之一二；明志之三萬餘卷，採入四庫者亦不過十之一二；而現存之四庫未收書及四庫編定後續出之書，尚無慮數萬卷。要而言之，自左丘司馬遷以後，史部書曾著竹帛者，最少亦應在十萬卷以外。其質之良否如何，暫且勿問；至於其量之豐富，實足令吾儕撟舌矣。此二千年來史學經過之大凡也。

第三章　史之改造

吾生平有屢受窘者一事，每遇青年學子叩吾以治國史宜讀何書，輒沈吟久之而卒不能對。試思吾舍二十四史資治通鑑三通等書外，更何術以應此問？然在今日百學待治之世界，而讀此浩瀚古籍，是否爲青年男女日力之所許，姑且勿論。尤當問費此莫大之日力，其所得者究能幾？吾儕欲知吾祖宗所作事業，是否求之於此而已足？豈惟僅此不足，恐雖徧讀隋唐志明史……等所著錄之十數萬卷，猶之不足也。夫舊史既不可得徧讀，卽徧讀之亦不能養吾欲而給吾求，則惟有相率於不讀而已。信如是也，吾恐不及十年而中國史學，將完全被驅出於學問圈外。夫使一國國民而可以無需國史的智識，夫復何言？而不然者，則史之改造，真目前至急迫之一問題矣。

吾前嘗言著書須問將以供何等人之讀，今請申言此義。古代之史，是否以供人讀，蓋屬疑問。觀孔子欲得諸國史，求之甚艱；而魏史乃瘞諸汲冢中，雖不敢謂其必禁傳讀，要之其目的在珍襲於秘府，而不在廣布於公衆，殆可斷言。後世每朝之史，必易代而始布，故吾儕在今日，尚無清史可讀，此尤舊史半帶祕密性之一證也。私家之史，自是爲供讀而作，然其心目中之讀者，各各不同，「孔子成春秋而亂臣賊子懼，」春秋蓋以供當時貴族中爲人臣子者之讀也。司馬光資治通鑑，其主目的以供帝王之讀。其副目的以供大小臣僚之讀，則吾既言之矣。司馬遷史記，自言「藏諸名山傳與其人，」蓋將以供後世少數學者之讀也。自餘諸史目的略同，大率其讀者皆求諸祿仕之家與好古績學專門之士。夫著作家必針對讀者以求獲其所希望之效果，故緣讀者不同，而書之精神及其內容組織亦隨而不同，理固然也。讀者在祿仕之家，則其書宜爲專制帝王養成忠順之臣民；讀者在績學專門之士，則其書不妨浩瀚雜博奧衍，以待彼之徐整理而自索解。而在此兩種讀者中，其對於人生日用飲食之常識的史蹟，殊非其所渴需；而一般民衆自發自進的事業，或反爲其所厭忌。質而言之，舊史中無論何體何家，總不離貴族性，其讀客皆限於少數特別階級——或官閥階級或智識階級故其效果亦一如其所期助成國民性之畸形的發達此二千年史家所不能逃罪也此類之史，在前代或爲其所甚需要。非此無以保社會之結合均衡，而吾族或早已潰滅。雖然，此種需要，在今日早已過去，而保存之則惟增其毒在今日惟個性圓滿發達之民，自進而爲種族上地域上職業上之團結互助，夫然後可以生存於世界而求有所貢獻。而歷史其物，卽以養成人類此種性習爲職志。今之史家，常常念吾書之讀者與彼遷記光鑑之讀者絕不同倫，而矢忠覃精以善爲之地焉，其庶可以告無罪於天下也。

復次：歷史爲死人——古人而作耶？爲生人——今人或後人而作耶？據吾儕所見，此蓋不成問題，得直答曰爲生人耳。然而舊史家殊不爾爾，彼蓋什九爲死人作也。史官之初起，實由古代人主欲紀其盛德大業以昭示子孫；故紀事以宮廷爲中心，而主旨在隱惡揚善。觀春秋所因魯史之文而可知也。其有良史，則善惡畢書，於是褒貶成爲史家特權。然無論爲褒爲貶，而立言皆以對死人則一也。後世獎厲虛榮之塗術益多，墓誌家傳之類，汗牛充棟；其目的不外爲子孫者欲表揚其已死之祖父而最後榮辱，一繫於史；馴至帝者以此爲駕馭臣僚之一利器。試觀明清以來飾終之典，以「宣付史館立傳」爲莫大恩榮；至今猶然；則史之作用可推矣。故如魏收市佳傳以驕儕輩，袁樞謝曲筆以忤鄉人，（看北史收傳宋史樞傳）賢否雖殊，而壹皆以隙死人爲鵠。後人評史良穢，亦大率以其書對於死人之態度是否公明以爲斷。乃至如各史及各省府縣志，對於忠義節孝之搜訪，惟恐不備。凡此皆求有以對死者也。此類觀念，其在國民道德上有何等關係，自屬別問題。若就史言史，費天地間無限縑素，乃爲千百年前已朽之骨校短量長，果何爲者？夫史蹟爲人類所造，吾儕誠不能於人外求史；然所謂「歷史的人格者」，別自有其意義與其條件。（此意義與條件，當於第七章說明之。）史家之職，惟在認取此「人格者」與其周遭情狀之相互因果關係而加以說明。若夫一個個過去之古人，其位置不過與一幅之畫一坐之建築物相等，只能以彼供史之利用，而不容以史供其利用，抑甚明矣。是故以生人本位的歷史代死人本位的歷史實史界改造一要義也。

復次史學範圍，當重新規定，以收縮爲擴充也。學術愈發達則分科愈精密；前此本爲某學附庸，而今則蔚然成一獨立科學者，比比然矣。中國古代，史外無學，舉凡人類智識之記錄，無不叢納之於史，厥後經二千年分化之結果，各科次第析出，例如天文，歷法，官制，典禮，樂律，刑法等，疇昔認爲史中重要部分，其後則漸漸與史分離矣。今之舊史，實以年代記及人物傳之兩種原素糅合而成。然衡以嚴格的理論，則此兩種者實應別爲兩小專科，曰「年代學」，曰「人譜學」——卽「人名辭典學」，而皆可謂在史學範圍以外。若是乎，則前表所列若干萬卷之史部書，乃無一部得復稱爲史。若是乎疇昔史學碩大無朋之領土，至是乃如一老大帝國，逐漸瓦解而無復餘。故近代學者，或昌言史學無獨立成一科學之資格，論雖過當，不爲無見也。雖然，今之史學，則既已獲有新領土，而此所謂新領土，實乃在舊領土上而行使新主權。例如天文，自史記天官書迄明史天文志，皆以星座躔度等記載，充滿篇幅；此屬於天文學範圍，不宜以入歷史，固也。雖然，就他方面言之，我國人何時發明中星，何時發明置閏，何時發明歲差，乃至恆星行星之辨別，蓋天渾天之論爭，黃道赤道之推步，……等等，此正吾國民繼續努力之結果，其活動狀態之表示，則歷史範圍以內之事也。是故天文學爲一事，天文學史又爲一事。例如音樂：各史律歷志及樂書樂志，詳述五聲十二律之度數，郊祀鐃歌之曲辭，此當委諸音樂家之專門研究者也。至如漢晉間古雅樂之如何傳授，如何廢絕，六朝南部俚樂之如何興起，隋唐間羌胡之樂譜樂器如何輸入，來自何處，元明間之近代的劇曲如何發展，此正乃歷史範圍以內之事也。是故音樂學爲一事，音樂史又爲一事，推諸百科，莫不皆然。研究中國哲理之內容組織，哲學家所有事也；述哲學思想之淵源及其相互影響遞代變遷與夫所產之結果，史家所有事也。研究中國之藥劑證治，醫家所有事也；述各時代醫學之發明及進步，史家所有事也。對於一戰爭，研究其地形阨塞機謀進止，以察其勝負之由，兵家所有事也；綜合古今戰役而觀兵器戰術之改良進步，對於關係重大之諸役，尋其起因而推論其及於社會之影響，史家所有事也。各列傳中記各人之籍貫門第傳統等等，譜牒家所有事也；其嘉言懿行，摭之以資矜式，教育家所有事也；觀一時代多數人活動之總趨嚮，與夫該時代代表的人物之事業動機及其反響，史家所有事也。由此言之，今後史家，一面宜將其舊領土一一劃歸各科學之專門，使為自治的發展，勿侵其權限；一面則以總神經系——總政府自居，凡各活動之相，悉攝取而論列之。乃至前此亘古未入版圖之事項——例如吾前章所舉隋唐佛教元明小說等，悉吞納焉，以擴吾疆宇，無所讓也。舊史家惟不明此區別，故所記述往往侵入各專門科學之界限，對於該學，終亦語焉不詳，而史文已繁重蕪雜而不可殫讀。不甯惟是，騖於此等史外的記述，則將本範圍內應負之職責而遺卻之，徒使學者讀破萬卷，而所欲得之智識，仍茫如捕風。今之作史者，先明乎此，庶可以節精力於史之外，而善用之於史之內矣。

復次，吾儕今日所渴求者，在得一近於客觀性質的歷史。我國人無論治何種學問，皆含有主觀的作用……攙以他項目的，而絕不願爲純客觀的研究。例如文學，歐人自希臘以來，卽有「爲文學而治文學」之觀念。我國不然，必曰因文見道。道其目的，而文則其手段也。結果則不誠無物，道與文兩敗而俱傷。惟史亦然；從不肯爲歷史而治歷史，而必侈懸一更高更美之目的——如「明道」「經世」等；一切史蹟，則以供吾目的之芻狗而已。其結果必至强史就我，而史家之信用乃墜地。此惡習起自孔子，而二千年之史，無不播其毒。孔子所修春秋，今日傳世最古之史書也，宋儒謂其「寓褒貶別善惡」，漢儒謂其「微言大義撥亂反正」，兩說孰當，且勿深論，要之孔子作春秋，別有目的，而所記史事，不過借作手段，此無可疑也。坐是之故，春秋在他方面有何等價值，此屬別問題；若作史而宗之，則乖莫甚焉。例如二百四十年中，魯君之見弑者四，隱公，閔公，子般，子惡，見逐者一，昭公見戕於外者一桓公而春秋不見其文，孔子之徒，猶云「魯之君臣未嘗相弑」禮記明堂位文。又如狄滅衞，此何等大事，因掩齊桓公之恥，則削而不書。看閔二年穀梁傳「狄滅衞」條下晉侯傳見周天子，此何等大變，因不願暴晉文公之惡，則書而變其文。（看僖二十八年「天王狩于河陽」條下左傳及公羊傳）諸如此類，徒以有「爲親賢諱」之一主觀的目的，遂不惜顛倒事實以就之。又如春秋記杞伯姬事前後凡十餘條，以全部不滿萬七千字之書，安能爲一婦人分去爾許篇幅，則亦曰借以獎厲貞節而已。其他記載之不實不盡不均，類此者尚難悉數。故漢代今文經師，謂春秋乃經而非史，吾儕不得不宗信之；蓋春秋而果爲史者，則豈惟如王安石所譏斷爛朝報，恐其穢乃不減魏收矣。顧最不可解者，孔叟既有爾許微言大義，何妨別著一書，而必淆亂歷史上事實以惑後人，而其義亦隨之而晦也。自爾以後，陳陳相因，其宗法孔子愈篤者，其毒亦愈甚，致令吾儕常有「信書不如無書」之歎。如歐陽修之新五代史，朱熹之通鑑綱目，其代表也。鄭樵之言曰：『史冊以詳文該事，善惡已章，無待美刺。讀蕭曹之行事，豈不知其忠良？見莽卓之所爲，豈不知其凶逆？……而當職之人，不知留意於憲章，徒相尚於言語。正猶當家之婦，不事饔飧，專鼓脣舌。』（通志總序）此言可謂痛切。夫史之性質，與其他學術有異，欲爲純客觀的史，是否事實上所能辦到，吾猶未敢言。雖然，吾儕有志史學者，終不可不以此自勉，務持鑑空衡平之態度，極忠實以蒐集史料，極忠實以敍論之，使恰如其本來。當如格林威爾所云「畫我須是我」。當如醫者之解剖，奏刀砉砉，而無所謂惻隱之念擾我心曲也。乃至對本民族偏好溢美之辭，亦當力戒。良史固所以促國民之自覺，然真自覺者決不自欺，欲以自覺覺人者尤不宜相蒙。故吾以爲今後作史者，宜於可能的範圍內，裁抑其主觀而忠實於客觀，以史爲目的而不以爲手段；夫然後有信史，有信史然後有良史也。

復次：吾前言人類活動相而注重其情態。夫摹體尙易，描態實難。態也者，從時間方面論，則過而不留，後刹那之態方呈，前刹那之態已失；從空間方面論，則凡人作一態，實其全身心理生理的各部分協同動作之結果，且又與環境爲緣；若僅爲局部的觀察，覩其一而遺其他，則真態終末由見。試任取一人而描其一日之態，猶覺甚難。而況史也者，積千萬年間千千萬萬生死相續之人，欲觀其繼續不斷之全體協同動作，茲事抑談何容易。史蹟既非可由瞑想虛構，則不能不取資於舊史；然舊史所能爲吾資者，乃如兒童用殘之舊課本，原文本已編輯不精，譌奪滿紙，而復東缺一葉，西缺數行，油汚墨漬，存字無幾。又如電影破片，若干段已完全失卻，前後不相銜接；其存者亦罅漏模糊，不甚可辨。昔顧炎武論春秋戰國兩時代風尚之劇變，而深致歎息於中間百三十三年史文之闕佚。（日知錄卷十三）夫史文闕佚，雖僅此百三十三年，而史蹟之湮亡，則其數量云胡可算。蓋一切史蹟，大半藉舊史而獲傳；然舊史著作之目的，與吾儕今日所需求者多不相應；吾儕所認爲極可寶貴之史料，其爲舊史所擯棄而遂湮沒以終古者，實不知凡幾。吾儕今日，乃如欲研究一燹餘之蕪城廢殿，從瓦礫堆中搜集斷椽破甓，東拼西補以推測其本來規制之爲何若，此種事業，備極艱辛，猶且僅一部分有成功希望，一部分或竟無成功希望，又不惟殘缺之部分爲然耳，即向來公認爲完全美備之史料，——例如正史——試以科學的眼光嚴密審查，則其中誤者僞者又不知凡幾。吾儕今日對於此等史蹟，殆有一大部分須爲之重新估價而不然者則吾史乃立於虛幻的基礎之上而一切研索推論皆爲枉費此種事業其艱辛亦與前等而所得或且更微末以上兩種勞作一曰蒐補的勞作二曰考證的勞作皆可謂極不經濟的——勞多而穫少的雖然當知近百年來歐洲史學所以革新純由此等勞作導其先路吾國史苟不經過此一番爬剔洗鍊則完善之作終不可期今宜專有人焉胼手胝足以耕以畬以待後人之穫一部分人出莫大之勞費以爲代價然後他部分人之勞費乃可以永節省此吾儕今日應有之覺悟也此兩種勞作之下手方法皆於第五章專論之今不先贅。

復次古代著述大率短句單辭不相聯屬恰如下等動物寸寸斷之各自成體此固由當時文字傳寫困難不得不然抑亦思想簡單未加組織之明證也此例求諸古籍中如老子如論語如易傳如墨經莫不皆然其在史部則春秋世本竹書紀年皆其類也厥後左傳史記等書常有長篇記載篇中首尾完具視昔大進矣然

而以全書論，仍不過百數十篇之文章彙成一帙而已。漢書以下各史，踵效史記；漢紀，通鑑等踵效左傳；或以一人爲起訖，或以一事爲起訖。要之不免將史蹟縱切橫斷。紀事本末體稍矯此弊，然亦僅以一事爲起訖，事與事之間不生聯絡；且社會活動狀態，原不僅在區區數件大事，紀事縱極精善，猶是得肉遺血，得骨遺髓也。吾不嘗言歷史爲過去人類活動之再現耶？夫活動而過去，則動物久已消滅，曷爲能使之再現，非極巧妙之技術不爲功也。故真史當如電影片，其本質爲無數單片，人物逼真，配景完整，而復前張後張，緊密銜接，成爲一軸，然後射以電光，顯其活態。夫舍單張外固無軸也，然軸之爲物，卻自成一有組織的個體，而單張不過爲其成分。若任意抽取數片，全沒卻其相互之動相，木然隻影，黏著布端，觀者將卻走矣。惟史亦然，人類活動狀態，其性質爲整個的，爲成套的，爲有生命的，爲有機能的，爲有方向的，故事實之敍錄與考證，不過以樹史之軀幹，而非能盡史之神理。善爲史者之驅事實也：橫的方面最注意於其背景與其交光，然後甲事實與乙事實之關係明，而整個的不至變爲碎件縱的方面最注意於其來因與其去果然後前事實與後事實之關係明而成套的不至變爲斷幅是故不能僅以敍述畢乃事必也有說明焉有推論焉所敍事項雖千差萬別而各有其湊笱之處書雖累百萬言而筋摇脈注，如一結構精悍之短札也；夫如是庶可以語於今日之史矣而惜乎求諸我國舊史界，竟不可得，即歐美近代著作之林，亦不數數覯也。

今日所需之史，當分爲專門史與普遍史之兩途。專門史如法制史文學史哲學史美術史……等等，普遍史即一般之文化史也。治專門史者，不惟須有史學的素養，更須有各該專門學的素養。此種事業，與其責望諸史學家，毋寧責望諸各該專門學者。而凡治各專門學之人，亦須有兩種覺悟：其一，當思人類無論何種文明，皆須求根柢於歷史。治一學而不深觀其歷史演進之跡，是全然蔑視時間關係，而茲學系統，終末由明瞭。其二，當知今日中國學界，已陷於「歷史饑餓」之狀況，吾儕不容不亟圖救濟。歷史上各部分之真相未明，則全部分之真相亦終不得見。而欲明各部分之真相，非用分功的方法深入其中不可。此決非一般史學家所能辦到，而必有待於各學之專門家分擔責任。此吾對於專門史前途之希望也。專門史多數成立，則普遍史較易致力，斯固然矣。雖然，普遍史並非由專門史叢集而成。作普遍史者須別具一種通識，超出各專門事項之外而貫穴乎其間。夫然後甲部分與乙部分之關係見，而整個的文化始得而理會也。是故此種事業，又當與各種專門學異其範圍，而由史學專門家任之。昔自劉知幾以迄萬斯同，皆極言衆手修史之弊；鄭樵章學誠尤矢志向上，以「成一家之言」爲鵠；是皆然矣。雖然，生今日極複雜之社會，而欲恃一手一足之烈，供給國人以歷史的全部智識，雖才什左馬，識伯鄭章，而其事終不可以致。然則當如之何？曰：惟有聯合國中有史學興味之學者，各因其性之所嗜與力之所及，爲部分的精密研究，而懸一公趨之目的與公用之研究方法，分途以赴，而合力以成。如是，則數年之後，吾儕之理想的新史，或可望出現。善乎黃宗羲之言曰：『此非末學一人之事也。』（明儒學案發凡語。）

第四章　說史料

治玄學者與治神學者或無須資料，因其所致力者在瞑想在直覺在信仰，不必以客觀公認之事實爲重也。治科學者——無論其爲自然科學爲社會科學，罔不恃客觀所能得之資料以爲其研究對象。而其資料愈簡單愈固定者，則其科學之成立也愈易；愈反是則愈難。天文學所研究之對象，其與吾儕距離可謂最遠，然而斯學之成爲科學最早，且已決定之問題最多者。何也？其對象之爲物較簡單，且以吾儕渺小短促之生命與彼相衡，則彼殆可指爲恆存而不壞。治此學者，第一無資料罣漏之患，第二無資料散失之患，故成功最易焉。次如地質學地文學等，其資料雖趨複雜，然比較的含固定性質，研究亦較易。次如生物學等，蕃變之態益甚，資料之選擇與保存漸難矣。又如心理學等，其資料雖俯拾卽是，無所謂散失與不散失，然而無具體的物象可指，且其態稍縱卽逝，非有極強敏之觀察力不能捉取，故學者以爲難焉。史學所以至今未能完成一科學者，蓋其得資料之道，視他學爲獨難史料爲史之組織細胞，史料不具或不確，則無復史之可言。史料者何？過去人類思想行事所留之痕跡，有證據傳留至今日者也。思想行事留痕者本已不多，所留之痕，又未必皆有史料的價值。有價值而留痕者，其喪失之也又極易。因必有證據然後史料之資格備，證據一失，則史料卽隨而湮沈。而證據散失之塗徑甚多：或由有意隱匿，例如清廷之自改實錄。詳第五章或由有意蹂躪，例如秦之燒列國史記。或由一新著作出而所據之舊資料遂爲所淹沒，例如唐修晉書成而舊史十八家俱廢。或經一次喪亂，而大部分史籍悉淪沒，如牛弘所論書有五厄也。或孤本孤證散在人間，偶不注意，卽便散亡，斯則爲例甚多，不可確舉矣。要而言之，往古來今之史料，殆如江浪淘沙，滔滔代逝。蓋幸存至今者，殆不逮吾儕所需求之百一也。其幸而存者，又散在各種遺器遺籍中，東鱗西爪，不易尋覓；卽偶尋得一二，而孤證不足以成說，非薈萃而比觀不可，則或費莫大之勤勞而無所獲。其普通公認之史料，又或誤或僞，非經別裁審定，不堪引用。又斯學所函範圍太廣，各人觀察點不同，雖有極佳良現存之史料，苟求之不以其道，或竟熟視無睹也。合以上諸種原因，故史學較諸他種科學，其蒐集資料與選擇資料，實最勞而最難。史學成就獨晚，職此之由。

時代愈遠，則史料遺失愈多，而可徵信者愈少，此常識所同認也。雖然，不能謂近代便多史料，不能謂愈近代之史料即愈近真。例如中日甲午戰役，去今三十年也；然吾儕欲求一滿意之史料，求諸記載而不可得，求諸耆獻而不可得；作史者欲爲一翔實透闢之敘述，如通鑑中赤壁淝水兩役之比，抑已非易易。例如二十年前，「制錢」爲國家唯一之法幣，「山西票號」管握全國之金融，今則此兩名辭久已逸出吾儕記憶線以外，舉國人能道其陳跡者，殆不多覯也。一二事如此，他事則亦皆然，現代且然，而遠古更無論矣。

孔子有言：『文獻不足故也，足則吾能徵之矣。』不治史學，不知文獻之可貴與夫文獻散佚之可爲痛惜也。距今約七十年前，美國人有彭加羅夫者，H. H. Bancroft 欲著一加里佛尼省志，竭畢生之力，傾其極富之家貲，誓將一切有關係之史料蒐輯完備然後從事。凡一切文件，自官府公牘下至各公司各家庭之案卷帳簿，願售者不惜重價購之，不願售者展轉借鈔之。復分途派員諏詢故老，搜其口碑傳說。其書中人物有尚生存者，彼用種種方法巧取其談話及其經歷。如是者若干年，所叢集之資料盈十室。彼乃隨時將其所得者爲科學分類，先製成「長編式」之史稿，最後乃進而從事於眞著述。若以嚴格的史學論，則採集史料之法，必如此方爲合理。雖然，欲作一舊邦之史，安能以新造之加里佛尼省爲比例？且此種「美國風」的搜集法，原亦非他方人所能學步。故吾儕今日之於史料，只能以抱殘守缺自甘。惟既矢志忠實於史，則在此殘缺範圍內，當竭吾力所能逮以求備求確，斯今日史學之出發點也。吾故於此章探索史料之所在，且言其求得之之塗徑，資省覽焉。

得史料之塗徑，不外兩種：一曰在文字記錄以外者；二曰在文字記錄者。

(一)在文字記錄以外者　此項史料之性質，可略分爲三類：曰現存之實蹟；曰傳流之口碑；曰遺下之古物。

（甲）現存之實蹟及口碑　此所謂實蹟，指其全部現存者。質言之，則現代史蹟——現在日日所發生之事實其中有構成史料價值者之一部分也。吾儕居常慨歎於過去史料之散亡，當知後之視今，猶今之視昔；吾儕今日不能將其耳聞目見之史實搜輯保存，得毋反欲以現代之信史責望諸吾子孫耶？所謂現在日日發生之事實有構成史料之價值者何耶？例如本年之事，若粵桂川湘鄂之戰爭，若山東問題日本之提出交涉與我之拒絕，若各省議會選舉之醜態，若京津間中交銀行擠兌風潮，若上海商教聯合會之活動……等，凡此等事，皆有其來因去果，將來在史上確能占有相當之篇幅，其資料皆琅琅在吾目前，吾輩不速爲收拾以貽諸方來，而徒日日欷歔望古遙集，奚爲也？其漸漸已成陳迹者，例如三年前學界之五四運動，如四年前之張勳復辟，如六年前之洪憲盜國，如十年前之辛亥革命，如二十年前之戊戌政變拳匪搆難，如二十五年前之甲午戰役，……等等，躬親其役或目覩其事之人，猶有存者。採訪而得其口說，此卽口碑性質之史料也。司馬遷作史多用此法。如云：『吾如淮陰，淮陰人爲余言……』（淮陰侯列傳贊）如云：『吾視郭解，狀貌不及中人，言語無足採者。』（游俠列傳贊）凡此皆用現存之實蹟或口碑爲史料之例也。

（乙）實蹟之部分的存留者　前項所論爲實蹟之全部，蓋並其能活動之人與所活動之相皆具焉。本條所謂實蹟者，其人與相皆不可得見矣；所留者，僅活動製成品之一種委蛻而已。求諸西洋，例如埃及之金字塔及塔中所藏物，得此而五六千年前之情狀，略可見焉；如意大利之三四名都，文藝復興時代遺物，觸目皆是。此普遍實蹟之傳留者也。例如入埃汾河之索士比亞遺宅，則此詩聖之環境及其性行，宛然在望。登費城之議事堂，則美十三州制憲情狀湊會心目。此局部實蹟之傳留者也。凡此者苟有一焉，皆爲史家鴻寶。我國人保存古物之念甚薄，故此類實蹟能全者日稀，然亦非絕無。試略舉其例，如萬里長城，一部分爲秦時遺物，衆所共見也。如始皇所開馳道，參合諸書，尚能察其路線，而二千年來官驛之一部分，多因其舊。如漢通西域之南北兩道，雖中間一段淪於沙漠，而其沿襲至今者十尚六七。凡此之類，殆皆非人力所能湮廢，而史家永世之寶也。又如今之北京城，其大部分爲明永樂四年至十八年（西一四〇五至一四二〇）間所造，諸城堞宮殿乃至天壇社稷壇等，皆其遺構；十五世紀之都會，其規模如此其宏壯，而又大段完整以傳至今者，全世界實無此比。此外各地方之城市，年代更古者尚多焉。又如北京彰儀門外之天寧寺塔，實隋開皇時物，觀此可以知六世紀末吾國之建築術爲何如。如山西大同雲岡石窟之佛像，爲北魏太安迄太和間所造，（西四五五至四九九）種類繁多，彫鐫精絕，觀此可以知五世紀時中國彫刻美術之成績，及其與印度希臘藝術之關係，以之與龍門諸造象對照，當時佛教信仰之狀況，亦略可概見。（注一）如北京舊欽天監之元代觀象儀器及地圖等，觀之可以見十六世紀中國科學之一斑也。（注二）

昔司馬遷作孔子世家自言，「適魯，觀仲尼廟堂車服禮器，諸生以時習禮其家，低徊留之不能去焉」。作史者能多求根據於此等目覩之事物，史之最上乘也。其實此等史料，俯拾卽是。吾不必侈語遠者大者，請舉吾鄉一小事爲例：吾鄉一古屋，明中葉吾祖初遷時所建，累蠔殼爲牆，牆厚二尺餘，結構緻密，乃勝甎甓，至今族之宗嫡居焉，卽此亦可見十五六世紀時南部瀕海鄉村之建築，與其聚族襲產之規則，此寧非一絕好史料耶？夫國中實蹟存留若此類者何限。惜舊史家除朝廷典章制度及聖賢豪傑言論行事外，不認爲史，則此等史料，棄置不顧，宜也。今之治史者，能一改其眼光，知此類遺蹟之可貴，而分類調查蒐積之，然後用比較統計的方法，編成抽象的史料，則史之面目一新矣。

(註一)龍門佛像，雖多而小。雲岡諸像，高至六七丈者甚多，其彫成全幅圖畫者亦不少，實吾國佛教美術精華所聚也。日本松本文三郎之支那佛教遺物記載甚詳，且能言其與印度犍陀羅美術之異同。近人蔣希召之遊記第一集所紀亦翔實。

（注二）諸器大抵皆元郭守敬所造，拳禍時爲德人所掠，前年遵威賽條約還我者，即此物也。

（丙）已湮之史蹟，其全部意外發現者。此爲可遇而不可求之事，苟獲其一，則裨益於史乃無量。其最顯著之例，如六十年前意大利拿波里附近所發見之邦渒古城，蓋羅馬共和時代爲火山流燄所蓋者，距今垂二千年矣。自此城發現後，意人發掘熱驟盛，羅馬城中續得之遺跡相繼不絕，而羅馬古史乃起一革命，舊史謬誤，匡正什九。此種意外史料，他國罕聞。惟我國當民國八年，曾在直隸鉅鹿縣發見一古城，實宋大觀二年（西一一零八）被黃河淹沒者，距今垂九百年矣。惜乎國無政而民無學，一任遺蹟散佚破壞以盡，所留以資益吾儕者甚希。苟其能全部保存，而加以科學的整理，則吾儕最少可以對於宋代生活狀況得一明確印象，寧非快事？（注三） 然吾因此忽涉遐想，以爲數千年來河患如彼其劇，沿舊河道兩岸城邑如鉅鹿之罹厄者或不止一次，不止一處，頗冀他日再有發現焉。若果爾者，望國人稍加注意，毋任其如今度之狼籍也。

（注三）鉅鹿古城，即在今城原址，入地二丈許。知為大觀二年故墟者，有碑可證也。前年夏秋間，居民掘地，忽睹破屋，且有陶磁等物，持以適市，竟易得錢，漸掘其旁屋，乃轉此事聞於骨董商，乃麕集而掘，遺物以善價沽諸外國人者什而八九。今一小部分為教育部所收得，陳諸午門之歷史博物館，然其細已甚矣。且原有房屋，破壞無餘，若政府稍有紀綱，社會稍有智識者，能於初發見時，即封存之，古屋之構造，悉勿許毀傷，而盡收其遺物，設一博物館於鉅鹿，斯亦一「小邦渒」矣。惟聞故城大於今城，今已掘兩年，猶未及垣，或者更有所獲。又聞其地掘井須二十丈乃得水源，而入地十丈許，往往遇甃瓦之屬，則安知非大觀二年以前，已經一兩度之淹沒耶？果爾，則商周間社會生活狀態，竟從此得意外之發明，未可知也。姑懸此說，以俟後之治科學者。

（丁）原物之寶存或再現者　古器物為史料之一部分，盡人所能知也。器物之性質，有能再現者，有不能再現者。其不能再現者，例如繪畫繡織及一般衣服器具等，非繼續珍重收藏，不能保存。在古代未有公眾博物院時，大抵宮廷享祚久長，貴族閥閱不替之國，恆能護傳此等故物之一部分。若如中國之慣經革命，且絕無故家遺族者，雖有存焉寡矣。今存畫最古者極於唐，然已無一幀焉能確辨其眞贋。壁畫如岱廟所塗，號稱唐製，實難徵信；惟最近發見之高昌一壁，稱絕調矣。（注四）紙絹之畫及刻絲畫，上遡七八百年前之宋代而止。至衣服及其他尋常用具，則淸乾嘉遺物，已極希見，更無論遠昔也。故此類史料，在我國可謂極貧乏焉。其能再現者，則如金石陶甑之屬，可以經數千年瘞土中復出而供吾儕之搴索。試舉其類：（一）曰殷周間禮器。漢許愼說文序言「郡國往往於山川間得鼎彝」，是當時學者中已有重視之者，而搜集研究，曾無聞焉；至宋代始啓端緒，尋亦中絕。（注五）至淸中葉以後而極盛。據諸家所記有文字款識之器，宋代著錄者六百四十三，淸代著錄者二千六百三十五，而內府所藏尙不與焉。（注六）此類之器，除所鐫文字足補史闕者甚多，當於次條別論外，吾儕觀其數量之多，可以想見當時社會崇尙此物之程度；觀其種類之異，可以想見當時他種器物之配置；觀其質相之純固，可以想見當時鑄冶術之精良。觀其花紋之複雜優美，圖案之新奇淵雅，可以想見當時審美觀念之發達。凡此皆大有造於史學者也。(二)曰兵器：最古者如殷周時之琱戈矢鏃等，最近者如漢晉間弩機等。(三)曰度量衡器：如秦權，秦量，漢建初尺，新莽始建國尺，晉前尺，漢量，漢鍾，漢鈁，漢斛等，制度之沿革可考焉。(四)曰符璽：上自秦虎符，下迄唐宋魚符；又秦漢間璽印，封泥，之屬，出土者千數；於研究當時兵制官制，多所補助。(五)曰鏡屬：自秦漢至元明，比其年代，觀其款識，可以尋美術思想發展之跡。(六)曰貨幣：上溯周末列國，下迄晚清，條貫而絜校之，蓋與各時代之經濟狀況息息相關也。此六者皆銅器之屬，此外銅製雜器存者尚多，不備舉。銅在諸金屬中比較的能耐久，而冶鑄之起原亦較古，故此類史料之供給稱豐富焉。然金屬器一燬即亡，故失亦甚易；觀宋器今存者百不一二，可推知也。清潘祖蔭謂古代金屬器在秦，後漢，隋，後周，宋，金，曾經六厄，而隨時沈薶毀棄盜鑄改爲者尚不與焉。(注七) 晚近交通大開，國內既無專院以事蒐藏，而胡賈恆以大力負之以走，凡百古物，皆次第大去其國；昔之豐富者，今轉涸竭；又不獨銅器爲然矣。(七)曰玉石：古玉鐫文字者少，故難考其年代，然漢以前物傳至今者確不乏，以難毀故也。吾儕研究古玉，亦可以起種種聯想，例如觀其雕紋之美，可知其攻玉之必有利器；觀其流行之盛，可推見古代與產玉區域交通之密；此皆足資史料者也。至石刻研究，則久已成專門之學。自岐陽石鼓，李斯刻石，以迄近代，聚其搨片，可汗百牛。其文字內容之足裨史料者幾何，下條論之，茲不先贅。至如觀所刻儒佛兩教所刻之石經，可以想見古人氣力之雄偉；且可比較兩教在社會上所憑藉焉。(注八)又如觀漢代各種石刻畫象，循溯而下，以至魏齊造象，唐昭陵石馬，宋靈巖羅漢，明碧雲刻桷，清圓明雕柱，等比較研究，不啻一部美術變遷史矣。(注九)又如橋柱井闌，石闕，地莂等類，或可以睹異製，或可以窺殊俗，無一非史家取材之資也。(八)曰陶瓷：吾國以製瓷擅天下，外人至以吾國名名斯物。今存器孔多，派別尤衆，治者別有專家，不復具論。陶器比來出土愈富，間有碎片，範以極奇古之文字，流傳當出三代上。綜此兩物以觀其遞嬗趨良之蹟，亦我民族藝術的活動之一表徵也。(九)曰瓦專：我族以宅居大平原之故，石材缺乏，則以人造之甎瓦爲建築主要品，故斯物發達最早，且呈種種之進步。今之瓦當專甎，殆成考古一專科矣。(十)曰石層中之石器：茲事在中國舊骨董家，曾未留意，晚近地質學漸昌，始稍有從事者。他日研究進步，則有史以前之生活狀態，可以推見也。(注十)

器物本人類活動結果中之一小部分，且其性質已純爲固定的，而古代孑遺之物，又不過此小部分之斷片耳。故以上所舉各項，在史料中不過占次等位置。或對於其價值故爲誇大，吾無取焉。雖然，善爲史者，固可以舉其所聞所見無一而非史料，豈其於此可寶之故物而遺之？惟史學家所以與骨董家異者，骨董家之研究，貴分析的而深入乎該物之中；史學家之研究，貴概括的而橫通乎該物之外。吾前所論列，已略示其端倪。若循此而更進焉，例如當其研究銅器也，則思古代之中國人何以特精範銅而不能如希臘人之琢石；當其研究瓷器也，則思中古之中國人何以能獨擅窰窯而不能如南歐人之製玻璃。凡此之類，在在歸納諸國民活動狀況中，悉心以察其因果，則一切死資料皆變爲活資料矣。凡百皆然，而古物其一端耳。

（注四）周秦間畫壁之風甚盛，（吾別有考證）不知後來何以漸替。今全國傳留者極少，泰安縣嶽廟，兩壁畫「嶽帝出巡圖」，相傳是唐畫，然吾不敢信。即爾亦不知經後人塗抹幾次矣。高昌壁畫與燉煌石室遺書同時發現，坊間近有影本。

（注五）宋人專門著錄銅器之書，有宣和博古圖，呂大臨考古圖，無名氏續考古圖，薛尚功鐘鼎款識，王厚之復齋鐘鼎款識，張掄紹興內府古器評等。

（注六）此所舉數，據今人王國維所著宋金文著錄表，國朝金文著錄表，但皆兼兵器雜器合計，宋表且兼及秦漢以後器。惟無文字款識者，不在此數。

（注七）潘祖蔭攀古樓彝器款識自序云：『古器自周秦至今，凡有六厄：史記曰：「始皇鑄天下兵器爲金人，」兵者戈戟之屬，器者鼎彝之屬，秦政意在盡天下之銅，必盡括諸器，可知此一厄也。後漢書：「董卓更鑄小錢，悉取洛陽及長安鐘簴飛廉銅馬之屬，以充鑄焉。」此二厄也。隋書：「開皇九年四月燬平陳所得秦漢三大鐘越三大鼓，十一年正月以平陳所得古物多爲禍變，悉命燬之。」此三厄也。五代會要：「周顯德二年九月勅兩京諸道州府銅象器物諸色，限五十日內並須毀廢送官。」此四厄也。大金國志：「海陵正隆三年詔毀平遼宋所得古器」，此五厄也。宋史：「紹興六年斂民間銅器，二十八年出御府銅器千五百事付泉司」，此六厄也……」觀此可想見古器毀壞之一斑。四年前歐戰正酣，銅價飛漲，僻邑窮村之銅，悉搜括以輸於外，此間又不知燬去史蹟幾許矣。

（注八）漢熹平，魏正始，唐開成，宋嘉祐，西蜀孟氏，南宋高宗，清乾隆，皆嘗有石經之刻，今惟唐刻存西安府學，清刻存北京國子監。佛教石經至多，最大者爲大房山之雷音洞，共二千三百餘石，作始於隋，迄事於遼，歷七百餘年，實人類繼續活動中之最偉大者也。自餘石經，今人葉昌熾語石卷三卷四，記述頗詳。

（注九）漢人石闕石壁，多爲平面雕刻的畫象，其見於諸家著錄者，都凡九十二種三百二十九石，內出河南者三十石，出四川者四十四石，出江蘇者二石，出甘肅者一石，其餘則皆出山東也。以吾所聞知，此種石畫今在日本者十九石，在法國者十二石，在德國者三石，在美國者一石，近一二年來有無再流出不可知矣。能悉集其拓本比較研究，實二千年前我國繪畫彫刻之一大觀也。

魏齊隋唐造象，不可以數計，僅龍門一處，其可拓者已二千三百餘種矣。其中尤有極詭異精工之畫。

唐昭陵六馬，高等原形靈巖之宋雕四十羅漢，神采飛動，皆吾國石刻不朽之品也。歷代石畫概略，語石卷五論列得要。

（注十）今人章鴻釗著石雅，記國內外地質學者研究所得結果，極可觀。

（戊）實物之模型及圖影　實物之以原形原質傳留至今者，最上也。然而非可多覯。有取其形範以圖之，而圖範獲傳於今，抑其次也。例如漢晉之屋舍、竈磑，杵臼，唐人之服裝，髻形，樂器，及戲劇面具，今日何由得見；然而有殉葬之陶製明器，殊形詭類至夥，若能得一標準以定其年代，則其時社會狀況，髣髴可見也。又如唐畫中之屋宇服裝器物及畫中人之儀態，必爲唐時現狀或更古於唐者，宋畫必爲宋時現狀或更古於宋者，吾儕無論得見真本或摹本，苟能用特殊的觀察，恆必有若干稀奇史料，可以發見。則亦等於間接的目覩矣。夫著作家無論若何淹博，安能盡畀其所欲見之物？從影印本中間接復間接以觀其概，亦慰情勝無也已。

(二)文字記錄的史料　前項所論記錄以外的史料，時間空間皆受限制。欲作數千年之史而記述又亘於社會之全部，其必不能不乞靈於記錄明矣。然記錄之種類亦甚繁，今當分別論列之。

(甲)舊史　舊史專以記載史事爲職志，吾儕應認爲正當之史料，自無待言。雖然，等是舊史也，因著作年代，著作者之性格學識，所著書之宗旨體例，等種種差別，而其所含史料之價值，亦隨而不同。例如晉書所以不饜人望者，以其修史年代與本史相隔太遠，而又官局分修無人負責也。魏書所以不饜人望者，以魏收之人格太惡劣，常以曲筆亂事實也。元史所以不饜人望者，以纂修太草率而董其事者又不通蒙古語言文字也。新五代史自負甚高，而識者輕之，以其本屬文人弄筆，而又附加以「因文見道」之目的，而史蹟乃反非其所甚厝意也。此僅舉正史數部以爲例，其餘編年別史雜史等皆然，持此義以許衡諸史，則價值標準，其亦什得四五矣。

人物本位之史既非吾儕所尚然則諸史中列傳之價值不銳減耶是又不然列傳之價值，不在其爲史而在其爲史料苟史中而非有「各色人等」之列傳者，則吾儕讀史者將惟見各時代中常有若干半人半獸之武夫出沒起伏聚衆相斫，中間點綴以若干篇塗民耳目之詔令奏議，史之爲史，如是而已。所謂社會，所謂文化，何絲毫之能覩?舊史之作列傳，其本意固非欲以紀社會紀文化也，然人總不能不生活於社會環境之中，既敘人則不能不涉筆以敘及其環境；而吾儕所最渴需之史料，求諸其正筆而不得者，求諸其涉筆而往往得之，此列傳之所爲可貴也。

既如是也，則對於舊史之評價，又當一變。即以前所評四書言之：例如晉書，自劉知幾以下共譏其雜采小說，體例不純。吾儕視之，則何傷者?使各史而皆如陳壽之三國志，字字精嚴，筆筆錘鍊，則苟無裴松之之注，吾儕將失去許多史料矣。例如魏書，其穢固也，雖然，一個古人之貞邪貪廉等，雖紀載失實，於我輩何與，於史又何與？只求魏收能將當時社會上大小情態多附其書以傳，則吾所責望於彼者已足，他可勿問也。例如元史，猥雜極矣，其中半錄官牘，鄙俚一仍原文。然以較北周書之「行文必尚書出語皆左傳」，孰爲真面目，孰爲可據之史料，則吾毋寧取元史也。是故吾儕若以舊史作史讀，則馬班猶不敢妄許，遑論餘子？若作史料讀，則二十四史各有短長，略等夷耳。若作史讀，惟患其不簡嚴；簡嚴乃能壹吾趨嚮節吾精力。若作史料讀，惟患其不雜博；雜博乃能擴吾範圍恣吾別擇。昔萬斯同作明史稿，嘗自言曰：「昔人於宋史已病其繁，而吾所述倍焉。非不知簡之爲貴也；吾恐後之人務博而不知所裁，故先爲之極，使知吾所取者有可損，而所不取者必非其事與言之眞。」（清國史館斯同傳）吾輩於舊史，皆作史稿讀，故如斯同書之繁博，乃所最歡迎也。

既如是也，則所謂別史雜史雜傳雜記之屬，其價值實與正史無異，而時復過之。試舉其例：吾儕讀尚書史記，但覺周武王伐罪弔民之師，其文明程度殆爲

「超人的」；倘非有逸周書克殷世俘諸篇，誰復能識『血流漂杵』四字之作何解。且吾不嘗言陳壽三國志諸葛亮傳記亮南征事僅得二十字耶？然常璩華陽國志，則有七百餘字，吾儕所以得知茲役始末者，賴璩書也。至如元順帝系出瀛國公，清多爾袞烝其太后，此等在舊史中，不得不謂爲極大之事，然正史曷嘗一語道及，欲明眞相，非求諸野史焉不可也。是故以舊史作史料讀，不惟陳壽與魏收可以等夷視，司馬遷班固與一不知誰何之人所作半通不通之筆記，亦可作等夷視也。

（乙）關係史蹟之文件　此等文件，在愛惜文獻之國民，蒐輯寶存，惟力是視。例如英之大憲章，法之人權宣言，美之十三州憲法，其原稿今皆珍襲，且以供公衆閱覽；其餘各時代公私大小之文件稍有價值者，靡不羅而庋之；試入各地之圖書館，博物館，櫥中琅琅盈望皆是也。嫻眼之史家，得此則新發明日出焉。中國既無公衆收藏之所，私家所蓄，爲數有限，又復散布不能稽其跡，湮滅抑甚易，且所寶惟在美術品，其有裨史蹟者至微末。今各家著錄墨蹟，大率斷自宋代，再上則唐人寫經之類，然皆以供骨董摩挲而已。故吾國此類史料，其真屬有用者，恐不過上遡三四百年前物極矣。（注十二）此等史料，收羅當自近代始。其最大宗者，則檔案與函牘也。歷代官署檔案，汗牛充棟，其有關史蹟者，千百中僅一二，而此一二或竟爲他處所絕不能得。檔案性質本極可厭，在平時固已束諸高閣，聽其蠹朽，每經喪亂，輒蕩無復存。舊史紀志兩門，取材什九出檔案；檔案被采入者，則附其書以傳，其被擯汰者，則永永消滅；而去取得當與否，則視乎其人之史識。其極貴重之史料，被史家輕輕一抹而宣告死刑，以終古者，殆不知凡幾也。二千年間史料之罹此寃酷者，計復何限。往者不可追矣，其現存者之運命，亦危若朝露。吾三十年前在京師，曾從先輩借觀總理衙門舊檔鈔本千餘册，其中關於鴉片戰役者便四五十册，他案稱是。雖中多極可笑之語，然一部分之事實含在焉，不可誣也。其中尤有清康熙間與俄法往復文件甚多其時法之元首則路易十四，俄之元首則大彼得也；試思此等文件，在史料上之價值當居何等？今外交部是否尚有全案，此鈔本尚能否存在，而將來所謂「清史」者能否傳其要領於百一，舉在不可知之數。此可見檔案之當設法簡擇保存，所關如是其重也。至於函牘之屬，例如明張居正太岳集及晚清胡曾左李諸集所載，其與當時史蹟關係之重大，又盡人所知矣。善爲史者，於此等資料，斷不肯輕易放過，蓋無論其爲舊史家所已見所未見，而各人眼光不同，彼之所棄，未必不爲我之所取也。

私家之行狀家傳墓文等類，舊史家認爲極重要之史料，吾儕亦未嘗不認之。雖然，其價值不宜夸張太過。蓋一個人之所謂豐功偉烈嘉言懿行，在吾儕理想的新史中，本已不足輕重；況此等虛榮溢美之文，又半非史實耶？故據吾所立標準以衡量史料，則任昉集中裔皇莊重之竟陵文宣王行狀，其價值不如彼敍述米鹽瑣屑之奏彈劉整；而在漢人文中，蔡邕極有名之十餘篇碑誄，其價值乃不啻王褒之一篇游戲滑稽的僮約。(注十二)此非好爲驚人之論；蓋前者專以表彰一個人爲目的，且其要點多已采入舊史中；後者乃描寫當時社會一部分之實況，而求諸並時之著作，竟無一篇足與爲偶也。持此以衡，其孰輕孰重，不已較然可見耶。

(注十一)羅馬教皇宮圖書館中，有明永歷上教皇頌德書，用紅緞書方寸字，略如近世之壽屏。此類史料之非佚而再現，直以原蹟傳至今者，以吾所見，此爲最古矣。日本聞有中國隋唐間原物甚多，惜未得見。

(注十二)任昉兩文，皆見文選。其奏彈劉整一篇，全錄當時法庭口供九百餘字，皆爭產賴債盜物虐使奴婢等瑣事，供詞半屬當時白話。王褒僮約見藝文類聚三十五。其性質爲「純文學的」，本與具體的史蹟無關，然篇中材料，皆當時巴蜀間田野生活也。

(丙)史部以外之羣籍　以舊史作史讀，則現存數萬卷之史部書，皆可謂爲非史；以舊史作史料讀，則豈惟此數萬卷者皆史料，舉凡以文字形諸記錄者，蓋無一而不可於此中得史料也。試舉其例：

羣經之中如尙書，如左傳，全部分殆皆史料，詩經中之含有史詩性質者亦皆屬純粹的史料，前既言之矣。餘如易經之卦辭爻辭，卽殷周之際絕好史料；如詩經之全部分，如儀禮，卽周代春秋以前之絕好史料。因彼時史蹟太缺乏，片紙隻字皆爲瓌寶，抽象的消極的史料，總可以向彼中求得若干也。以此遞推，則論語，孟子，可認爲孔孟時代之史料；周禮中一部分，可認爲戰國史料；二戴禮記，可認爲周末漢初史料。至如小學類之爾雅，說文等書，因其名物訓詁以推察古社會之情狀，其史料乃益無盡藏也。在此等書中搜覓史料之方法，當於次章雜舉其例。至原書中關於前代事蹟之記載，當然爲史料的性質，不必更論列也。

子部之書，其屬於哲學部分——如儒道墨諸家書，爲哲學史或思想史之主要史料；其屬於科學部分——如醫術天算等類書，爲各該科學史之主要史料；此衆所共知矣。書中有述及前代史蹟者，當然以充史料，又衆所共知矣。然除此以外，抽象的史料可以蒐集者蓋甚多。大率其書愈古，其料愈可寶也。若夫唐宋以後筆記類之書，汗牛充棟，其間一無價值之書固甚多，然絕可寶之史料，往往出其間，在治史者能以炯眼拔識之而已。

集部之書，其專紀史蹟之文，當然爲重要史料之一部，不待言矣。「純文學的」之文——如詩辭歌賦等，除供文學史之主要史料外，似與其他方面無甚關係。其實亦不然。例如屈原天問，即治古代史者極要之史料；班固兩都賦張衡兩京賦，即研究漢代掌故極要之史料。至如杜甫白居易諸詩，專記述其所身歷之事變，描寫其所目睹之社會情狀者，其爲價值最高之史料，又無待言。章學誠云：『文集者，一人之史也。』（韓柳年譜書後）可謂知言。

非惟詩古文辭爲然也，即小說亦然。山海經今四庫以入小說，其書雖多荒誕不可究詰，然所紀多爲半神話半歷史的性質，確有若干極貴重之史料出乎羣經諸子以外者，不可誣也。中古及近代之小說，在作者本明告人以所紀之非事實；然善爲史者，偏能於非事實中覓出事實。例如水滸傳中「魯智深醉打山門」固非事實也，然元明間犯罪之人得一度牒即可以借佛門作逋逃藪，此卻爲一事實；儒林外史中「胡屠戶奉承新舉人女壻」固非事實也，然明清間鄉曲之人一登科第便成爲社會上特別階級，此卻爲一事實。此類事實，往往在他書中不能得，而於小說中得之。須知作小說者無論騁其冥想至何程度，而一涉筆叙事，總不能脫離其所處之環境，不知不覺，遂將當時社會背景寫出一部分，以供後世史家之取材。小說且然，他更何論。善治史者能以此種眼光蒐捕史料，則古今之書，無所逃匿也。

又豈惟書籍而已，在尋常百姓家故紙堆中，往往可以得極珍貴之史料。試舉其例：一商店或一家宅之積年流水帳簿，以常識論之，寧非天下最無用之物？然以歷史家眼光觀之，倘將同仁堂、王麻子、都一處等數家自開店迄今之帳簿及城間鄉間貧富舊家之帳簿各數種，用科學方法一爲研究整理，則其爲環寶，寧復可量？蓋百年來物價變遷，可從此以得確實資料，而社會生活狀況之大概情形，亦歷歷若睹也。又如各家之族譜家譜，又寧非天下最無用之物？然苟得其詳贍者百數十種，爲比較的研究，則最少當能於人口出生死亡率及其平均壽數，得一稍近真之統計。舍此而外，欲求此類資料，胡可得也？由此言之，史料之爲物，眞所謂「牛溲馬勃，具用無遺」，在學者之善用而已。

（丁）類書及古逸書輯本　古書累代散亡，百不存一，觀牛弘「五厄」之論，可爲浩歎。（注十三）他項書勿論，即如隋書經籍志中之史部書，倘其中有十之六七能與華陽國志水經注高僧傳等同其運命，原本流傳以迄今日者，吾儕寧不大樂？然終已不可得，其稍彌此缺憾者，惟恃類書。類書者將當時所有之書分類鈔撮而成，其本身原無甚價值，但閱世以後，彼時代之書多佚，而其一部分附類書以倖存，類書乃可貴矣。古籍中近於類書體者，爲呂氏春秋，而三代遺文，賴以傳者已不少。現存類書，自唐之藝文類聚，宋之太平御覽，明之永樂大典，以迄清之圖書集成等，皆卷帙浩瀚，收容豐富；大抵其書愈古，則其在學問上之價值愈高，其價值非以體例之良窳而定，實以所收錄古書存佚之多寡而定也。(注十四)類書既分類，於學者之檢查滋便，故向此中求史料，所得往往獨多也。

自清乾隆間編四庫書，從永樂大典中輯出逸書多種，爾後輯佚之風大盛。如世本，竹書紀年，及魏晉間人所著史，吾輩猶得稍窺其面目者，食先輩蒐輯之賜也。

(注十三)牛弘論書有五厄，見隋書本傳。其歷代書籍散亡之狀況，文獻通考經籍考序所記最詳。

(注十四)纂輯類書之業，亦文化一種表徵。歐洲體裁略備之百科全書(Encyclpoedir)蓋起自十五世紀以後。我國則自梁武帝時，五〇二（——五四九）盛弘斯業。今見於隋書經籍志者，有皇覽六百八十卷，類苑一百二十卷，華林遍略六百二十卷，壽光書苑二百卷，聖書堂御覽三百六十卷，長洲玉鏡二百三十八卷，書鈔一百七十四卷，其餘數十卷者尚多，惜皆已佚。今四庫中現存古類書之重要者如下。

北堂書鈔一百六十卷　唐虞世南撰　此書蓋成於隋代（約六〇一—六一〇）

藝文類聚一百卷　唐歐陽詢等奉敕撰　貞觀間（六二七—六四九）

初學記三十卷　唐徐堅等奉敕撰

太平御覽一千卷　宋李昉等奉敕撰　太平興國二年（九七七）

册府元龜一千卷　宋王欽若等奉敕撰　景德二年（一〇〇五）

玉海二百卷　宋王應麟撰

永樂大典二萬二千九百卷　明解縉等奉敕編　永樂間（一四〇三—一四二四）

其清代所編諸書不復錄。右各書惟永樂大典未刻，其寫本舊藏清宮。義和拳之亂，爲聯軍所分掠。今歐洲日本諸圖書館中每館或有一二册至十數册不等。

（戊）古逸書及古文件之再現：歐洲近代學者之研究埃及史巴比倫史，皆恃發掘所得之古文籍，蓋前此肊測之詞，忽別獲新證而改其面目者，比比然矣。中國自晉以後，此等再發現之古書見於史傳者凡三事：其一在西晉時，其二在南齊時，其三在北宋時，皆記錄於竹木簡上之文字也。（注十五）原物皆非久旋佚，齊宋所得並文字目錄皆無傳，其在學界發生反響者，惟東晉所得，即前所述汲冢竹書是也。汲冢書凡數十車，其整理寫定者猶七十五卷，當時蓋爲學界一大問題，學者之從事研究者有束晳、王接、衛恆、王庭堅、荀勗、和嶠、續咸、摯虞、謝衡、潘滔、杜預等，其討論概略，尚見史籍中。（注十六）其原書完整傳至今者，惟一穆天子傳耳；其最著名之竹書紀年，則已爲贋本所奪。尤有名及周食田法等書，想爲極佳之史料，今不可見矣。而紀年中載伯益、伊尹、季歷等事，乃與儒家傳說極相反，昔人所引爲詬病者，吾儕今乃藉覩歷史之真相也。（注十七）穆傳所述，多與山海經相應，爲現代持華種西來說者所假借。此次發見之影響，不爲不鉅矣。

最近則有從甘肅新疆發見之簡書數百片，其年代則自西漢迄六朝約七百年間物也。雖皆零縑斷簡，然一經科學的考證，其裨於史料者乃無量。例如簡縑紙三物代興之次第，隸草楷字體遷移之趨勢，乃至漢晉間烽堠地段，屯戍

狀況，皆可見焉。吾儕因此，轉對於晉齊宋之三度虛此發見不能無遺憾也。（注十八）

最近古籍之再現，其大宗者則為甘肅之燉煌石室。中以唐人寫佛經為最多，最古者乃上逮符秦。（四世紀中葉）其上乘之品，今什九在巴黎矣，而我教育部圖書館拾其餘瀝，猶得七千餘軸，私人所分弆亦千數，此實世界典籍空前之大發見也。其間古經史寫本足供校勘者，與夫佛經在今大藏外者皆甚多，不可枚舉。其他久佚之著作，亦往往而有。以吾所知，如慧超往五天竺傳，唐末已亡，忽於此間得其殘卷，與法顯元奘之名著鼎足而三，寧非快事？惜其他諸書性質，以傳鈔舊籍為主，裨助新知稍希；然吾確信苟有人能為統括的整理研究，其陸續供給史界之新資料必不乏也。（注十九）

（注十五）西晉時汲冢竹書，其來歷已略見本篇第二章注七。今更補述其要點：書藏汲郡之魏安釐王冢。晉太康二年，郡人不準盜發得之，凡數十車，皆竹簡素絲綸，簡長二尺四寸，以墨書，一簡四十字。

初發冢者燒策照取寶物，及官收之，多燼簡斷札。武帝以其書付秘書校綴次第，尋考指歸，而以今文寫之。所寫出諸書如下（一）紀年十三篇（二）易經一篇（三）易繇陰陽卦二篇（四）卦下易經一篇（五）公孫段二篇（六）國語三篇（七）名三篇（八）師春一篇（九）瑣語十一篇（十）梁丘藏一篇（十一）繳書二篇（十二）生封一篇（十三）穆天子傳五篇（十四）大歷二篇（十五）雜書十九篇內有周食田法，周穆王盛姬死事等，凡七十五篇。此晉書束晳傳，荀勗傳所記大概也。

蕭齊時（四七九——五〇一）襄陽有盜發古塚者，相傳是楚王塚。大獲寶物玉屐玉屏風，竹簡書青絲綸，盜以把火自照。後人有得十餘簡，以示王僧虔。僧虔云是科斗書考工記也。事見南齊書文惠太子傳。

宋政和間（一一一一——一一一九）發地得竹木簡一甕，多漢時物，散亂不可考，獨永初二年討羌符文字尚完，皆章草書。吳思道曾親見之於梁師成所。其後淪於金以亡。事見黃伯思東觀餘論卷上，趙彥衛雲麓漫鈔卷七。

此可謂歷史上竹簡書之三大意見，惜其結果不傳至今耳，

（注十六）晉汲冢書發見後，學界陡生波瀾。荀勗和嶠首奉敕撰次，衞恆加以考正；束晳隨疑分釋，皆有義證；王庭堅著書難晳，亦有證據。潘滔勸王接別著論解二子之紛，摯虞謝衡見之，咸以爲允。事見

晉書王接傳。

(注十七)竹書紀年最駭人聽聞者如夏啓殺伯益，太甲殺伊尹，文丁殺季歷等，又言夏之年祚較殷爲長，此皆與儒家舊說不相容。文見束晳傳。今僞本削去矣。

(注十八)清光緒三十四年(距今十三年前)英人斯坦因 A. Stein 在敦煌附近，羅布淖爾附近，于闐附近，各得古簡牘多種，最古者有漢宣帝元康神爵五鳳諸年號。大約兩漢物居半，餘半則晉以後物也。法人沙畹 Chavanes 著有考釋，吾國則羅振玉王國維合著流沙墜簡考釋，辨證極詳覈。

(注十九)清光緒末法人白希和遊甘肅之燉煌，見土人有藏故紙而調其灰於水，謂爲神符，能療病者；視之則唐人所寫佛經也。跡之，知得自一石室，卽之，則室中乃琳琅無盡藏。考之，知爲西夏藏書之府也。白氏擇其精者輦以歸，其中有摩尼教經典，全世界所無也。古畫亦有數軸。白氏嘗爲余言，吾載十大車而止，過此亦不欲再傷廉矣。其輦去者今一大部分在巴黎國立圖書館也。白氏歸北京，事頗聞於士大夫，良久學部乃遣人往收其餘瀝。所得猶將萬軸。輦至京，而達官名士巧取豪奪，其尤精善者多入私家，今存教育部圖書館者約七千軸，又各人選擇之餘也。然當時學部所收尚未盡，非久有日本人續往訪，所得亦千計。其屬於儒書一部分，羅振玉影印者已不少。然此中什九皆佛經，現已發現多種爲今佛藏中所無者。且經典外之雜件，亦非無之；以吾所見，已有地券信札等數紙，其年代最古者爲符秦時。(忘其年)以千餘年前之古圖書館，一旦發現，不可謂非世界文化一大慶也。惜原物今已散在各國，並一總目錄而不能編集也。

(己)金石及其他鏤文　金石爲最可寶之史料，無俟喋陳。例如有含摩拉比 Khammu Rabi 之古柱而巴比倫之法典略明；有阿育王之豐碑，而印度佛教傳播之跡大顯。西方古代史蹟，半取資於此途矣。惜我國現存金石，其關於典章文物之大者頗少。以吾儕所聞諸史乘者，如春秋時鄭有刑書，晉有刑鼎，其目的蓋欲將法律條文鏤金以傳不朽；然三代彝器出土不乏，而此類之鴻寶闕如，實我學界一大不幸也。

金石之學，逮晚清而極盛，其發達先石刻，次金文，最後則爲異軍突起之骨甲文，今順次以論其對於史料上之價值。

自來談石刻者，每盛稱其大有造於考史。雖然，吾不敢遽爲此誇大之詞也。中國石刻，除規模宏大之石經外，造像經幢居十之五，銘墓文居十之四。造像經幢中文字，無關考史，不待問也。銘墓文之價值，其有以愈於彼者又幾何？金石家每刺取某碑誌中述某人爵里年代及其他小事蹟與史中本傳相出入者，詫爲瓌寶，殊不知此等薄物細故，在史傳中已嫌其贅；今更補苴罅漏，爲「點鬼簿」作「校勘記」，吾儕光陰，恐不應如是其賤。是故從石刻中求史料，吾認爲所得甚微。其中確有價值者，例如唐建中二年（七八一）之大秦景教流行中國碑，爲基督教初入中國唯一之掌故；且下段附有敍里亞文，尤爲全世界所罕見。（注二十）如元至正八年刻於居庸關之佛經，書以蒙古畏兀，女真，梵，漢五體；祥符大相國寺中有元至元三年聖旨碑，書以蒙古畏兀漢字三體，元至正八年之莫高窟造象記其首行有書六體異族文字，得借此以永其傳。（注二十一）如唐長慶間（八二一—八二四）之唐蕃會盟碑，將盟約原文刻兩國文字，可以見當時條約格式及其他史實。（注二十二）如開封挑筋教人所立寺，有明正德六年（一五一一）佚碑，可證猶太人及猶太教入中國之久。（注二十三）諸如此類，良可珍貴。

大抵碑版之在四裔者，其有助於考史最宏：如東部之丸都紀功刻石，（魏正始間）新羅真興王定界碑，（陳光大二年）平百濟碑，（唐顯慶三年）劉仁願紀功碑，（唐麟德龍朔間）等；西部之裴岑紀功刻石，（漢永和二年）沙南侯獲刻石，（漢永和五年）劉平國作關城頌，（無年月）姜行本紀功頌，（唐貞觀十四年）索勳紀德碑，（唐景福元年）等；北部之苾伽可汗碑，（唐開元二十三年）闕特勤碑，（唐開元二十年）九姓回鶻可汗碑，（無年月亦唐刻）等；南部之爨寶子碑，（晉大亨四年）爨龍顏碑，（劉宋大明二年）平蠻頌，（唐大歷十二年）大理石城碑，（宋開寶五年）等；皆跡存片石，價重連城。（注二十四）何則？邊裔之事，關於我族與他族之交涉者甚鉅；然舊史語焉不詳；非借助石刻，而此種史料遂湮也。至如內地一般銘窆之文，苟冢中人而無足重輕者，吾何必知其事蹟？其人如為歷史上重要人物，則史既已有傳，而碑誌辭多溢美，或反不足信。是故其裨於史料者乃甚希也。研究普通碑版，與其從長篇墓銘中考證事蹟，毋寧注意於常人所認為無足重輕之文與夫文中無足重輕之字句。例如觀西漢之趙王上壽，魯王泮池兩刻石之年號，而知當時諸侯王在所封國內各自紀年。(注二十五) 觀漢碑陰所紀捐錢數而略推當時之工價物價。(注二十六) 此所謂無足重輕之字句也。例如觀各種買地莂，可察社會之迷信滑稽的心理。(注二十七) 觀元代諸聖旨碑，可見當時奇異之文體及公文格式。(注二十八) 此所謂無足重輕之文也。

吾從石刻中搜史料乃與昔之金石學家異其方向。吾最喜爲大量的比較觀察，求得其總括的概象而推尋其所以然。試舉其例：吾嘗從事於石畫的研究：見漢石有畫無數，魏晉以後則漸少，以至於絕；此何故者？石畫惟山東最多，次則四川，他省殆無有，此又何故者？吾嘗從事於佛教石刻的研究：見造象惟六朝時最多，前乎此者無有，後乎此者則漸少；此何故者？同是六朝也，惟北朝之魏齊獨多，南朝及北周則極少；此又何故者？河南之龍門造象千餘龕，魏齊物什而七八，隋刻僅三耳；而山東之千佛雲門玉函諸山，殆皆隋刻，直隸之宣霧山南響堂山，又殆皆唐刻；此又何故者？自隋而經幢代造象以興，迄唐而極盛：

此又何故者？宋以後而此類關於佛教之小石刻，殆皆滅絕；此又何故者？歷代佛教徒所刻佛經，或磨崖，或藏洞，或建幢，所至皆是；而儒經道經則甚希，此又何故者？吾嘗從事於墓文的研究，見北魏以後墓誌如鯽，兩漢則有碑而無誌；此何故者？南朝之東晉宋齊梁陳，墓文極稀，不逮並時北朝百分之二三；此又何故者？此不過隨舉數例，若采用吾法，則其可以綜析研究之事項更甚多，固無待言。吾之此法，先求得其概象，然後尋其原因，前文所謂「何故何故，」吾有略能解答者，有全未能解答者。然無論何項，其原因皆甚複雜，而與社會他部分之事實，有種種聯帶關係，則可斷言也。此種搜集史料方法，或疑其瑣碎無用，實乃不然。卽如佛教石刻一項，吾統觀而概想之，則當時四五百年間社會迷信之狀，況能活現吾前；其迷信之地方的分野與時代的蛻變，亦大略可覩；舍此以外，欲從舊史中得如此明確之印象，蓋甚難也。吾前所言抽象的史料，卽屬此種。凡百皆然，而石刻之研究，亦其一例耳。

(注二十)景教碑今在長安碑林。其原文，自金石萃編以下諸家書多全錄。前人或疑為波斯教回回教等，今則景教確為基督教已成學界定論。今人錢恂歸潛記有跋一篇，考證最精確。

(注二十一)居庸關有一地如城門洞者，(行人必經之路)圓頂及兩壁，滿雕佛像，鐫工精絕。間以佛經，用五體字；學者考定漢字以外，則一蒙古二畏兀三女眞四梵也。畏兀亦名畏吾，卽唐之回鶻。此刻蓋元時物，今完好無損。

莫高窟有六體字摹錄如下，其何體屬何族，則吾未能辨也。

唵嘛呢八𠺕吽

[illegible]

[illegible]

[illegible]

[illegible]

[illegible]

(注二十二)唐蕃會盟碑，吾未見拓本；今人羅振玉西陲石刻錄有其全文。碑陽刻漢文，碑陰刻唐古忒文，兩文合璧，皆盟約正文也。兩側則刻兩國蒞盟人之官銜姓名。此刻石文中之最特別者。

(注二十三)開封之挑筋教寺，據錢恂歸潛記引清同治五年英人某報告，稱寺中有兩碑。言寺創設於宋隆興二年(一一六四)改築於明成化四年(一四六九)今碑已佚矣。清洪鈞元史譯文證補卷二十九記此事猶云『地有猶太碑，碑文附後。』然今洪書無碑，殆刊時失之。此孤微之史料，遂從此湮滅矣。

(注二十四)各碑錄文多見清王昶金石萃編，陸耀遹金石續編。惟九都紀功乃新出土者，苾伽可汗九姓回鶻乃俄人以影本送致總理衙門者，諸家皆未著錄。

(注二十五)此兩石實漢石最古者，錄文見金石萃編。

(注二十六)漢碑紀此者有禮器，倉頡廟，成陽靈臺，魯峻，堯廟，曹全，張遷等碑。

(注二十七)宋周密癸辛雜識言在洛陽見一石刻，其文云：『大男楊紹從土公買冢地一丘，……直錢四百萬，卽日交畢日月爲證，四時爲任，太康五年九月二十九日對共破莂』此類券莂之刻，唐以後頗多，今存拓本尙逾十數。見語石卷五。

(注二十八)元聖旨碑現存者如泰安嶽廟，襄陽五龍廟，尙十餘通。語石卷三，曾全錄其一，文詞之鄙俚怪誕，殊可發噱。嶽廟碑有云：『和尙也里可溫先生達識蠻每不拘揀甚麼差發休當者』文見清顧炎武山東考古錄。其所云「也里可溫」卽天主教徒；「先生」卽道士「達識蠻」卽回教徒「每」者們也。意言釋道耶回教徒人等皆蠲免賦役也。此亦可考當時信教自由之制。

金文之研究，以商周彝器爲主。吾前已曾言其美術方面之價値矣，今更從文字款識上有所論列。金文證史之功，過於石刻；蓋以年代愈遠，史料愈湮，片鱗殘甲，罔不可寶也。例如周宣王伐玁狁之役，實我民族上古時代對外一大事，其跡僅見詩經，而簡略不可理；及小盂鼎，虢季子白盤，不𡢁敦，梁伯戈諸器出世，經學者悉心考釋，然後茲役之年月戰線戰略兵數皆歷歷可推。（注二十九）又如西周時民間債權交易準折之狀況及民事案件之裁判，古書中一無可考；自曶鼎出，推釋之即略見其概。（注三十）餘如克鼎，大盂鼎，毛公鼎等，字數抵一篇尚書，典章制度之藉以傳者蓋多矣。又如秦詛楚文，於當時宗教信仰情狀，兩國交惡始末，皆有關係；雖原器已佚，而摹本猶爲瓌寶也。（注三十一）若衡以吾所謂抽象的史料者，則吾曾將金文中之古國名，試一蒐集，竟得九十餘國，其國在春秋時已亡者，蓋什而八九矣。若將此法應用於各方面，其所得必當不乏也。至如文字變遷之跡，賴此大明，而衆所共知，無勞喋述矣。

（注二十九）今人王國維有鬼方昆夷玁狁考及不𡢁敦蓋銘考釋兩篇，考證茲役甚多新解。

（注三十）清劉心源奇觚室吉金文述釋曶鼎文最好。

（注三十一）詛楚文摹本見絳帖古文苑有釋文。

距今十五六年前，在河南安陽縣治西五里之小屯，得骨甲文無數，所稱「殷虛書契」者是也。初出時世莫識其文，且莫能名其爲何物；十年來經多數學者苦心鑽索，始定其爲龜甲獸骨之屬，其發見之地爲殷故都，其所契爲殷時文字，字之可識者略已過千，文亦寖可讀。於是爲治古代史者莫大之助。蓋吾儕所知殷代史蹟，除尙書中七篇及史記之殷本紀三代世表外，一無所有；得此乃忽若闢一新殖民地也。此項甲文中所含史料，當於敍述殷代史時引用之，今不先舉。要之此次之發見，不獨在文字源流學上開一新生面，而其效果可及於古代史之全體，吾不憚昌言也。金石證史之價値，此其最高矣。（注三十二）

（注三十二）殷虛書契最初影印本有劉鐵雲之鐵雲藏龜。其治此學最精深者爲羅振玉，著有殷商貞卜文字考殷虛書契殷虛書契後編殷虛書契菁華殷虛書契考釋書契待問編等又王襄著有簠室殷契類纂。

（庚）外國人著述　泰西各國交通夙開，彼此文化，亦相匹敵；故甲國史料，恆與乙國有關係；即甲國人專著書以言乙國事者亦不少。我國與西亞及歐非諸文化國既窵隔，亘古不相聞問；其在西北徼與我接觸之民族雖甚多，然率皆蒙昧，或並文字而無之，遑論著述，印度文化至高，與我國交通亦早；然其人躭悅冥想，厭賤世務，歷史觀念，低至零度；故我國猶有法顯玄奘義淨所著書，爲今世治印度史者之寶笈；（注三十三）然而印度碩學，曾遊中國者百計，梵書記中國事者無聞焉。若日本，則自文化系統上論，五十年前，尚純爲我附庸，其著述之能匡裨我者甚希也。故我國史蹟，除我先民躬自記錄外，未嘗有他族能爲我稍分其勞。唐時有阿拉伯人僑商中國者所作遊記，內有述黃巢陷廣東情狀者，眞可謂鳳毛麟角，其歐人空前述作，則惟馬哥波羅一遊記，歐人治東學者至今寶之。(注三十四)次則拉施特之元史，所述皆蒙古人征服世界事，而於中國部分未之及，僅足供西北徼沿革興廢之參考而已。(注三十五)五六十年以前歐人之陋於東學，一如吾華人之陋於西學；其著述之關於中國之記載及批評者，多可發噱。最近則改觀矣，其於中國古物，其於佛教，其於中國與外國之交涉，皆往往有精詣之書，爲吾儕所萬不可不讀。(注三十六)蓋彼輩能應用科學方法以治史，善蒐集史料而善駕馭之，故新發明往往而有也。雖然，僅能爲窄而深之局部的研究，而未聞有從事於中國通史者，蓋茲事艱鉅，原不能以責望於異國人矣。日本以歐化治東學，亦頗有所啓發，然其業未成。(注三十七)其坊間之東洋史支那史等書，累累充架，率皆鹵莽滅裂，不值一盼。而現今我國學校通用之國史教科書，乃率皆裨販迻譯之以充數，真國民莫大之恥也。

(注三十三)晉法顯，唐元奘，義淨，皆游歷印度之高僧。顯著有佛國記，奘著有大唐西域記，淨著有南海寄歸傳，此三書英法俄德皆有譯本，歐人治印度學必讀之書也。

（注三十四）馬哥波羅，意大利之維尼斯人。生於一二五一，卒於一三二四。嘗仕元世祖，居中國十六年，歸而著一游記。今各國皆有譯本，近亦有譯爲華文者矣。研究元代大事及社會情狀極有益之參考書也。

（注三十五）拉施特，波斯人。仕元太祖成吉思汗，奉勅修元史，書成，以波斯文寫之，今僅有鈔本。俄德英法皆有摘要鈔譯本。清洪鈞使俄，得其書，參以他書，成元史譯文證補三十卷，爲治元史最精詣之書。但其關於中國本部事蹟甚少，蓋拉氏著書時，元人尚未入中國也。

（注三十六）現代歐人關於中國考史的著述，摘舉其精到者若干種列下：

（一）關於古物者：

Munsterbery: Geschichte der Chinesischen Kunste.

B. Laufer: Jade

B. Laufer: Sino-Iranica.

B. Laufer: Numerous other Scientific papers.

Chavannes: Numerous books and Seientific papers.

Pelliot: Mission Pellioten Asie Centrale.

A. Stein: Ancient Khotan.

A. Stein: Ruins of Desert Cathay

(二)關於佛教者：

Waddell: Lhasa and its Mysteries

Hornle: Manuscript Remains of Buddhist literature found in Eastern Turkestan.

Huth: Geschichte des Buddhismus in der Mongolei.

Thomas Watters: On Yuan Chwang's Travels in India.

(三)關於外國關係者：

Blochet: Introduction a une Histoire des Mongoles.

Hirth: China and the Roman Orient.

Mookerji: A History of Indian Shipping and Maritime activity from the earliest time

V. Stael—Holstein: Tocharisch und die Sprache I.

V. Stael—Holstein: Tocharisch und die Sprache 2.

Chavannes: Les Tou—kiue Occidentaux

O. Franke: Beitrage aus Chinesischen Quellen Zur Kenntniss der Turkvolker and Skythen Zentralasien

（注三十七）日本以研究東洋學名家者如白鳥庫吉那珂通世之於古史及地理，松本文三郎之於佛教，後藤虎次郎之於目錄金石，鳥居龍藏之於古石器，皆有心得，但其意見皆發表於雜誌論文，未成專書。

以上所列舉，雖未云備，然史料所自出之處，已略可見，循此例以旁通之，真所謂『取諸左右逢其原』矣。吾草此章竟，吾忽起無限感慨，則中國公共收藏機關之缺乏，爲學術不能進步之極大原因也。歐洲各國，自中古以還，即以教會及王室爲保存文獻之中樞，其所藏者，大抵歷千年未嘗失墜，代代繼長增高，其藏書畫器物之地，又大率帶半公開的性質，市民以相當的條件，得恣觀覽。近世以還，則此種機關，純變爲國有或市有。人民既感其便利，又信其管理保存之得法，多舉私家所珍襲者，叢而獻之，則其所積日益富，學者欲研究歷史上某種事項，入某圖書館或某博物館之某室則其所欲得之資料粲然矣中國則除器物方面絕未注意保存者不計外，其文籍方面，向亦以「天祿石渠典籍之府」爲最富。然此等書號爲「中祕，」絕非一般市民所能望見。而以中國之野蠻革命，賡續頻仍，每經喪亂，舊藏蕩焉。例如董卓之亂，漢獻西遷，蘭臺石室之圖書縑帛、軍人皆取爲帷囊。梁元帝敗沒於江陵，取天府藏書繞身焚之，歎曰：「文武之道，盡今日矣。」此類慘劇，每閱數十百年，例演一次。讀隋書經籍志文獻通考等所記述，未嘗不泫然流涕也。其私家弆藏，或以子孫不能守其業，或以喪亂，恆閱時而灰燼蕩佚。天一之閣，絳雲之樓，百宋之廛，……今何在矣？直至今日，交通大開，國於世界者，各以文化相見，而我自首善以至各省都會，乃竟無一圖書館，無一博物館，無一畫苑。此其爲國民之奇恥大詬且勿論；而學者欲治文獻，復何所憑藉？即如吾本章所舉各種史料，試問以私人之力，如何克致？吾津津然道之，則亦等於貧子說金而已。即勉強以私力集得若干，亦不過供彼一人之孳索，而社會上同嗜者終不獲有所霑潤。如是而欲各種學術為平民式的發展，其道無由吾儕既身受種種苦痛，一方面既感文獻證跡之易於散亡，宜設法置諸最安全之地；一方面又感一國學問之資料，宜與一國人共之；則所以胥謀焉以應此需求者，宜必有道矣。

前章列舉多數史料，凡以言史料所從出也。然此種史料，散在各處，非用精密明敏的方法以蒐集之，則不能得。又真贋錯出，非經謹嚴之抉擇，不能甄別適當。此皆更需有相當之技術焉。茲分論之。

第一　蒐集史料之法

普通史料之具見於舊史者，或無須特別之蒐集，雖然，吾儕今日所要求之史料，非卽此而已足。大抵史料之爲物，往往有單舉一事，覺其無足重輕；及彙集同類之若干事比而觀之，則一時代之狀況可以跳活表現。此如治庭園者，孤植草花一本，無足觀也；若集千萬本，蒔以成畦，則絢爛眩目矣。又如治動物學者搜集標本，僅一枚之貝，一尾之蟬，何足以資考索；積數千萬，則所資乃無量矣。吾儕之搜集史料，正有類於是。試舉吾所曾致力之數端以爲例：（甲）吾曾欲研究春秋以前部落分立之情狀，乃從左傳國語中，取其所述已亡之國，最而錄之，得六十餘；又從逸周書蒐錄，得三十餘；又從漢書地理志，水經注蒐錄，得七十餘；又從金文款識中蒐錄，得九十餘；其他散見各書者尚三四十；除去重複，其夏商周古國名之可考見者，猶將三百國。而大河以南江淮以北殆居三之二。其中最稠密之處——如山東河南湖北，有今之一縣而跨有古三四國之境者。試爲圖爲表以示之，而古代社會結構之迥殊於今日，可見一斑也。(乙)吾曾欲研究中國與印度文化溝通之跡，而考論中國留學印度之人物。據常人所習知者，則前有法顯後有玄奘，三數輩而已。吾細檢諸傳記，陸續蒐集，乃竟得百零五人，其名姓失考者尚八十二人，合計百八十有七人。吾初研究時據慧皎之高僧傳，義淨之求法傳，得六七十人，已大喜過望，其後每讀一書，遇有此者則類而錄之，經數月乃得此數。吾因將此百八十餘人者稽其年代籍貫學業成績經行路線等爲種種之統計，而中印往昔交通遺蹟，與夫隋唐間學術思想變遷之故，皆可以大明。(丙)吾曾欲研究中國人種變遷混合之跡，偶見史中載有某帝某年徙某處之民若干往某處等事，史文單詞隻句，殊不足動人注意也。既而此類事觸於吾目者屢見不一見，吾試彙而鈔之，所積已得六七十條。然猶未盡。其中徙置異族之舉較多，最古者如堯舜時之分背三苗，徙置本族者亦往往而有，最著者如漢之遷六國豪宗以實關中。吾覩此類史蹟，未嘗不掩卷太息，嗟彼小民，竟任政府之徙置我如弈棊也。雖然，就他方面觀之，所以摶捖此數萬萬人成一民族者，其間接之力抑亦非細矣。吾又嘗向各史傳中專調查外國籍貫之人，例如匈奴人之金日磾，突厥人之阿史那忠，于闐人之尉遲敬德，印度人之阿那羅順等，與夫入主中夏之諸胡之君臣苗裔，統列一表，則種族混合之情形，益可見也。（丁）吾又嘗研究六朝唐造像，見初期所造者大率爲釋迦像，次期則多彌勒像，後期始漸有阿彌陀像觀世音像等。因此可推見各時代信仰對象之異同，卽印度教義之變遷，亦略可推見也。（戊）吾旣因前人考據，知元代有所謂「也里可溫」者卽指基督教，此後讀元史及元代碑版與夫其他雜書，每遇「也里可溫」字樣輒乙而記之，若薈最成篇，當不下百條，試加以綜合分析，則當時基督教傳播之區域及情形，當可推得也。以上不過隨舉數端以爲例。要之吾以爲吾儕欲得史料，必須多用此等方法。此等方法，在前淸治經學者多已善用之，如經傳釋詞，古書疑義舉例等書，卽其極好模範。惟史學方面，則用者殊少；如宋洪邁之容齋隨筆，淸趙翼之二十二史劄記，頗有此精神，惜其應用範圍尚狹。此種方法，恆注意於常人所不注意之處，常人向來不認爲史料者，吾儕偏從此間覓出可貴之史料。欲應用此種方法，第一步，須將腦筋操練純熟，使常有銳敏的感覺，每一事項至吾前，常能以奇異之眼迎之，以引起特別觀察之興味。世界上何年何日不有平果落地，何以奈端獨能因此而發明吸力；世界上何年何日不有開水衝壺，何以瓦特獨能因此而發明蒸汽；此皆由有銳敏的感覺施特別的觀察而已。第二步，須耐煩。每遇一事項，吾認爲在史上成一問題有應研究之價値者，卽從事於徹底精密的研究，搜集同類或相似之事項，綜析比較，非求得其眞相不止。須知此種研究法，往往所勞甚多，所獲甚簡；例如吾前文所舉（甲）項，其目的不過求出一斷案曰「春秋前半部落式之國家甚多」云爾；所舉(乙)項，其目的不過求出一斷案曰「六朝唐時中國人留學印度之風甚盛」云爾。斷案區區十數字，而研究者動費一年數月之精力，毋乃太勞？殊不知凡學問之用科學的研究法者，皆須如是；苟不如是，便非科學的，便不能在今世而稱爲學問。且宇宙間之科學，何一非積無限辛勞以求得區區數字者？達爾文養鴿蒔果數十年，著書數十萬言，結果不過詒吾輩以『物競天擇適者生存』八個大字而已。然試思十九世紀學界中，若少却此八個大字，則其情狀爲何如者？我國史學界，從古以來，未曾經過科學的研究之一階級，吾儕今日若能以一年研究之結果，博得將來學校歷史教科書中一句之採擇，吾願已足。此治史學者應有之覺悟也。

尤有一種消極性質的史料，亦甚爲重要：某時代有某種現象，謂之積極的史料；某時代無某種現象，謂之消極的史料。試舉其例：(甲)吾儕讀戰國策，讀孟子，見屢屢有黃金若干鎰等文，知其時確已用金屬爲貨幣。但字書中關於財貨之字，皆从貝不从金，可見古代交易媒介物，乃用貝而非用金。再進而研究鐘鼎款識，記用貝之事甚多，用金者雖一無有；詩經亦然；殷墟所發見古物中，亦有貝幣無金幣，因此略可推定西周以前，未嘗以金屬爲幣。再進而研究左傳國語論語，亦絕無用金屬之痕跡。因此吾儕或竟可以大膽下一斷案曰：『春秋以前未有金屬貨幣。』若稍加審慎，最少亦可以下一假說曰：『春秋以前金屬貨幣未通用。』（乙）我國未有紙以前，文字皆「著諸竹帛」。然漢書藝文志各書目記篇數者什之七八，記卷數者僅十之二三，其記卷數者又率屬漢中葉以後之著述；因此可推定帛之應用，爲時甚晚。又據史記漢書所載，當時法令公文私信什有九皆用竹木簡，知當時用竹之廣，遠過於用帛。再證以最近發見之流沙墜簡，其用縑質者皆在新莽以後，其用紙質者皆在兩晉以後。因此可以下一假說曰：『戰國以前謄寫文書，不用縑紙之屬；兩漢始用而未盛行。』又可以下一假說曰：『魏晉以後，竹木簡牘之用驟廢。』（丙）吾儕讀歷代高僧傳，見所記隋唐以前諸僧之重要事業，大抵云譯某經某論若干卷或云講某經某論若干遍或云爲某經某論作注疏若干卷;宋以後諸僧傳中,此類記事絕不復見但記其如何洞徹心源,如何機鋒警悟而已因此可以下一斷案曰:『宋以後僧侶不講學問』(丁)吾儕試檢前清道咸以後中外交涉檔案,覺其關於教案者什而六七;當時士大夫關於時事之論著,亦認此爲一極大問題;至光宣之交所謂教案者已日少一日入民國以來則幾無有因此可以下一斷案曰:『自義和團事件以後,中國民教互仇之現象殆絕』此皆消極的史料例也此等史料,其重要之程度,殊不讓積極史料蓋後代極普通之事象何故前此竟不能發生,前代極普通之事象,何故逾時乃忽然滅絕,其間往往含有歷史上極重大之意義,倘忽而不省,則史之真態未可云備也此等史料,正以無史蹟爲史蹟;恰如度曲者於無聲處寄音節,如作書畫者於不著筆墨處傳神但以其須向無處求之,故能注意者鮮矣。

亦有吾儕所渴欲得之史料,而事實上殆不復能得者例如某時代中國人口有若干，此問題可謂爲研究一切史蹟重要之基件，吾儕所亟欲知也；不幸而竟無法足以副吾之望。蓋吾國旣素無統計，雖以現時之人口，已無從得其眞數，況於古代？各史食貨志及文獻通考等書，雖間有記載，然吾儕絕不敢置信；且彼所記亦斷斷續續，不能各時代俱有；於是乎吾儕蒐集之路殆窮。又如各時代物價之比率，又吾儕所亟欲知也。然其紀載之闕乏更甚於人口；且各時代所用爲價値標準之貨幣，種類複雜而又隨時變紊，於是乎吾儕蒐集之路益窮。若斯類者，雖謂之無史料焉可矣。雖然，吾儕正不必完全絕望。以人口問題論，吾儕試將各史本紀及食貨志所記者，姑作爲假定，益以各地理志中所分記各地方戶口之數，再益以方志專書——例如常璩華陽國志范成大吳郡記等，記述特詳者，悉彙錄而勘比之；又將各正史各雜史筆記中無論文牘及談話，凡有涉及人口數目者——例如左傳記「衞戴公時衞民五千七百三十八人，」「戰國策記蘇秦說齊宣王言「臨菑七萬戶，戶三男子」」等，凡涉及此類之文句，一一鈔錄無遺；又將各時代徵兵制度，口算制度，一一研究，而與其時所得兵數所得租稅相推算。如此雖不敢云正確，然最少總能於一二時代中之一二地方得有較近真之資料；然後據此爲基本，以與他時代他地方求相當之比例。若有人能從此用力一番，則吾儕對於歷史上人口之智識，必有進於今日也。物價問題，雖益複雜，然試用此法以求之，所得當亦不少。是故史料全絕之事項，吾敢信其必無；不過所遺留者或多或寡，蒐集之或難或易耳。抑尤當知此類史料，若僅列舉其一條兩條，則可謂絕無意義絕無價值，其價值之發生，全賴博蒐而比觀之耳。

以上所舉例，皆吾前此所言抽象的史料也。然即具體的史料，亦可以此法求之。往往有一人之言行，一事之始末，在正史上覺其史料缺乏已極，及用力蒐剔，而所獲或意外甚豐。例如史記關於墨子之記述，僅得二十四字，其文曰：『蓋墨翟宋之大夫，善守禦，爲節用。或曰並孔子時，或曰在其後。』（孟子荀卿列傳。）此史料可謂枯渴極矣。而孫詒讓生二千年後，能作一極博贍翔實之墨子傳，至數千言。（看墨子間詁。）例如周宣王伐玁狁之役，詩經，史記，竹書紀年所述，皆僅寥寥數語。而王國維生三千年後，乃能將其將帥其戰線其戰狀詳細考出，歷歷如繪。（看雪堂叢刻。）此無他謬巧，其所據者皆人人共見之史料，彼其爬羅搜剔之術，操之較熟耳。又如指南針由中國人發明，此西史上所豔稱也。然中國人對於此物之來歷沿革，罕能言者。美人夏德 Hirth 所著中國古代史，則考之甚詳。其所徵引之書，則其一韓非子，其二太平御覽引鬼谷子，其三古今注，其四後漢書張衡傳，其五宋書禮志，其六南齊書祖沖之傳，其七宋史輿服志，其八續高僧傳一行傳，其九格致鏡原引本草衍義，其十夢溪筆談，其十一朝野僉載，其十二萍洲可談，其十三圖書集成車輿部。以上所考，是否已備雖未敢斷。然吾儕讀之，已能將此物之淵源，得一較明確之觀念。夫此等資料，明明現存於古籍中，但非經學者苦心蒐輯，則一般人末由察見耳。

亦有舊史中全然失載或缺略之事實，博搜旁證則能得意外之發見者。例如唐末黃巢之亂，曾大慘殺外國僑民，此可謂千年前之義和團也。舊史僅著「焚室廬殺人如刈」之一囫圇語，而他無徵焉。九世紀時，阿剌伯人所著中國見聞錄，中一節云「有 Gonfu 者爲商舶會萃地，……紀元二百六十四年，叛賊 Punzo 陷 Gonfu 殺回耶教徒及猶太波斯人等十二萬……其後有五朝爭立之亂，貿易中絕。……」等語。歐洲人初譯讀此錄，殊不知所謂 Gonfu 者爲何地，所謂 Punzo 者爲何人。及經東西學者細加考證，乃知回教紀元二六四年，當景教紀元之八七七——八七八年，即唐僖宗乾符四年至五年也。而其年黃巢實寇廣州。廣州者，吾粵人至今猶稱爲「廣府」，知 Gonfu 即「廣府」之譯音；而 Punzo 必黃巢；其所謂後此五朝爭立之亂者，即指五代也。吾儕因此一段記錄，而得有極重要之歷史上新智識：蓋被殺之外國人多至十二萬，則其時外人僑寓之多可想。吾儕因此引起應研究之問題有多種。例如：其一，當時中外通商何以能如此繁盛？其二，通商口岸是否僅在廣州，抑尚有他處？其發達程度比較如何？其三，吾儕聯想及當時有所謂「市舶司」者，其起源在何時，其組織何若，其權限何若？其四，通商結果，影響於全國民生計者何如？其五，關稅制度可考見者何如？其六，今所謂領事裁判權制度者，彼時是否存在？其七，當時是否僅有外國人來抑吾族亦乘此向外發展？其八，既有許多外人僑寓我國，其於吾族混合之關係何如？其九，西人所謂中國三大發明——羅盤針，製紙，火藥，——之輸入歐洲，與此項史蹟之關係何若？……吾儕苟能循此塗徑以致力研究，則因一項史蹟之發見，可以引起無數史蹟之發見。此類已經遺佚之史蹟，雖大半皆可遇而不可求；但吾儕總須隨處留心，無孔不入，每有所遇，斷不放過。須知此等佚蹟，不必外人紀載中乃有之，本國故紙堆中所存實亦不少，在學者之能施特別觀察而已。

史料有爲舊史家故意湮滅或錯亂其證據者，遇此等事，治史者宜別蒐索證據以補之或正之。明陳霆考出唐僖宗之崩以馬踐，宋太宗之崩以箭瘡發，二事史册皆祕之不言。霆考證前事據幸蜀記，考證後事據神宗諭滕章敏之言（兩山墨談卷十四）前事在歷史上無甚價值，雖佚不足顧惜。後事則太宗因伐契丹，爲虜所敗，負傷遁歸，卒以瘡發而殂。此實宋代一絕大事，後此澶淵之盟，變法之議，靖康之禍，皆與此有直接間接關係。此蹟湮滅，則原因結果之系統紊矣。計各史中類此者蓋不乏。又不惟一二事爲然耳，乃至全部官書，自行竄亂者往往而有。宋神宗實錄，有日錄及朱墨本之兩種，因廷臣爭黨見，各自任意竄改，致同記一事，兩本或至相反。（看清蔡上翔著王荊公年譜卷廿四神宗實錄考。）至清代而尤甚。清廷諱其開國時之穢德，數次自改實錄，實錄稿今入王氏東華錄者乃乾隆間改本，與蔣氏東華錄歧異之處已甚多，然蔣氏所據，亦不過少改一次之本耳。故如太宗后下嫁攝政王，世宗潛謀奪嫡等等宮廷隱慝，諱莫如深，自不待言。即清初所興之諸大獄，亦掩其跡唯恐不密。例如順治十八年之「江南奏銷案」，一時搢紳被殺者十餘人，被逮者四五百人，黜革者萬三千餘人，摧殘士氣，爲史上未有之奇酷。然官書中並絲毫痕跡不可得見。今人孟森，據數十種文集筆記，鉤距參稽，然後全案信史出焉。（看心史叢刊第一集。）夫史料之偶爾散失者，其蒐補也尚較易；故意湮亂者，其治理也益極難。此視學者偵察之能力何如耳。

今日史家之最大責任，乃在蒐集本章所言之諸項特別史料，此類史料，在歐洲諸國史，經彼中先輩蒐出者已什而七八，故今之史家貴能善因其成而運獨到之史識以批判之耳。中國則未曾經過此階級，尚無正當充實之資料，何所憑藉以行批判，漫然批判，恐開口便錯矣。故吾本章所論特注重此點，至於普通一事蹟之本末，則舊籍具在，蒐之不難，在治史者之如何去取耳。

第二　鑑別史料之法

史料以求真為尚，真之反面有二：一曰誤，二曰偽。正誤辨偽，是謂鑑別。

有明明非史實而舉世誤認為史實者：任執一人而問之曰，今之萬里長城為何時物，其人必不假思索，立答曰秦始皇時。殊不知此答案最少有一大部誤謬或竟全部誤謬也。秦始皇以前，有燕之長城，趙之長城，齊之長城；秦始皇以後，有北魏之長城，北齊之長城，明之長城，具見各史。其他各時代小小增築尚多。試一一按其道里細校之，將見秦時城線所占乃僅一小部分，安能舉全城以傳諸秦？況此小部分是否即秦故墟，尙屬問題，欲解此問題，其關鍵在考證秦時築城是否用塼抑用版築，吾於此事雖未得確證，然終疑用版築爲近。若果爾者，則現存之城，或竟無一尺一寸爲秦時遺蹟，亦未可知耳。常人每語及道教教祖，輒言是老子。試讀老子五千言之著書，與後世道教種種矯誣之說風馬牛豈能相及？漢初君臣若竇后文帝曹參輩，著述家若劉安司馬談輩，皆治老子之道家言，又與後世道教豈有絲毫相似？道教起源，明見各史，如後漢書襄楷傳所載楷事及宮崇于吉等事，三國志張魯傳所載魯祖陵父衡及駱曜張角張修等事，其妖妄煽播之跡，歷歷可見。此又與周時作守藏史之老子，豈有絲毫關係？似此等事，本有較詳備之史料，可作反證，然而流俗每易致誤者，此實根於心理上一種幻覺，每語及長城，輒聯想始皇，每語及道教，輒聯想老子。此非史料之誤，乃吾儕自身之誤，而以所誤誣史料耳。吾儕若思養成鑑別能力，必須將此種心理結習痛加滌除，然後能向常人不懷疑之點能試懷疑；能對於素來不成問題之事項而引起問題。夫學問之道，必有懷疑然後有新問題發生，有新問題發生然後有研究，有研究然後有新發明。百學皆然，而治史特其一例耳。

頃所舉例，吾命之曰局部的幻覺。此外尤有一般的幻覺焉：——凡史蹟之傳於今者，大率皆經過若干年若干人之口碑或筆述而識其概者也。各時代人心理不同，觀察點亦隨之而異，各種史蹟，每一度從某新時代之人之腦中濾過，則不知不覺間輒微變其質。如一長河之水，自發源以至入海，中間所經之地，所受之水，含有種種雜異之礦質，則河水色味，隨之而變，故心理上的史蹟，脫化原始史蹟而喪失其本形者，往往而有。例如左傳中有名之五大戰——韓城濮鞌邲鄢陵，吾腦際至今猶有極深刻之印象，覺此五役者爲我國史中規模宏大之戰事。其實細按史文，五役者皆一日而畢耳；其戰線殆無過百里外者；語其實質，僅得比今閩粵人兩村之械鬭。而吾儕動輒以之與後世國際大戰爭等量齊觀者，一方面固由左傳文章優美，其鋪張分析的敍述，能將讀者意識放大，一方面則由吾輩生當二千年後習見近世所謂國家者所謂戰爭者如彼如彼，動輒以今律古而不知所擬者全非其倫也夫在貨幣交易或信用交易時代而語實物交易時代之史蹟，在土地私有時代而語土地公有時代之史蹟，在郡縣官治或都市自治時代而語封建時代或部落時代之史蹟，在平民自由時代而語貴族時代或教權時代之史蹟，皆最容易起此類幻覺幻覺一起，則真相可以全蔽此治學者所最宜戒懼也。

鑑別史料之誤者或僞者，其最直捷之法，則爲舉出一極有力之反證例如向來言中國佛教起源者皆云，漢明帝永平七年遣使臣經西域三十六國入印度求得佛經佛像，但吾儕據後漢書西域傳及他書，確知西域諸國自王莽時已與中國絕，凡絕六十五年，至明帝永平十六年始復通；永平七年正西域與匈奴連結入寇之時，安能派使通過其國？又如言上海歷史者，每託始於戰國時楚之春申君黃歇，故共稱其地曰申江曰黃浦曰歇浦。但近代學者從各方面研究之結果，確知上海一區，在唐以前尚未成陸地，安得有二千餘年春申君之古蹟？似此類者，其反證力甚強，但得一而已足。苟非得更强之反證的反證，則其誤僞終不能迴護。此如人或譏直不疑盜嫂，不疑曰，我乃無兄；倘不能別求得直不疑有兄之確據，則盜嫂問題，已無復討論之餘地也。

然歷史上事實，非皆能如此其簡單而易決。往往有明知其事極不可信，而苦無明確之反證以折之者。吾儕對於此類史料，第一步，只宜消極的發表懷疑態度，以免爲真相之蔽；第二步，遇有旁生的觸發，則不妨換一方向從事研究，立假說以待後來之再審定。例如舊史言伏羲女媧皆人首蛇身，神農牛首人身，言蚩尤銅頭鐵額。吾輩今日終無從得直捷反證，確證諸人之身首頭額與吾輩同也；但以情理度之，斷言世界決無此類生物而已。又如殷之初祖契，周之初祖后稷，舊史皆謂爲帝嚳之子，帝堯之異母弟，同爲帝舜之臣。吾輩今日無從得一反證以明其決不然也；雖然，據舊史所說，堯在位七十年乃舉舜爲相，舜相堯又二十八年，堯卽位必當在嚳崩後，假令契稷皆嚳遺腹子，至舜卽位時亦當皆百歲，安得復任事？且堯有此聖弟而不知，又何以為堯？且據詩經所載殷人之頌契也曰：「天命玄鳥，降而生商；」周人之頌稷也曰：「厥初生民，時維姜嫄；」彼二詩者皆所以鋪張祖德，倘稷契而系出帝嚳，豈有不引以為重之理？是故吾儕雖無積極的反證以明稷契為別一人之子，然最少亦可以消極的認其非嚳子堯弟也，又如舊史稱周武王崩後，繼立者為成王，成王尚少，周公攝政。吾輩今日亦無直接之反證以明其不然也；但舊史稱武王九十三而終，藉令武王七十而生成王，則成王即位時已二十三，不可謂幼；七八十得子，生理上雖非必不可能，然實為稀有；況吾儕據左傳，確知成王尚有邗晉應韓之四弟，成王居長嫡，下有諸弟，嗣九十三歲老父之位而猶在沖齡，豈合情理？且猶有極不可解者，書經康誥一篇，為康叔封衞時之策命，其發端云：「王若曰，孟侯，朕其弟，小子封！」此所謂「王」者誰耶？謂武王耶？衞之建國，確非在武王時；謂成王耶？康叔為成王叔父，何得稱為弟而呼以小子？然則繼武王而踐祚者，是否為成王？周公是否攝政抑更有進於攝政？吾儕不能不大疑。

懷疑之結果而新理解出焉。前段所舉第一例——人首蛇身等等，吾儕既推定其必無是理。然則何故有此等傳說耶？吾儕可以立一假說，謂伏羲神農等皆神話的人物非歷史的人物。凡野蠻時代之人對於幻境與實境之辨常不明瞭；故無論何族最初之古史，其人物皆含有半神半人的性質。然則吾儕可以假定羲農諸帝，實古代吾族所祀之神；人首蛇身等，卽其幻想中之神像，而緣幻實不分之故，口碑相傳，確以爲曾有如此形像之人。指爲眞，固非眞；指爲僞，亦確非有人故爲作僞也。如所舉第二例——稷契既決非嚳子，又不能知其爲何人之子？漢儒且有「聖人無父感天而生」之說，然則稷契果無父耶？吾儕可以立一假說，謂稷契亦有父亦無父，彼輩皆母系時代人物，非父系時代人物。吾儕聞近代歐美社會學家言，已知社會進化階級，或先有母系然後有父系；知古代往往一部落之男子爲他部落女子所公有，一部落之女子爲他部落男子所公有，在彼時代，其人固宜「知有母不知有父」，非不欲知，無從知也。契只知其爲簡狄之子耳，稷只知其爲姜嫄之子耳，父爲誰氏，則無稽焉，於是乎「有吞鳥卵而生」「履大人跡而生」之種種神話。降及後世父系時代，其子孫以無父爲可恥，求其父而不得，則借一古帝以自重，此墨子之說所由起也。亦有既求父不得，即不復求，轉而託「感天」以自重，殊不知古代之無父感天者不必聖人，蓋盡人莫不然也。如所舉第三例——成王若繼武王而立，其年決非幼，無須攝政；衞康叔受封時，其王又確非康叔之姪而爲康叔之兄。吾儕於是可以立一假說，謂繼武王而立者乃周公而非成王，其時所行者乃兄終弟及制，非傳子立嫡制。吾儕已知殷代諸王，兄弟相及者過半，周初沿襲殷制，亦情理之常。況以史記魯世家校之，其兄終弟及者亦正不少。然則周公或當然繼武王而立，而後此之「復子明辟」，乃其特創之新制，蓋未可知耳。以上諸例，原不過姑作假說，殊不敢認爲定論；然而不失爲一種新理解，則昭然矣。然則吾儕今日能發生種種新理解，而古人不能者，何故耶？古人爲幻覺所蔽而已。生息於後世家族整嚴之社會中，以爲知母不知父，惟禽獸爲然，稷契之聖母，安有此事？生息於後世天澤名分之社會中，以奪嫡爲篡逆，謂周公大聖，豈容以此相汙？是以數千年，非惟無人敢倡此說，並無人敢作此念，其有按諸史蹟而矛盾不可通者，寧枉棄事實以迂回傳會之而已。吾儕生當今日，有種種「離經畔道」之社會進化說以變易吾腦識，吾於是乃敢於懷疑，乃敢於立假說。假說既立，經幾番歸納的研究之後，而假說竟變爲定案，亦意中事耳。然則此類之懷疑，此類之研究，在學問上爲有用耶爲無用耶？吾敢斷言曰有用也。就表面論，以數千年三五陳死人之年齡關係爲研究之出發點，刺刺考證，與現代生活風馬牛不相及，毋乃玩物喪志？殊不知苟能由此而得一定案，則消極方面，最少可以將多年來經學家之傳會的聚訟一埽而空，省卻人無限精力；積極方面，最少可以將社會學上所提出社會組織進化階段之假說，加一種有力之證明。信能如是，則其貢獻於學界者不已多耶？

同一史蹟，而史料矛盾，當何所適從耶？論原則，自當以最先最近者爲最可信。先者以時代言，謂距史蹟發生時愈近者，其所製成傳留之史料愈可信也。近者與地方言，亦以人的關係言，謂距史蹟發生地愈近，且其記述之人與本史蹟關係愈深者，則其所言愈可信也。例如此次歐戰史料，百年後人所記者，不如現時人所記者之詳確；現時人所記者，又不如五年前人所記之詳確；此先後之說也。同是五年前人，中國人所記，必不如歐洲人；歐洲普通人所記，必不如從軍新聞記者；新聞記者所記，必不如在營之軍士；同是在營軍士，僅聽號令之小卒所記，必不如指揮戰事之將校；同是將校，專擔任一戰線之裨將所記，必不如綜覽全局之總參謀；此遠近之說也。是故凡有當時當地當局之人所留下之史料，吾儕應認為第一等史料。例如一八七六年之普奧戰爭，兩國事後皆在總參謀部妙選人才編成戰史，此第一等史料也。欲知十九世紀末歐洲外交界之內幕，則俾斯麥日記，其第一等史料也。欲知盧梭科爾璞特金之事蹟及其感想，彼所作自傳或懺悔錄，其第一等史料也。如司馬遷之自序，王充之自紀，法顯玄奘義淨等之遊記或自傳，此考證各本人之事蹟思想或其所遊地當時狀態之第一等史料也。（注一）如辛棄疾南燼紀聞錄竊憤錄所採阿計替筆記，此考證宋徽欽二宗在北庭受辱情狀之第一等史料也。（注二）如李秀成被俘時之供狀，此考證洪楊內部情狀之第一等史料也（注三）此類史料，無論在何國，皆不易多得，年代愈遠，則其流傳愈稀，苟有一焉，則史家宜視爲瑰寶。彼其本身饒有陵蓋他種史料之權威；他種史料有與彼矛盾者，可據彼以正之也。

（注一）法顯著佛國記，亦名法顯行傳。玄奘著大唐西域記；又奘弟子慧立著慈恩三藏法師傳。義淨著南海寄歸內法傳及西行求法高僧傳。

（注二）棄疾二書見學海類編。阿計替者當時金廷所派監視徽欽二宗之人也。二書蓋其日記原稿，棄疾全部采錄也。

（注三）此供狀忘記在某部筆記中十五年前吾曾在新民叢報錄印一次。此供狀惜尚有刪節處，不能得其全相。

前段所論，不過舉其概括的原則，以示鑑別之大略標準。但此原則之應用，有時尚須分別觀之。試仍借此次歐戰史料爲例：若專以時代接近程度定史料價値之高下，則今日已在戰後兩三年。其所編集自不如戰時出版物之尤爲接近；宜若彼優於此；然而實際上殊不爾。當時所記，不過斷片的史蹟，全不能覷出其聯絡關係。凡事物之時間的聯絡關係，往往非俟時間完全經過之後不能比勘而得。故完美可觀之戰史，不出在戰時而出在戰後也。若以事局接近程度定價値之高下，則觀戰新聞記者所編述，自應不如軍中人；一般著作家所編述，自應不如觀戰之新聞記者。然實際上亦未必盡然。蓋局中人爲劇烈之感情所蔽，極易失其真相。卽不爾者，或纏綿於枝葉事項，而對於史蹟全體，反不能得要領，所謂『不識廬山真面目只緣身在此山中』也。又不特局中者爲然也；卽在局外者，猶當視其人提絜觀察之能力如何，視其人串敍描寫之技術如何，而其作品之價値，相去可以懸絕焉。是故以戰史論，若得一文學技術極優長之專門大史家，而又精通軍事學者，在總司令部中爲總書記，對於一戰役始終其事，（最好能兼爲兩軍總司令之總書記）則其所記述者，自然爲史料之無上上品。然而具備此條件者，則安能得？既已不能，則戰場上一尋常軍士所記，或不如作壁上觀之一有常識的新聞記者；奔走戰線僅有常識之一新聞記者其所記，或不如安坐室中參稽戰報之一專門史學家也。

最先最近之史料則最可信，此固原則也。然若過信此原則，有時亦可以陷於大誤。試舉吾經歷之兩小事為例：(一)明末大探險家大地理學者徐霞客，卒後其摯友某為之作墓志，宜若最可信矣。一日吾與吾友丁文江談及霞客，吾謂其曾到西藏，友謂否，吾舉墓銘文為證，友請檢霞客遊記共讀，乃知霞客雖有遊藏之志，因病不果，從麗江折歸，越年餘而逝。吾因悔吾前此讀遊記之粗心；然為彼銘墓之摯友粗心乃更過我，則真可異也。(二)玄奘者，我國留學生宗匠而思想界一鉅子；也吾因欲研究其一生學業進步之跡，乃發心為之作年譜。吾所憑藉之資料甚富，合計殆不下二十餘種，而其最重要者，一為道宣之續高僧傳，二為慧立之慈恩法師傳，二人皆奘之親受業弟子，為其師作傳，正吾所謂第一等史料也。乃吾研究愈進，而愈感困難，兩傳中矛盾之點甚多，或甲誤，或乙誤，或甲乙俱誤。吾列舉若干問題，欲一一悉求其真，有略已解決者，有卒未能解決者。試舉吾所認爲略已解決之一事，借此以示吾研究之徑路：——玄奘留學凡十七年，此既定之事實也；其歸國在貞觀十九年正月，此又既定之事實也。然則其初出遊果在何年乎？自兩傳以及其他有關係之資料，皆云貞觀三年八月，咸無異辭。吾則因懷疑而研究，研究之結果，考定爲貞觀元年。吾曷爲忽對於三年說而起懷疑耶？三年至十九年，恰爲十七個年頭，本無甚可疑也；吾因讀慈恩傳，見奘在于闐所上表中有「貞觀三年出遊今已十七年」等語，上表年月傳雖失載，然循按上下文，確知其在貞觀十八年春夏之交；吾忽覺此語有矛盾。此爲吾懷疑之出發點。從貞觀十八年上遡，所謂十七年者，若作十七個年頭解，其出遊時可云在貞觀二年，若作滿十七年解，則應爲貞觀元年，吾於是姑立元年二年之兩種假說以從事研究，吾乃將慈恩傳中所記行程及各地淹留歲月詳細調查，覺奘自初發長安以迄歸達于闐，最少亦須滿十六年有半之時日，乃數分配。吾於是漸棄其二年之假說而傾向於元年之假說。雖然，現存數十種資料皆云三年，僅恃此區區之反證而臆改之，非學者態度所宜出也。然吾不忍棄吾之假說，吾仍努力前進。吾已知奘之出遊，爲冒禁越境；然冒禁何以能無阻？吾查續高僧傳本傳，見有『會貞觀三年，時遭霜儉，下敕道俗隨豐四出』數語；吾因此知奘之出境，乃攙在饑民隊中，而其年之饑，實因霜災。吾乃亟查貞觀三年是否有霜災，取新舊唐書太宗紀閱之，確無是事。於是三年說已消極的得一有力之反證。再查元年，則新書云：『八月，河南隴右邊州霜，』又云：『十月丁酉，以歲饑減膳，』舊書云：『八月……關東及河南隴右沿邊諸州霜害秋稼，』又云：『是歲關中饑，至有鬻男女者，』是元年確有饑荒，而成災又確由霜害，於是吾之元年說，忽積極的得一極有力之正證矣。惟舊書於二年復有『八月河南河北大霜人饑』一語，新書則無有；不知爲舊書誤複耶？抑兩年連遭霜災而新書於二年有闕文耶？如是則二年之假說，仍有存立之餘地。吾決意再覓證據以決此疑。吾乃研究奘途中所遇之人，其名之可考見者凡三，一曰涼州都督李大亮，二曰高昌王麴文泰，三曰西突厥可汗葉護。吾查大亮傳及高昌傳，見二人皆自元年至四年在其位，不成問題。及查西突厥傳，乃忽有意外之獲：兩書皆言葉護於貞觀初被其叔所弒，其叔僭立，稱俟毗可汗，然皆未著其被弒在何年。惟新書云：『貞觀四年俟毗可汗來請昏，太宗詔曰，突厥方亂，何以昏爲，』是葉護被弒，最晚亦當在貞觀三年前。再按慈恩傳所紀奘行程，若果以貞觀三年八月發長安者，則當以四年五月初乃抵突厥，其時之可汗，已爲俟毗而非葉護矣。於是三年說之不能成立，又得一強有力之反證。吾猶不滿足，必欲得葉護被弒確年以爲快，吾查資治通鑑，得之矣！貞觀二年也！吾固知通鑑必有所本，然終以不得之於正史，未能躊躇滿志，吾發憤取新舊唐書諸蠻夷傳凡與突厥有關係之國徧繙之，卒乃在新書薛延陀傳得一條云：『值貞觀二年突厥葉護可汗見弒，』於是葉護弒年無問題矣。玄奘之行，旣假霜災，則無論爲元年爲二年爲三年，皆以八月後首塗，蓋無可疑；然則非惟三年說不能成立，即二年說亦不能成立。何則？二年八月後首塗，必三年五月乃抵突厥，即已不及見葉護也。吾至是乃大樂，自覺吾之懷疑有效，吾之研究不虛。吾所立「玄奘貞觀元年首塗留學」之假說，殆成鐵案矣！其有小小不可解者，則何以諸書皆同出一轍，竟無歧異？然此亦易解，諸書所采同一藍本，藍本誤則悉隨之而誤矣，再問藍本何故誤？則或因逆遡十七個年頭，偶未細思，致有此失；甚至或爲傳寫之譌，亦未可知也。再問十八年玄奘自上之表文何以亦誤？則或後人據他書校改，亦在情理中耳。吾爲此問題，凡費三日之力，其所得結果如此。——吾知讀者必生厭矣。此本一極瑣末之問題，區區一事件三兩年之出入，非惟在全部歷史中無關宏旨，即在玄奘本傳中亦無關宏旨。吾自治此，已不免玩物喪志之誚；乃復縷述千餘言以濫占本書之篇幅，吾不能不向讀者告罪。雖然，吾著本篇之宗旨，凡務舉例以明義而已。吾今詳述此一例，將告讀者以讀書曷爲而不可以盲從，雖以第一等史料如慧立、道宣之傳元奘者，其誤謬猶且如是也；其勞吾儕以鑑別猶且如是也。又將告讀者以治學當如何大無畏雖以數十種書萬口同聲所持之說苟不愜於吾心不妨持異同，但能得有完證，則絕無遜藉之新說固自可以成立也吾又以爲善治學者，不應以問題之大小而起差別觀問題有大小，研究一問題之精神無大小學以求真而已，大固當真，小亦當真，一問題不入吾手則已，一入吾手，必鄭重忠實以赴之夫大小豈有絕對標準，小者輕輕放過，寖假而大者亦輕輕放過，則研究精神替矣吾又以爲學者而誠欲以學餉人，則宜勿徒餉以自己研究所得之結果，而當兼餉以自己何以能研究得此結果之塗徑及其進行次第；夫然後所餉者乃爲有源之水而挹之不竭也吾誠不敢自信爲善於研究，但本篇既以研究法命名，吾竊思宜擇一機會，將吾自己研究所歷之甘苦委曲傳出，未嘗不可以爲學者之一助，吾故於此處選此一小問題可以用千餘言說明無遺者，詳述吾思路所從入與夫考證所取資以瀆讀者之清聽，吾研究此問題所得結果雖甚微末，然不得不謂爲甚良其所用研究法，純爲前清乾嘉諸老之嚴格的考證法，亦即近代科學家所應用之歸納研究法也。讀者舉一反三，則任研究若何大問題，其精神皆若是而已。吾此一段，乃與吾全書行文體例不相應；讀者恕我！吾今當循吾故軌，不更爲此喋喋矣。

史料可分爲直接的史料與間接的史料。直接的史料者，其史料當該史蹟發生時或其稍後時，即已成立。如前所述慈恩傳、竊憤錄之類皆是也。此類史料，難得而可貴，吾既言之矣。然欲其多數永存，在勢實有所不能。書籍新陳代謝，本屬一般公例，而史部書之容易湮廢，尤有其特別原因焉：（一）所記事實，每易觸時主之忌。故秦焚書而「諸侯史記」受禍最烈；試檢明清兩朝之禁燬書目，什有九皆史部也。（二）此類書真有價値者本不多，或太瑣碎，或涉虛誕，因此不爲世所重，容易失傳；不惟本書間有精要處因雜糅於粗惡材料中而湮沒，而且凡與彼同性質之書，亦往往被同視而俱湮沒。（三）其書愈精要者，其所敍述愈爲局部的；凡局部的緻密研究，非專門家無此興味；一般人對於此類書籍，輒淡漠置之，任其流失。以此種種原因故此類直接史料如泯淪沒滔滔代盡勢不能以多存就令存者甚多又豈人生精力所能徧讀？於是乎在史學界占最要之位置者，實爲間接的史料。間接的史料者例如左丘以百二十國寶書爲資料而作國語，司馬遷以國語世本戰國策……等書爲資料而作史記。國語史記之成立，與其書中所敘史蹟發生時代之距離，或遠至百年千年；彼所述者，皆以其所見之直接史料爲藍本，今則彼所見者吾儕已大半不復得見；故謂之間接。譬諸紡績，直接史料則其原料之棉團，間接史料則其粗製品之紗線也。吾儕無論爲讀史爲作史，其所接觸者多屬間接史料；故鑑別此種史料方法，爲當面最切要之一問題。

鑑別間接史料，其第一步自當仍以年代爲標準。年代愈早者，則其可信據之程度愈强。何則？彼所見之直接史料多，而後人所見者少也。例如研究三代以前史蹟，吾儕應信司馬遷之史記，而不信譙周之古史考皇甫謐之帝王世紀羅泌之路史。何則？吾儕推斷譙周皇甫謐羅泌所見直接史料，不能出司馬遷所見者以外；

遷所不知者周等何由知之也？是故彼諸書與史記有異同者，吾儕宜引史記以駁正諸書，反之若竹書紀年與史記有異同，吾儕可以引紀年以駁正史記。何則？魏史官所見之接直原料，或多爲遷之所不及見也。此最簡單之鑑別標準也。

雖然，適用此標準，尚應有種種例外。爲有極可貴之史料而晚出或再現者，則其史料遂爲後人所及見而爲前人所不及見。何謂晚出者？例如德皇威廉第二與俄皇尼古拉第二來往私函數十通，研究十九世紀末外交史之極好史料也；然一九二〇年以前之人不及見，以後之人乃得見之。例如元史修自明初，豈非時代極早？然吾儕寧信任五百年後魏源或柯劭忞之新元史，而不信任宋濂等之舊元史。何則？吾儕所認爲元代重要史料如元祕史親征錄……等書，魏柯輩得見，而明初史館諸人不得見也。何謂再現者？例如羅馬之福林，邦渒之古城，埋沒土中二千年，近乃發現；故十九世紀末人所著羅馬史，其可信任之程度，乃過於千年前人所著也。例如殷墟甲文，近乃出土，吾儕因此得知殷代有兩古王爲史記三代世表所失載者蓋此史料爲吾儕所見而爲司馬遷所不得見也。

不特此也，又當察其人史德何如，又當察其人史識何如，又當察其人所處地位何如：所謂史德者，著者品格劣下，則其所記載者宜格外愼察。魏收魏書雖時代極近，然吾儕對於彼之信任，斷不能如信任司馬遷班固也。所謂地位者，一事件之真相，有時在近時代不能盡情宣布，在遠時代乃能之。例如陳壽時代早於范曄，然記漢魏易代事，曄反視壽爲可信；蓋二人所及見之直接史料本略相等，而壽書所不能昌言者，曄書能昌言也。所謂史識者：同是一直接史料，而去取別擇之能力，存乎其人。假使劉知幾自著一史，必非李延壽令狐德棻輩所能及；元人修宋史，清人修明史，同爲在異族之朝編前代之史，然以萬斯同史稿作藍本所成之明史，決非脫脫輩監修之宋史所能及也。要而論之，吾儕讀史作史，既不能不乞靈於間接的史料，則對於某時代某部門之史料，自應先擇定一兩種價值較高之著述以作研究基本。選擇之法，合上列數種標準以衡之，庶無大過。至於書中所敘史實，則任何名著，總不免有一部分不實不盡之處。質言之，則無論何項史料，皆須打幾分折頭。吾儕宜刻刻用懷疑精神喚起注意，而努力以施忠實之研究，則真相庶可次第呈露也。

右論正誤的鑑別法竟。——次論辨僞的鑑別法。

辨僞法先辨僞書，次辨僞事。

僞書者，其書全部分或一部分純屬後人僞作而以託諸古人也。例如現存之本草號稱神農作，素問內經號稱黃帝作，周禮號稱周公作，六韜陰符號稱太公作，管子號稱管仲作，……假使此諸書而悉真者，則吾國歷史便成一怪物。蓋社會進化說全不適用，而原因結果之理法亦將破壞也。文字未興時代之神農，已能作本草，是謂無因。本草出現後若干千年，而醫學藥學上更無他表見，是謂無果。無因無果，是無進化。如是則吾儕治史學爲徒勞。是故苟無鑑別僞書之識力，不惟不能忠實於史蹟，必至令自己之思想塗徑，大起混亂也。

書愈古者僞品愈多。大抵戰國秦漢之交有一大批僞書出現，漢書藝文志所載三代以前書僞者殆不少。新莽時復有一大批出現，如周禮及其他古文經皆是。晉時復有一大批出現，如晚出古文尚書孔子家語孔叢子等其他各時代零碎僞品亦尚不少，且有僞中出僞者，如今本鬼谷子鶡冠子等。莽晉兩期，劉歆王肅作僞老手；其作僞之動機及所作僞品，前清學者多已言之，今不贅引。戰國秦漢間所以多僞書者（一）因當時學者本有好「託古」的風氣；已所主張，恆引古人以自重。（說詳下）本非有意捏造一書指爲古人所作，而後人讀之，則幾與僞託無異。（二）因當時著述家本未嘗標立一定之書名；且亦少泐成定本，展轉傳鈔，或合數種而漫圖一名，或因書中多涉及某人，卽指爲某人所作。（三）因經秦焚以後，漢初朝野人士，皆汲汲以求遺書爲務。獻書者往往勦鈔舊籍，託爲古代某名人所作以售炫。前兩項爲戰國末多僞書之原因，後一項爲漢初多僞書之原因。

僞書有經前人考定已成鐵案者，吾儕宜具知之，否則徵引考證，徒費精神。

例如今本尚書有胤征一篇，載有夏仲康時日食事，近數十年來成爲歐洲學界一問題。異說紛爭，殆將十數，致勞漢學專門家天文學專門家合著專書以討論。(注四)殊不知胤征篇純屬東晉晚出之僞古文經，清儒閻若璩惠棟輩考證，久成定讞，仲康其人之有無，且未可知，遑論其時之史蹟？歐人不知此樁公案，至今猶剌剌論難，由吾儕觀之，可笑亦可憐也。欲知此類僞書，略繙清四庫書目提要，便可得梗概，提要中指爲真者未必遂真，指爲僞者大抵必僞，此學者應有之常識也。

(注四)關於此問題之研究，Gaubil 氏謂在紀前二一五四年十月十一日；Largeteau氏及Chalmers 氏謂在二一二七年十月十二日；Freret 氏及 D. Cassini 氏在二〇六年十月二十四日；Gumpaeh 氏謂在二一五五年十月二十二日；Oppolzer 氏謂在二一三五年十月二十一日；而有名之漢學大家 Prof. G. Schlege 及有名之天文學大家 Dr. F. Kuhnert 會合著一書，在荷蘭阿姆斯丹之學士院出版，題曰書經之日蝕 Die Schu King Finsterniss (Amsterdam. J. Muller. 1889)謂當在二一六五年五月七日，其言甚雄辯。其後漢學大家Dr. F. Eitel 復著辯論駁之，登在 China Review 第十八卷。

然而僞書孔多，現所考定者什僅二三耳。此外古書或全部皆僞或真僞雜糅者，尚不知凡幾。吾儕宜拈出若干條鑑別僞書之公例，作自己研究標準焉。

一　其書前代從未著錄或絕無人徵引而忽然出現者，什有九皆僞。例如「三墳五典八索九丘」之名，雖見左傳；「晉乘楚檮杌」之名，雖見孟子；然漢隋唐藝文經籍諸志從未著錄，司馬遷以下未嘗有一人徵引。可想見古代或並未嘗有此書，即有之，亦必秦火前後早已亡佚。而明人所刻古逸史，忽有所謂三墳記，晉史乘，楚史檮杌等書。凡此類書，殆可以不必調查內容，但問名即可知其僞。

二　其書雖前代有著錄，然久經散佚；乃忽有一異本突出，篇數及內容等與舊本完全不同者，什有九皆僞。例如最近忽發現明鈔本愼子一種，與今行之四庫本守山閣本全異；與隋唐志崇文總目直齋書錄解題等所記篇數，無一相符。其流傳之緒，又絕無可考。吾儕乍覩此類書目，便應懷疑。再一檢閱內容，則

可定爲明人僞作也。（注九）

三　其書不問有無舊本，但今本來歷不明者，卽不可輕信。例如漢河內女子所得秦誓，晉梅賾所上古文尙書及孔安國傳，皆因來歷曖昧，故後人得懷疑而考定其僞。又如今本列子八篇，據張湛序言由數本拚成，而數本皆出湛戚屬之家，可證當時社會，絕無此書，則吾輩不能不致疑。

四　其書流傳之緖，從他方面可以考見，而因以證明今本題某人舊撰爲不確者。例如今所稱神農本草，漢書藝文志無其目，知劉向時決未有此書。再檢隋書經籍志以後諸書目，及其他史傳，則知此書殆與蔡邕吳普陶弘景諸人有甚深之關係，直至宋代，然後規模大具。質言之，則此書殆經千年間許多人心力所集成，但其書不惟非出神農，卽西漢以前人，參預者尙極少，殆可斷言也。（注十）

五　眞書原本，經前人稱引，確有左證，而今本與之歧異者，則今本必僞。例如古本竹書紀年有夏啓殺伯益商太甲殺伊尹等事；又其書不及夏禹以前事。此皆原書初出土時諸人所親見信而有徵者。（注十一）而今本記伯益伊尹等文，全與彼相反，其年代又託始於黃帝。故知決非汲冢之舊也。

六　其書題某人撰，而書中所載事蹟在本人後者，則其書或全僞或一部分僞。例如越絕書，隋志始著錄，題子貢撰；然其書既未見漢志，且書中敍及漢以後建置沿革；故知其書不惟非子貢撰，且並非漢時所有也。又如管子商君書，漢志皆著錄，題管仲商鞅撰；然兩書各皆記管商死後之人名與事蹟；故知兩書決非管商自撰；即非全僞，最少亦有一部分羼亂也。

七　其書雖真，然一部分經後人竄亂之蹟既確鑿有據，則對於其書之全體須慎加鑑別。例如史記爲司馬遷撰，固毫無疑義；然遷自序明言『訖於麟止，』今本不惟有太初天漢以後事，且有宣元成以後事，其必非盡爲遷原文甚明。此部分既有竄亂，則他部分又安敢保必無竄亂耶？（注十二）

八　書中所言確與事實相反者，則其書必僞例如今道藏中有劉向撰列仙傳，其書隋志已著錄。書中言諸仙之荒誕，固不俟辯，其自序云，『七十四人已見佛經，』佛經至後漢桓靈時始有譯本下距劉向之沒，將二百年，向何從知有佛經耶？卽據此一語，而全書之僞，已無遁形。

九　兩書同載一事絕對矛盾者，則必有一僞或兩俱僞例如涅槃經佛說云：『從今日始，不聽弟子食肉；』入楞伽經佛說云：『我於象腋央掘魔涅槃大雲等一切修多羅中，不聽食肉。』涅槃經共認爲佛臨滅度前數小時間所說，既象腋等經有此義，何得云『從今日始？』且涅槃既佛最後所說經，入楞伽何得引之？是涅槃楞伽，最少必有一僞，或兩俱僞也。

以上九例，皆據具體的反證而施鑑別也。尚有可以據抽象的反證而施鑑別者：

十　各時代之文體，蓋有天然界畫，多讀書者自能知之故後人僞作之書，有不必從字句求枝葉之反證，但一望文體即能斷其僞者，例如東晉晚出古文尚書，此諸今文之周誥殷盤，截然殊體。故知其決非三代以上之文。又如今本關尹子中有『譬犀望月，月影入角，特因識生，故有月形，而彼真月初不在角』等語，此種純是晉唐繙譯佛經文體，決非秦漢以前所有，一望即知。

十一　各時代之社會狀態，吾儕據各方面之資料，總可以推見崖略。若某書中所言其時代之狀態，與情理相去懸絕者，即可斷爲僞。例如漢書藝文志農家有神農二十篇，自注云『六國時諸子託諸神農』。此書今雖不傳，然漢書食貨志稱鼂錯引神農之教云『有石城十仞，湯池百步，帶甲百萬，而亡粟，弗能守也』。此殆鼂錯所見神農書之原文。然石城湯池帶甲百萬等等情狀，決非神農時代所能有。故劉向班固指爲六國人僞託，非武斷也。

十二　各時代之思想，其進化階段，自有一定。若某書中所表現之思想與其時代不相銜接者，即可斷爲僞。例如今本管子，有『寢兵之說勝則險阻不守，兼愛之說勝則士卒不戰，』等語。此明是墨翟宋鈃以後之思想；當管仲時，並寢兵兼愛等學說尚未有，何所用其批評反對者？素問靈樞中言陰陽五行，明是鄒衍以後之思想；黃帝時安得有此耶？(注十三)

(注九)明鈔本愼子，繆荃蓀所藏，最近上海涵芬樓所印四部叢刊採之，詫爲驚人秘笈。繆氏號稱目錄學專家，乃寶此燕石，故知考古貴有通識也。

(注十)古書中有許多經各時代無數人踵襲賡續而成者，如本草一書即其例。吾嘗欲詳考此書成立增長之次第，所搜資料頗多，惜未完備不能成篇耳。

(注十一)看晉書束晳傳王接傳及杜預左傳集解後序。

(注十二)看今人王國維著太史公年譜崔適著史記探原。

(注十三)看今人胡適著中國哲學史大綱二十一二十二葉。

以上十二例，其於鑑別僞書之法，雖未敢云備；循此以推，所失不遠矣。一面又可以應用各種方法以證明某書之必真：

一　例如詩經『十月之交，朔日辛卯，日有食之，亦孔之醜。』經六朝唐元清諸儒推算知周幽王六年十月辛卯朔確有日食中外曆對照應爲西紀前七七六年，歐洲學者亦考定其年陽曆八月二十九日中國北部確見日食。與前所舉胤征篇日食異說紛紜者正相反因此可證詩經必爲真書，其全部史料皆可信。

二 與此同例者，如春秋所記『桓公三年秋七月壬辰朔日食，』『宣公八年秋七月甲子日食。』據歐洲學者所推算，前者當紀前七零九年七月十七日，後者當紀前六零一年九月二十日，今山東兗州府確見日食。因此可證當時魯史官記事甚正確；而春秋一書，除孔子寓意褒貶所用筆法外，其所依魯史原文，皆極可信。

三 更有略同樣之例，如尚書堯典所記中星，『仲春日中星鳥仲夏日中星火』等，據日本天文學者所研究，西紀前二千四五百年時確是如此。因此可證堯典最少應有一部分爲堯舜時代之真書。

四　書有從一方面可認爲僞，從他方面可認爲真者例如現存十三篇之孫子，舊題春秋時吳之孫武撰吾儕據其書之文體及其內容，確不能信其爲春秋時書雖然，若謂出自秦漢以後，則文體及其內容亦都不類漢書藝文志兵家本有吳孫子齊孫子之兩種，「吳孫子」則春秋時之孫武「齊孫子」則戰國時之孫臏也此書若指爲孫武作，則可決其僞若指爲孫臏作，亦可謂之真此外如管子商君書等，性質亦略同若指定爲管仲商鞅所作則必僞；然其書中大部分要皆出戰國人手若據以考戰國末年思想及社會情狀，固絕佳的史料也乃至周禮謂爲周公作固僞，若據以考戰國秦漢間思想制度，亦絕佳的史料也。

五　有書中某事項，常人共指斥以證其書之僞，吾儕反因此以證其書之真者例如前所述竹書紀年中『啓殺益太甲殺伊尹』兩事，後人因習聞孟子史記之說，驟覩此則大駭殊不思孟子不過與魏安釐王時史官同時，而孟子不在史職聞見本不逮史官之確，司馬遷又不及見秦所焚之諸侯史記，其記述不過踵孟子而已；何足據以難竹書？而論者或因此疑竹書之全僞；殊不知凡作僞者必投合時代心理，經漢魏儒者鼓吹以後，伯益伊尹輩早已如神聖不可侵犯，安有晉時作僞書之人乃肯立此等異說以資人集矢者？實則以情理論，伯益伊尹既非超人的異類，逼位謀篡何足爲奇？啓及太甲爲自衞計而殺之，亦意中事。故吾儕寧認竹書所記爲較合於古代社會狀況。竹書既有此等記載，適足證其不僞；而今本竹書削去之，則反足證其僞也。又如孟子因武成「血流漂杵」之文，乃歎「盡信書不如無書」，謂「以至仁伐至不仁」不應如此。推孟子之意，則逸周書中克殷世俘諸篇，益爲僞作無疑。其實孟子理想中的「仁義之師」，本爲歷史上不能發生之事實。而逸周書敍周武王殘暴之狀，或反爲真相，吾儕所以信逸周書之不僞，乃正以此也。

六　無極强之反證足以判定某書爲僞者，吾儕只得暫認爲真。例如山海經穆天子傳，以吾前所舉十二例繩之，無一適用者。故其書雖詭異，不宜憑武斷以吐棄之。或反爲極可寶之史料，亦未可知也。

以上論鑑別僞書之方法，竟，次當論鑑別僞事之方法。

僞事與僞書異，僞書中有真事，真書中有僞事也。事之僞者與誤者又異，誤者無意失誤，僞者有意虛搆也。今請舉僞事之種類：

一　其史蹟本爲作僞的性質，史家明知其僞而因仍以書之者。如漢魏六朝篡禪之際種種作態，即其例也。史家記載，或仍其僞相，如陳壽；或揭其真相，如范曄。試列數則資比較：

(魏志武帝紀)	(後漢書獻帝紀)
天子以公領冀州牧	曹操自領冀州牧
漢罷三公官置丞相以公爲丞相	曹操自爲丞相
天子使郗慮策命公爲魏公加九錫	曹操自立爲魏公加九錫

漢帝以衆望在魏乃召羣公卿士使張音奉璽綬禪位　魏王丕稱天子奉帝爲山陽公

此等僞蹟昭彰，雖仍之不甚足以誤人，但以云史德，終不宜爾耳。

二　有虛構僞事而自著書以實之者。此類事在史中殊不多覯。其最著之一例，則隋末有妄人曰王通者，自比孔子，而將一時將相若賀若弼李密房玄齡魏徵李勣等皆攀認爲其門弟子，乃自作或假手於其子弟以作所謂文中子者，歷叙通與諸人問答語，一若實有其事。此種病狂之人，妖誣之書，實人類所罕見。而千年來所謂「河汾道統」者，竟深入大多數俗儒腦中，變爲真史蹟矣。嗚呼！讀者當知古今妄人非僅一王通，世所傳墓志家傳行狀之屬，汗牛充棟，其有以異於文中子者，恐不過程度問題耳。

三　有事蹟純屬虛構，然已公然取得「第一等史料」之資格，幾令後人無從反證者。例如前清洪楊之役，有所謂賊中謀主洪大全者，據云當發難時，被廣西疆吏擒殺。然吾儕乃甚疑此人爲子虛烏有，恐是當時疆吏冒功，影射洪秀全之名以捏造耳。雖然，既已形諸章奏，登諸實錄，吾儕欲求一完而強之反證，乃極不易得。茲事在今日，不已儼然成爲史實耶？竊計史蹟中類此者亦殊不少。治史者謂宜常以老吏斷獄之態臨之，對於所受理之案牘，斷不能率爾輕信。若不能得確證以釋所疑，寧付諸蓋闕而已。

四

有事雖非僞，而言之過當者。孔子云：「紂之不善，不如是之甚也。」莊子云：「兩善必多溢美之言，兩惡必多溢惡之言。」王充云：「俗人好奇，不奇言不用也。故譽人不增其美，則聞者不快其意；毀人不益其惡，則聽者不愜於心。」是故無論何部分之史，恐「真蹟放大」之弊，皆所不免。論衡中語增、儒增、藝增諸篇所舉諸事，皆其例也。況著書者無論若何純潔，終不免有主觀的感情夾雜其間。例如王闓運之湘軍志，在理宜認爲第一等史料者也。試讀郭嵩燾之湘軍志曾軍篇書後，則知其不實之處甚多。又如吾二十年前所著戊戌政變記，後之作清史者記戊戌事，誰不認爲可貴之史料？然謂所記悉爲信史，吾已不敢自承。何則？感情作用所支配，不免將真蹟放大也。治史者明乎此義，處處打幾分折頭，庶無大過矣。

五 史文什九皆經後代編史者之潤色，故往往多事後增飾之語。例如左傳莊二十二年記陳敬仲卜辭所謂「有嬀之後，將育于姜，五世其昌，並於正卿，八世之後，莫之與京」等語，苟非田氏篡齊後所記，天下恐無此確中之預言。襄二十九年記吳季札適晉，說趙文子韓宣子魏獻子曰：「晉國其萃於三族乎。」苟非三家分晉後所記，恐亦無此確中之預言也。乃至如諸葛亮之隆中對，於後來三國鼎足之局若操券以待，雖曰遠識之人鑑往知來，非事理所不可能，然如此銖黍不忒，實足深怪。試思當時備亮兩人對談，誰則知者？除非是兩人中之一人有筆記，不然則兩人中一人事後與人談及，世乃得知耳。事後之言，本質已不能無變，而再加以修史者之文飾，故吾儕對於彼所記，非「打折頭」不可也。

六　有本意並不在述史，不過借古人以寄其理想；故書中所記，乃著者理想中人物之言論行事，並非歷史上人物之言論行事。此種手段，先秦諸子多用之，一時成為風氣。孟子言「有為神農之言者許行，」此語最得真相。先秦諸子，蓋最喜以今人而為古人之言者也。前文述鼂錯引「神農之教」非神農之教，殆許行之徒之教也。豈惟許行？諸子皆然。彼「言必稱堯舜」之孟子，吾儕正可反唇以稽之曰，「有為堯舜之言者孟軻」也。此外如墨家之於大禹，道家陰陽家之於黃帝，兵家之於太公，法家之於管仲，莫不皆然。愈推重其人，則愈舉己所懷抱之理想以推奉之，而其人之真面目乃愈淆亂。韓非子云：「孔子墨子，俱道堯舜，而取舍不同，皆自謂真堯舜。堯舜不復生，誰將使定儒墨之誠乎？」是故吾儕對於古代史料，一方面患其太少，一方面又患其太多。貪多而失真，不如安少而闕疑也已。

人類非機械，故史蹟從未有用「印板文字」的方式閱時而再現者。而中國著述家所記史蹟，往往不然。例如堯有丹朱，舜必有商均；舜避堯之子於南河，禹必避舜之子於陽城。桀有妹喜，紂必有妲己；桀有酒池，紂必有肉林；桀有傾宮，紂必有瓊室；桀有玉杯，紂必有象箸；桀殺龍逢，紂必殺比干；桀囚湯於夏臺，紂必囚文王於羑里；夏之將亡，太史令終古出奔商，商之將亡，內史向摯必出奔周。此類乃如駢體文之對偶，枝枝相對，葉葉相當。天下安有此情理？又如齊太公誅華士，子產誅鄧析，孔子誅少正卯，三事相去數百年，而其殺人同一目的，同一程序，所殺之人同一性格，乃至其罪名亦幾全同，天下又安有此情理？然則所謂桀紂如何如何者，毋乃僅著述家理想中帝王惡德之標準？所謂殺鄧析少正卯云云者，毋乃僅某時代之專制家所捏造以為口實？（鄧析非子產所殺，左傳已有反證）吾儕對於此類史料，最宜謹嚴鑑別，始不至以理想混事實也。

七　有純屬文學的著述，其所述史蹟，純為寓言，彼固未嘗自謂所說者為真事蹟也，而愚者刻舟求劍，乃無端惹起史蹟之糾紛。例如莊子言「鯤化為鵬，其大幾萬里』倘有人認此爲莊周所新發明之物理學，或因此而詆莊周之不解物理學吾儕必將笑之。何也？周本未嘗與吾儕談物理也。周豈惟未嘗與吾儕談物理，亦未嘗與吾儕談歷史；豈惟周未嘗與吾儕談歷史，古今無數作者亦多未嘗與吾儕談歷史。據德充符而信歷史上確有兀者王駘曾與仲尼中分魯國，人咸笑之；據人間世而信歷史上確有列禦寇其人者，則比比然，而列子八篇傳誦且與老莊埒也。據離騷而信屈原嘗與巫咸對話嘗令帝閽開關，人咸笑之；據九歌而信堯之二女爲湘君湘夫人者則比比然也。陶潛作桃花源記，以寄其烏託邦的理想，而桃源縣竟以此得名，千年莫之改也，石崇作王昭君辭，謂其出塞時或當如烏孫公主之彈琵琶，而流俗相承，遂以琵琶爲昭君掌故也。吾儕若循此習慣以評騭史料，則漢孔融與曹操書，固嘗言『武王伐紂，以妲己賜周公』，吾儕其將信之也？清黃宗羲與葉方藹書，固嘗言『首陽二老託孤於尙父，乃得三年食薇，顏色不壞』吾儕其亦將信之也，而不幸。

現在衆人共信之史蹟，其性質類此者正復不少，夫豈惟關於個人的史蹟爲然耳？凡文士所描寫之京邑宮室輿服以及其他各方面之社會情狀，恐多半應作如是觀也。

以上七例，論僞事之由來，雖不能備，學者可以類推矣。至於吾儕辨證僞事應採之態度，亦略可得言焉：

第一：辨證宜勿支離於問題以外。例如孟子：『萬章曰：堯以天下與舜有諸？孟子曰：否。……』吾儕讀至此，試掩卷一思，下一句當如何措詞耶？噫！乃大奇！孟子曰：『天子不能以天下與人。』此如吾問『某甲是否殺某乙』汝答曰：『否；人不應殺人。』人應否殺人，此爲一問題，某甲曾否殺某乙，此又爲一問題，汝所答非我所問也。萬章續問曰：『然則舜有天下也孰與之？』孟子既主張天下非堯所與，則應別指出與舜之人，抑係舜自取。乃孟子答曰：『天與之』一字由問是否有天，天是否能以事物與人，非惟萬章無徵，卽孟子亦無徵也。兩造皆無徵，則辯論無所施矣。又如孟子否認百里奚自鬻於秦，然不能舉出反證以抉其僞，乃從奚之智不智賢不賢作一大段循環論理，諸如此類，皆支離於本問題以外，違反辯證公例，學者所首宜切戒也。

第二　正誤與辯僞，皆貴舉反證。吾既屢言之矣。反證以出於本身者最強有力，所謂以矛陷盾也。例如漢書藝文志云：「武帝末，魯共王壞孔子宅，得古文尚書，……孔安國獻之，遭巫蠱事，未列於學官。」吾儕即從漢書本文，可以證此事之僞。其一，景十三王傳云：「魯共王餘以孝景前二年立，……二十八年薨，子安王光嗣。」景帝在位十六年，則共王應薨於武帝即位之第十三年，即元朔元年也。（王子侯表云：「元朔元年安王光嗣，」正合。）武帝在位五十四年，則末年安得有共王？其二，孔安國，漢書無專傳，史記孔子世家云：「安國爲今皇帝博士，蚤卒。」漢書兒寬傳云：「寬詣博士受業，受業孔安國，補廷尉史，廷尉張湯薦之。」考百官表湯遷廷尉，在元朔三年；安國爲博士，總應在此年以前。假令其年甫逾二十，則下距巫蠱禍作時，已過五十；安得云蚤卒？既已蚤卒，安得獻書於巫蠱之年耶？然則此事與本書中他篇之文，處處衝突。王充云：『不得二全，則必一非』（論衡語增）既無法以證明他篇之爲僞，則藝文志所記此二事，必僞無疑也。

第三：僞事之反證，以能得「直接史料」爲最上。例如魚豢魏略謂『諸葛亮先見劉備，備以其年少輕之。亮說以荊州人少，當令客戶皆著籍以益衆；備由此知亮。』陳壽三國志則云『先主詣亮，凡三往乃見。』豢與壽時代略相當，二說果孰可信耶？吾儕今已得最有力之證據：則亮出師表云：『先帝不以臣卑鄙，三顧臣於草廬之中。』苟吾儕不能證明出師表之爲僞作，又不能證明亮之好妄語，則可決言備先見亮，非亮先見備也。又如唐書玄奘傳稱奘卒年五十七，玄奘塔銘則云六十九，此兩說孰可信耶？吾儕亦得最有力之證據；則奘嘗於顯慶二年九月二十日上表中有『六十之年，颯焉已至』二語，則奘壽必在六十外既無疑。而顯慶二年下距奘卒時之麟德元年，尚九年，又足爲塔銘不誤之正證也。凡此皆以本人自身所留下之史料爲證據，此絕對不可抗之權威也。又如魏略云：「劉備在小沛生子禪，後因曹公來伐出奔，禪時年數歲，隨人入漢中，有劉括者養以爲子……」欲證此事之僞，則後主（禪）卽位之明年，諸葛亮領益州牧，與主簿杜微書曰，「朝廷今年十八」知後主確以十七歲卽位，若生於小沛，則時已三十餘歲矣。此史料雖非禪親自留下，然出於與彼關係極深之諸葛亮，其權威亦相等也。又如論衡辨淮南王安之非昇仙云「安坐反而死，天下共聞。」安與司馬遷正同時，史記敘其反狀死狀，始末悉備，故遷所記述，其權威亦不可抗也。右所舉四例，其第一第二兩例由當事人自舉出反證，第三例由關係人舉出反證，第四例由在旁知狀之見證人舉出反證，皆反證之最有力者也。

第四：能得此種強有力之反證，則真僞殆可一言而決。雖然，吾儕所見之史料，不能事事皆如此完備。例如孟子中萬章問孔子在衛是否主癰疽，孟子答以

「於衞主顏讐由……」——此次答辯，極合論理，正吾所謂舉反證之說也。雖然，孟子與萬章皆不及見孔子，孟子據一傳說，萬章亦據一傳說，孟子既未嘗告吾儕以彼所據者出何經何典，萬章亦然。吾儕無從判斷孟子所據傳說之價値是否能優於萬章之所據。是故吾儕雖極不信「主癰疽」說，然對於「主顏讐由」說，在法律上亦無權以助孟子張目也。遇此類問題，則對於所舉反證，有一番精密審查之必要。例如舊說皆云釋迦牟尼以周穆王五十二年滅度，當西紀前九百五十年。獨佛祖通載九卷有所謂「衆聖點記」之一事，據稱梁武帝時有僧伽跋陀羅傳來之善見律，卷末有無數黑點，相傳自佛滅度之年起，佛弟子優波離在此書末作一點，以後師弟代代相傳，每年一點，至齊永明六年，僧伽跋陀羅下最後之一點，共九百七十五點。循此上推，則佛滅度應在周敬王三十五年，當西紀前四百八十五年，與舊說相差至五百三十餘年之多。是則舊說之僞誤，明明得一强有力之反證矣。雖然，最要之關鍵，則在此「衆聖點記」者是否可信。吾國人前此惟不敢輕信之，故雖姑存此異說，而舊說終不廢，及近年來歐人據西藏文之釋迦傳以考定阿闍世王之年代，據印度石柱刻文以考定阿育王之年代，據巴利文之錫蘭島史以考定錫蘭諸王之年代，復將此諸種資料中有言及佛滅年者，據之與各王年代比較推算，確定佛滅年爲紀前四八五年。或云四百八十七年，所差僅兩年耳。於是衆聖點記之價値頓增十倍。吾儕乃確知釋迦略與孔子同時，舊說所云西周時人者，絕不可信，而其他書籍所言孔老以前之佛蹟，亦皆不可信矣。

第五　時代錯迕則事必僞，此反證之最有力者也。例如商君書徠民篇有『自魏襄以來』語，有『長平之勝』語，魏襄死在商君死後四十二年，長平戰役在商君死後七十八年，今謂商君能語及此二事，不問而知其僞也。史記扁鵲傳，既稱鵲爲趙簡子時人，而其所醫治之人，有虢太子，有齊桓侯等，先簡子之立百三十九年而虢亡，田齊桓侯午之立，後簡子死七十二年，錯迕糾紛至此，則諸僞全部考證殆皆不敢置信矣其與此相類者例如尙書堯典「帝曰皋陶，蠻夷猾夏」此語蓋甚可詫。夏爲大禹有天下之號，因禹威德之盛而中國民族始得「諸夏」之名，帝舜時安從有此語？假令孔子垂教而稱中國人爲漢人，司馬遷著書而稱中國人爲唐人，有是理耶？此雖出聖人手定之經，吾儕終不能不致疑也。以上所舉諸例，皆甚簡單而易說明，亦有稍複雜的事項，必須將先決問題研究有緒，始能論斷本問題者。例如堯典有「金作贖刑」一語，吾儕以爲三代以前未有金屬貨幣，此語恐出春秋以後人手筆。又如孟子稱「舜封象於有庳，象不得有爲於其國，天子使吏治其國而納其貢賦。」吾儕以爲封建乃周以後之制度，「使吏治其國」云云，又是戰國後半期制度，皆非舜時代所宜有。雖然，此斷案極不易下；必須將「三代前無金屬貨幣」「封建起自周代」之兩先決問題，經種種歸納的研究，立爲鐵案，然後彼兩事之僞乃成信讞也。且此類考證，尤有極難措手之處，吾主張三代前無金屬貨幣，人卽可引堯典「金作贖刑」一語以爲反證；（近人研究古泉文者，有釋爲「桒正尙金當爰」之一種，卽指爲唐虞贖刑所用，蓋因此而附會及於古物矣。）吾主張封建起自周代，人卽可引孟子「象封有庳」一事爲反證；以此二書本有相當之權威也。是則對書信任與對事信任，又遞相爲君臣，在學者辛勤審勘之結果何如耳。

第六　有其事雖近僞，然不能從正面得直接之反證者，只得從旁面間接推斷之。若此者，吾名曰比事的推論法。例如前所舉萬章「問孔子於衞主癰疽」事，同時又問「於齊主侍人瘠環」。孟子答案於衞雖舉出反證，於齊則舉不出反證，但別舉「過宋主司城貞子」之一旁證。吾儕又據史記孔子世家稱孔子遊齊主高昭子，二次三次遊衞皆主蘧伯玉，因此可推定孔子所主皆正人君子，而癰疽瘠環之說蓋僞也。又如魯共王孔安國與古文尙書之關係，既有確據以證其僞；河間獻王等與古文毛詩之關係，張蒼等與古文左傳之關係亦別有確據以證其僞則當時與此三書同受劉歆推獎之古文周官古文逸禮，雖反證未甚完備，亦可用「晚出古文經蓋僞」之一假說略爲推定矣。此種推論法，應用於自然科學界頗極穩健；應用於歷史時，或不免危險，因歷史爲人類所造，而人類之意志情感，常自由發動，不易執一以律其他也。例如孔子喜親近正人君子，固有證據，然其通變達權，亦有證據。南子而肯見，佛肸弗擾召而欲往，此皆見於論語者。若此三事不僞，又安見其絕對的不肯主癰疽與瘠環也？故用此種推論法，只能下「蓋然」的結論，不宜輕下「必然」的結論。

第七：有不能得「事證」而可以「物證」或「理證」明其僞者，吾名之曰：推度的推論法。例如舊說有明建文帝遜國出亡之事，萬斯同斥其僞，謂『紫禁城無水關，無可出之理』（錢大昕著萬季野傳）此所謂物證也。又如舊說有「顏淵與孔子在泰山望閶門白馬，顏淵髮白齒落」之事，王充斥其僞，謂『人目斷不能見千里之外，』又言『用睛暫望影響斷不能及於髮齒。』（論衡書虛篇）此皆根據生理學上之定理以立言，雖文籍上別無他種反證，然已得極有價值之結論。此所謂理證也。吾儕用此法以馭歷史上種種不近情理之事，自然可以廓清無限迷霧。但此法之應用，亦有限制；其確實之程度，蓋當與科學智識駢進。例如古代有指南車之一事，在數百年前之人，或且度理以斷其僞，今日則正可度理以證其不僞也。然則史中記許多鬼神之事，吾儕指爲不近情理者，安知他日不發明一種「鬼神心理學」，而此皆爲極可寶之資料耶？雖然，吾儕今日治學，只能以今日之智識範圍爲界，『於其所不知蓋闕如』，終是寡過之道也。

本節論正誤辨僞兩義，縷縷數萬言，所引例或涉及極瑣末的事項，吾非謂治史學者宜費全部精神於此等考證，尤非謂考證之功，必須徧及於此等瑣事。但吾以爲有一最要之觀念爲吾儕所一刻不可忘者，則吾前文所屢說之「求真」兩字——即前清乾嘉諸老所提倡之「實事求是」主義是也。夫吾儕治史，本非徒欲知有此事而止，既知之後，尚須對於此事運吾思想，騁吾批評。雖然，思想批評必須建設於實事的基礎之上，而非然者，其思想將爲枉用，其批評將爲虛發。須知近百年來歐美史學之進步，則彼輩能用科學的方法以審查史料，實其發軔也。而吾國宋明以降學術之日流於誕渺，皆由其思想與批評非根據於實事，故言愈辯而誤學者亦愈甚也。韓非曰：「無參驗而必之者愚也；弗能必而據之者誣也。」孔子曰：「蓋有不知而作之者，我無是也。多聞擇其善者而從之，多見而識之，知之次也。」又曰：「多聞闕疑，慎言其餘，則寡尤。」我國治史者，惟未嘗以科學方法馭史料，故不知而作非愚則誣之弊，往往而有。吾儕今日宜篳路藍縷以闢此塗，務求得正確之史料以作自己思想批評之基礎；且爲後人作計，使踵吾業者，從此得節嗇其精力於考證方面，而專用其精力於思想批評方面，斯則吾儕今日對於斯學之一大責任也。

第六章　史蹟之論次

吾嘗言之矣事實之偶發的孤立的斷滅的，皆非史的範圍。然則凡屬史的範圍之事實，必其於橫的方面最少亦與他事實有若干之聯帶關係；於縱的方面，最少亦爲前事實一部分之果或爲後事實一部分之因。是故善治史者，不徒致力於各個之事實，而最要著眼於事實與事實之間。此則論次之功也。

史蹟有以數千年或數百年爲起訖者。其蹟每度之發生，恆在若有意識若無意識之間，並不見其有何等公共一貫之目的，及綜若干年之波瀾起伏而觀之，則儼然若有所謂民族意力者在其背後。治史者遇此等事，宜將千百年間若斷若續之跡，認爲筋搖脈注之一全案，不容以枝枝節節求也。例如我族對於苗蠻族之史蹟，自黃帝戰蚩尤，堯舜分背三苗以來，中間經楚莊蹻之開夜郎，漢武帝通西南夷，馬援諸葛亮南征，唐之於六詔，宋之於儂智高……等事，直至清雍乾間之改土歸流，咸同間之再平苗討杜文秀，前後凡五千年，此問題殆將完全解決。對於羌回族之史蹟，自成湯氐羌來享，武王徵師羌髳以來，中間經晉之五涼，宋之西夏……等等，直至清乾隆間蕩平準回，光緒間設新疆行省，置西陲各辦事大臣，前後凡四千年，迄今尚似解決而未盡解決。對於匈奴之史蹟，自黃帝伐獯鬻，殷高宗伐鬼方，周宣王伐玁狁以來，中間經春秋之晉，戰國之秦趙，力與相持，迄漢武帝和帝兩度之大膺懲，前後經三千年，茲事乃告一段落。對於東胡之史蹟，自春秋時山戎病燕以來，中間經五胡之諸鮮卑，以逮近世之契丹女真滿珠，前後亦三千年，直至辛亥革命，清廷遜荒，此問題乃完全解決。至如朝鮮問題，自箕子受封以來，歷漢隋唐屢起屢伏，亦經三千餘年，至光緒甲午，解決失敗，此問題乃暫時屏出我歷史圈外，而他日勞吾子孫以解決者且未有已也。如西藏問題，自唐吐蕃時代以迄明清，始終在似解決未解決之間，千五百餘年於茲矣。以上專就本族對他族關係言之，其實本族內部之事，性質類此者亦正多。例如封建制度，以成周一代八百年間爲起訖；既訖之後，猶二千餘年時時揚其死灰，若漢之七國，晉之八王，明之靖難，清之三藩，猶其倒影也。例如佛教思想以兩晉六朝隋唐八百年間為起訖，而其先驅及其餘燼，亦且數百年也。凡此之類，當以數百年或數千年間此部分之總史蹟為一個體，而以各時代所發生此部分之分史蹟為其細胞。將各細胞個個分離，行見其各為絕無意義之行動，綜合觀之，則所謂國民意力者乃躍如也。吾論舊史尊紀事本末體，夫紀事必如是，乃真與所謂本末者相副矣。

史之為態，若激水然，一波纔動萬波隨。舊金山金門之午潮，與上海吳淞口之夜汐，鱗鱗相銜，如環無端也。其發動力有大小之分，則其盪激亦有遠近之異。一個人方寸之動，而影響及於一國；一民族之舉足左右，而影響及於世界者，比比然也。吾無暇毛舉其細者，惟略述其大者。吾今標一史題於此，曰：「劉項之爭與中亞細亞及印度諸國之興亡有關係，而影響及於希臘人之東陸領土」，聞者必疑其風馬牛不相及；然吾徵諸史蹟而有以明其然也。尋其波瀾起伏之路線，蓋中國當李牧蒙恬時，浪勢壯闊，壓匈奴於北，使彼「十餘年不敢窺趙邊」（史記李牧傳文），「卻之七百餘里。』（賈誼過秦論文）使中國能保持此局，匈奴當不能有所擾於世界之全局。『秦末擾亂，諸秦所徙謫戍邊者皆復去，於是匈奴得寬，復稍度河南。……漢兵與項羽相拒，中國罷於兵革，以故冒頓得自彊。……大破滅東胡，西擊走月氏。』（史記匈奴傳文）『月氏本居敦煌祁連間，及為匈奴所敗，乃遠去，過宛，西擊大夏而臣之。』（史記大宛傳文）蓋中國拒胡之高潮，一度退落，匈奴乘反動之勢南下，軒然蹴起一大波，以撼我甘肅邊徼山谷間之月氏；月氏為所盪激，復蹴起一大波，滔滔度葱嶺，以壓大夏。大夏者，西史所謂柏忒里亞 Bactria，亞歷山大大王之部將所建國也，實為希臘人東陸殖民地之樞都，我舊史字其人曰塞種。『月氏西君大夏，而塞王南君罽賓；塞種分散，往往為數國。』（漢書西域傳文）罽賓者，今北印度之克什米爾，（大唐西域記之迦濕彌羅）亞歷大王曾征服而旋退出者也。至是希臘人（塞王）受月氏大波所盪激，又蹴一波以撼印度矣。然月氏之波，非僅此而止。『月氏遷於大夏，分其國為五部翖侯。後百餘歲，貴霜翖侯邱就卻自立為王，國號貴霜王。侵安息，取高附地，滅濮達、罽賓。

于闐盡殄復滅天竺』（後漢書西域傳文）蓋此波訇砰南駛乃淘掠波斯（安息）阿富汗（濮達）而淹沒印度，挫希臘之鋒使西轉，自爾亞陸無復歐人勢力矣。然則假使李牧蒙恬晚死數十年，或衞青霍去病蚤出數十年，則此一大段史蹟、或全然不能發生，未可知也。吾又標一史題於此，曰：『漢攘匈奴與西羅馬之滅亡及歐洲現代諸國家之建設有關』聞者將益以爲誕。然吾比觀中西諸史而知其因緣甚密切也。自漢武大興膺懲之師，其後匈奴寖弱，裂爲南北。南匈奴呼韓邪單于，保塞稱臣，其所部雜居內地者，漸同化於華族。北匈奴郅支單于，仍倔强屢寇邊，和帝時再大舉攘之：『永元元二年，連破北匈奴』（後漢書和帝紀文）『三年，竇憲將兵擊之於金微山，大破之，北單于逃走，不知所之。』（後漢書竇憲傳文）此西紀八十八年事也。其云『不知所之』者，蓋當時漢史家實不知之，今吾儕則已從他書求得其蹤跡。『彼爲憲所逐，度金微山西走康居建設悅般國，……地方數千里，衆二十餘萬。』（魏書西域傳悅般條文）金微者，阿爾泰山；康居者，伊犁以西訖於裏海之一大地也。後漢書西域傳，不復爲康居立傳，而於粟弋奄蔡條下皆云屬康居，蓋此康居卽匈奴所新建之悅般，「屬康居」云者，卽役屬於康居新主人之匈奴也。然則粟弋奄蔡又何族耶？兩者皆日耳曼民族中之一支派：粟弋疑卽西史中之蘇維 Suevi 人；奄蔡爲前漢時舊名，至是「改名阿蘭聊」（後漢書西域傳文）卽西史中之阿蘭 Alan 人；此二種者，實後此東峨特 Eest Caths 之主幹民族也。吾國人亦統稱其族爲粟特。魏書西域傳：「粟特國，故名奄蔡，一名溫那沙（疑卽西史之 Vandals 亦東峨特之一族也）居於大澤，在康居西北。」康居西北之大澤，決爲黑海，已成學界定論，而第二三世紀時環黑海東北部而居者，實東峨特，故知粟特卽東峨特無可疑也。當此期間，歐洲史上有一大事，爲稍有常識之人所同知者，卽第三四世紀間，有所謂芬族 Huns or Fins 者，初居於窩瓦河 Volga 之東岸，役屬東西峨特人已久。至三百七十四年，（晉武帝寧康二年）芬族渡河西擊東峨特人而奪其地。芬王曰阿提拉 Attila 其勇無敵，轉戰而西，入羅馬，直至西班牙半島，威震全歐。東峨特人爲芬所逼，舉族西遷，沿多惱河下流而進，渡來因河，與西峨特人爭地；西峨特亦舉族西遷其後分建東峨特西峨特兩王國而西羅馬遂亡兩峨特王國卽今德法英意諸國之前身也。而芬族亦建設匈牙利，塞爾維亞，布加利亞諸國。是爲千餘年來歐洲國際形勢所自始，史家名之曰「民族大移轉時代。」此一樁大公案，其作俑之人，不問而知爲芬族也。芬族者何？卽竇憲擊逐西徙之匈奴餘種也。魏書西域傳粟特條下云：「先是匈奴殺其王而有其國，至王忽倪已三世矣。」美國哥侖比亞大學教授夏德 Hirth 考定忽倪已卽西史之 Hernae，實阿提拉之少子，繼立爲芬王者。（忽倪已以魏文成帝時來通好，文成在位當西四五二至四五六年，Hernae 卽位在四五二年。）因此吾儕可知三四世紀之交所謂東峨特役屬芬族云者，其役屬之峨特，卽後漢書所指役屬康居之粟弋奄蔡，其役屬之之芬族，則後漢書之康居，魏書之悅般，卽見敗於漢度金微山而立國者也。芬王阿提拉與羅馬大戰於今法蘭西境上，在西四五一年，當芬族渡窩瓦河擊殺峨特王亥耳曼後之六十四年；故知魏書所謂「匈奴擊殺粟特王而有其國」者，所擊殺之王卽亥耳曼，所有之國卽東峨特，而擊殺之之匈奴王卽阿提拉之父，而忽倪己之祖。其年爲西紀三百七十四年，上距竇憲擊逐時二百九十餘年，而下距魏文成時通好之忽倪已恰三世也。吾儕綜合此種種資料，乃知漢永元一役，實可謂全世界史最要之關鍵，其在中國結唐虞三代以來二千年獯鬻獫狁之局，自此之後中國不復有匈奴寇邊之禍。（劉淵等歸化匈奴擾亂於內地者不在此例。）班固封燕然山銘所謂『攄高文之宿憤，光祖宗之玄靈；一勞而久逸，暫費而永寧』非虛言也。然竟以此嫁禍歐洲，開彼中中古時代千年黑闇之局，直至今日，猶以匈奴遺種之兩國（塞爾維與匈牙利）惹起全世界五年大戰之慘劇。人類造業，其波瀾之壯闊與變態之瑰譎，其不可思議有如此。吾儕但據此兩事，已可以證明人類動作，息息相通。如牽髮而動全身，如銅山西崩而洛鐘東應。以我中國與彼西方文化中樞地相隔如彼其遠，而彼我相互之影響猶且如此，其鉅則國內所起之事件，其首尾連屬因果複雜之情形，益可推矣。又可見不獨一國之歷史爲「整個的」，卽全人類之歷史亦爲「整個的」吾中國人前此認禹域爲「天下」，固屬褊陋，歐洲人認環地中海而居之諸國爲世界其褊陋亦正與我同實則世界歷史者合各部分文化國之人類所積共業而成也吾儕誠能用此種眼光以觀察史蹟，則如乘飛機騰空至五千尺以上，周覽山川形勢，歷歷如指掌紋眞所謂『俯仰縱宇宙不樂復何如』矣然若何然後能提絜綱領，用極巧妙之筆法以公此樂於大多數人，則作史者之責也。

孟子嘗標舉『知人論世』之義，論世者何？以今語釋之則觀察時代之背景是已。人類於横的方面爲社會的生活，於縱的方面爲時代的生活苟離卻社會與時代，而憑空以觀某一個人或某一羣人之思想動作，則必多不可了解未了解而輕下批評，未有不錯誤也。故作史如作畫，必先設構背景，讀史如讀畫最要注察背景。舊史中能寫出背景者，則史記貨殖列傳實其最好模範。此篇可分爲四大段篇首『老子曰至治之極』起至『而況匹夫編戶之民乎』止，爲第一段，略論經濟原則及其與道德之關係。自『昔者越王句踐困於會稽』起至『豈非以富耶』止，爲第二段，紀漢以前貨殖之人。自『漢興海內爲一』起至『令後世得以觀擇焉』止，說明當時經濟社會狀況。自『蜀卓氏之先』起至篇末，紀當時貨殖之人。即以文章結構論已與其他列傳截然不同。其全篇宗旨，蓋認經濟事項，在人類生活中含有絕大意義，一切政教皆以此爲基礎。其見解頗有近於近世唯物史觀之一派，在我國古代已爲特別。其最精要之處，尤在第三段彼將全國分爲若干個之經濟區域。每區域尋出其地理上之特色，舉示其特殊物產及特殊交通狀況，以規定該區域經濟上之物的基件。每區域述其歷史上之經過，說明其住民特殊性習之由來，以規定該區域經濟上之心的基件。吾儕讀此，雖生當二千年後，而於當時之經濟社會已得有頗明瞭之印象。其妙處乃在以全力寫背景，而傳中所列舉之貨殖家十數人，不過借作說明此背景之例證而已。此種叙述法，以舊史家眼光觀之，可謂奇特。各史列傳，更無一篇敢蹈襲此法；其表志之記事，雖間或類此，然求其能如本篇之描出活社會狀況者，則竟無有也。吾儕今日治史，但能將本篇所用之方法擴大之以應用於各方面，其殆庶幾矣。

史蹟複雜，苟不將其眉目理清，則敘述愈詳博，而使讀者愈不得要領。此當視作者頭腦明晰之程度何如，與其文章技術之運用何如也。此類記述之最好模範，莫如史記西南夷列傳：

『西南夷君長以什數，夜郎最大。其西靡莫之屬以什數，滇最大。自滇以北君長以什數，印都最大。此皆魋結耕田有邑聚。

其外西自同師以東，北至楪榆，名爲嶲昆明，皆編髮隨畜遷徙，毋常處，毋君長，地方可數千里。

自嶲以東北，君長以什數，徙筰都最大。自筰以東北，君長以什數，冉駹最大。其俗或土著，或移徙。

在蜀之西，自冉駹以東北，君長以什數，白馬最大，皆氐類也。

此皆巴蜀西南外蠻夷也。』

此對於極複雜之西南民族，就當時所有之智識範圍內，以極簡潔之筆法，將其脈絡提清表示其位置所在與夫社會組織之大別及其形勢之強弱。以下方雜敍各部落之叛服等事，故不復以淩亂爲病。惜後世各史之記事，能如此者絕希。例如晉代之五胡十六國。唐代之藩鎭，皆史蹟中之最糾紛者；吾儕無論讀正史讀通鑑，皆苦其頭緒不清其實此類事，若用西南夷列傳之敍述法，未嘗不可使之一目了然。但舊史或用紀傳體或用編年體，以事隸人或以事隸年，其勢不能於人與年之外而別有所提絜，是故使學者如墮煙霧也。

自史記創立十表，開著作家無量法門。鄭樵圖譜略益推闡其價值。史記惟表年代世次而已，後人乃漸以應用於各方面。如顧棟高之春秋大事表，將全部左傳事蹟，重新組織一過，而悉以表體行之，其便於學者滋多矣。卽如五胡十六國之事，試一讀齊召南之歷代帝王年表，已覺眉目略清，若更爲下列之兩表，則形勢若指諸掌矣。今錄舉以爲例：

五胡十六國興亡表第一

種名	族名	國號	創業主	國都	年數	被滅
北狄種	匈奴	漢(前趙)	劉淵—劉聰 劉曜	初平陽(山西臨汾) 遷長安(陝西省城)	一五	後趙
		北涼	沮渠蒙遜	張掖(甘肅張掖)	四三	後魏
		夏	赫連勃勃	統萬(陝西懷遠)	二五	後魏
	羯	後趙 (冉魏)	石勒—石虎 冉閔	初襄國(直隸邢臺) 遷鄴(直隸臨漳)	三四	前燕
西羌種	巴蠻	成(漢)	李雄	成都(四川省城)	四四	東晉
	氐	前秦	苻健—苻堅	長安	四四	後秦
		後涼	呂光	姑臧(甘肅武威)	一八	後秦
	羌	後秦	姚萇姚興	長安	三四	東晉
東胡種	鮮	前燕	慕容皝 慕容儁	初龍城(內蒙古土默特右翼) 遷鄴	三四	前秦
		後燕	慕容垂	中山(直隸定縣)	二六	北燕
		西燕	慕容沖	中山		

種	卑				
	南燕	慕容德	廣固(山東益都)	一三	東晉
	西秦	乞伏國仁	宛川(甘肅靖遠)	四七	夏
	南涼	禿髮烏孤	樂都(甘肅西寧)	一八	西秦
	後魏	拓跋珪			
漢種	前涼	張重華	姑臧	二八	前秦
	西涼	李暠	燉煌(甘肅燉煌)	二八	北涼
	北燕	馮跋	龍城	二八	後魏

五胡十六國興亡表第二(見下頁)

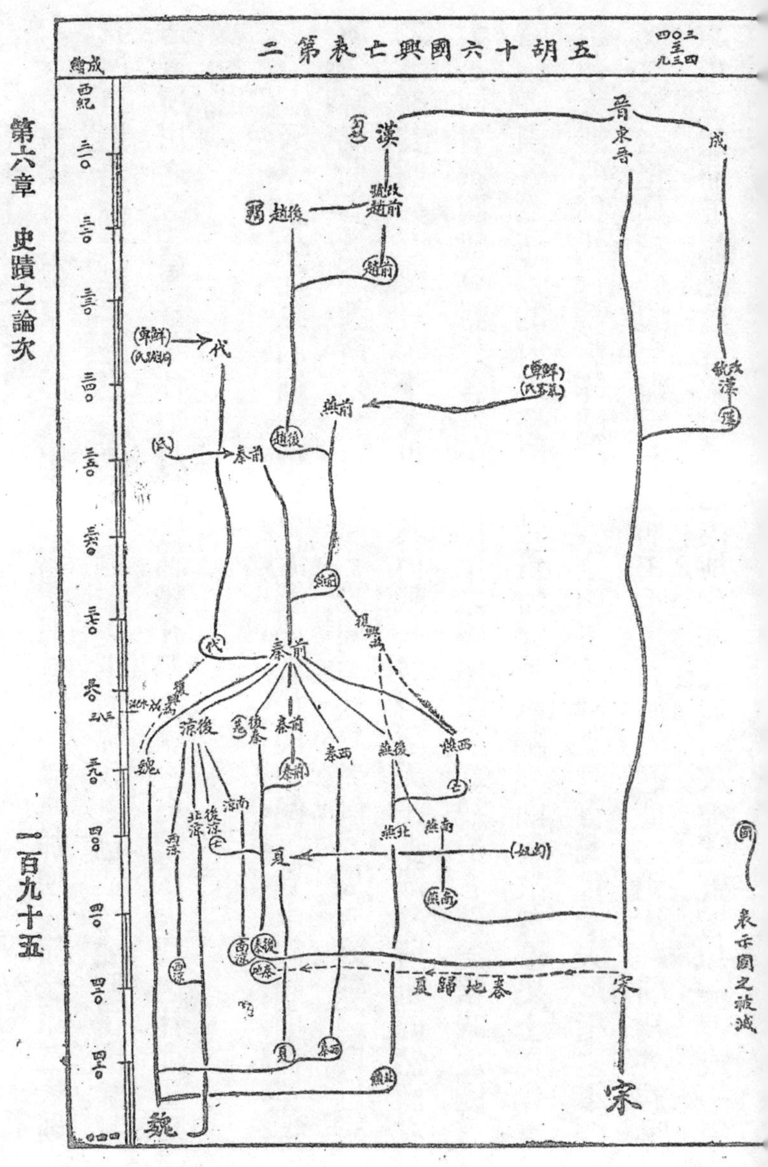

五胡十六國興亡表第二
西紀
三〇〇
三一〇
三二〇
三三〇
三四〇
三五〇
三六〇
三七〇
三八〇
三九〇
四〇〇
四一〇
四二〇
四三〇
四四〇
晉
東晉
成
漢
前趙
後趙
前燕
前秦
代
後涼
後秦
西秦
後燕
西燕
南涼
北涼
西涼
南燕
北燕
夏
魏
宋
秦地歸夏
表示國之被滅

右第一表爲東人所編中國史籍所通有，我不過略加增修而已；第二表則我所自造。吾生平讀書最喜造表，頃著述中之中國佛教史，已造之表已二十餘。我造表所用之勞費，恆倍蓰什伯於著書。竊謂凡遇複雜之史蹟，以表馭之，什九皆可就範也。

天下古今，從無同鑄一型的史蹟。讀史者於同中觀異，異中觀同，則往往得新理解焉。此春秋之教所以貴「比事」也。同中觀異者，例如周末之戰國與唐末之藩鎮，其四分五裂日尋干戈也同，其仍戴一守府之天子多歷年所也同。然而有大不同者：戰國蛻自封建，各有歷史深厚之國家組織，其統治者確爲當時之優秀階級，各國各爲充實的內部發展，其性質與近世歐洲列國近，故於歷史上文化貢獻甚大。藩鎮則蛻自蕃將降賊，統治者全屬下流階級，酷肖現代平夫所指之軍閥，故對於文化，只有破壞，更無貢獻。例如中世之五胡與近世之元清，雖同爲外族蹂躪中夏；然而五胡之酋，皆久已雜居內地，半同化於吾族；彼輩蓋皆以一身或一家族——規模較大之家族，乘時倡亂，而裹脅中國多數莠民以張其勢，其性質與陳涉吳廣輩相去無幾；其中尤有受中國教育極深之人如劉淵苻堅等，其佐命者或爲中國傑出之才士如張方王猛等；故雖雲擾鼎沸，而於中國社會根本精神，不生大變動；其惡影響所及，不過等於累朝季葉之擾亂或稍加甚而已。元清等不然：彼等本爲中國以外的一部落，漸次擴大，南向與中國爲敵國者多年，最後乃一舉而滅之，其性質純然爲外來征服的，與五胡之內亂割據的絕異。且五胡時代，中原雖淪，而江南無恙，吾族文化嫡系，迄未中斷，元清不然，全中國隸彼統治之下百年或二三百年，彼熟知吾人恥憤之深，而力謀所以固位之術，故其摧殘吾國民性也至陰險而狠毒。而吾族又更無與彼對立之統治機關，得以息肩而自庇；故元氣所傷實多，而先民美質，日就彫落。又元清兩代，其相同之點既如前述，然亦自有其相異之點：蒙古人始終不肯同化於中國人，又不願利用中國人以統治中國；故元代政治之好壞，中國人幾乎不能負責任；因此其控馭之術，不甚巧妙，其統治力不能持久；然因此之故，彼雖見擯出塞，猶能保持其特性，至今不滅。滿洲人初時亦力求不同化，然而不能自持其固有之民族性，逐漸漸滅至亡時殆一無復存。彼輩利用中國人統治中國之政策，始終一貫，其操術較巧妙，故其享祚較長久。然政權一墜，種性隨淪，今後世界上應更無復滿洲人矣。異中觀同者，例如北魏女真皆僅割據中原，滿洲則統一全國，此其所異也；然皆入據後逐漸同化，馴至盡喪其民族以融入我族，此其所同也。而彼三族者皆同出東胡，吾儕因可以得一假說，謂東胡民族之被同化性，較他民族為多也。又如元代劇曲最發達，清代考證學最發達，兩者之方向，可謂絕異。然其對於政治問題之冷淡則同，較諸漢唐宋明四代之士風截然矣。吾儕因此可得一假說，謂在異族統治之下，人民必憚談政治也。又如儒教佛教，千餘年間軋轢不絕，其教理亦確多根本不同之處。然考其學發達之順序，則儒家當漢初專務抱殘守缺，傳經典之文句而已；後漢以降，經師成一家言者漸多；六朝隋唐則義疏解釋講授之風甚盛；入宋以後，便力求刊落糟粕，建設一種內觀的新哲學。佛家亦然，輸入初期，專務翻譯，所譯率皆短篇經典；六朝隋唐，則大部經論，陸續譯成，佛徒多各專一經以名家；（如毗曇宗，俱舍宗，成實宗，三論宗，法華宗，涅槃宗，地論宗，攝論宗，等，皆專一經或一論。）而注疏解釋講授之風亦極盛；其後則漸漸自創新宗；（如天台賢首慈恩諸宗。）入宋以後，則不立文字之禪宗獨盛，而他宗殆皆廢。兩家學術之發展，並不相謀，然而所歷方向，乃恰如兩平行線，千餘年間相與駢進。吾儕必比而觀之，然後所謂時代精神者乃得見。凡此皆異中觀同之例也。

說明事實之原因結果，爲史家諸種職責中之最重要者。近世治斯學之人，多能言之；雖然，茲事未易言也。宇宙之因果律，往往爲複的而非單的，爲曲的而非直的，爲隔的伏的而非連的顯的，故得其真也甚難。自然界之現象且有然，而歷史現象其尤甚也。嚴格論之，若欲以因果律絕對的適用於歷史，或竟爲不可能的而且有害的，亦未可知。何則？歷史爲人類心力所造成，而人類心力之動，乃極自由而不可方物。心力既非物理的或數理的因果律所能完全支配，則其所產生之歷史，自亦與之同一性質。今必強懸此律以馭歷史，其道將有時而窮，故曰不可能，不可能而強應用之，將反失歷史之真相，故曰有害也。然則吾儕竟不談因果可乎？曰，斷斷不可。不談因果，則無量數繁賾變幻之史蹟，不能尋出一系統，而整理之術窮，不談因果，則無以爲鑑往知來之資，而史學之目的消滅。故吾儕常須以炯眼觀察因果關係，但其所適用之因果律，與自然科學之因果律不能同視耳。

請言自然科學與歷史之別：

其一　自然科學的事項，常爲反復的，完成的，歷史事項反是，常爲一度的，不完成的。——自然科學，常在必然的法則支配之下，繰演再繰演；同樣條件，必產同樣結果：且其性質皆屬於可以還元。其研究對象之原子分子或生殖質，皆屬完成的決定的。歷史不然：如吾前文所屢言，天下從無同鑄一型的史蹟；凡史蹟皆莊子所謂『新發于硎，』未有繰演乎其舊者也。不惟極活躍之西洋史，節節翻新，即極凝滯之中國史，前後亦未嘗相襲。不寧惟是，每一段史蹟，殆皆在前進之半途中，作者行若止之態，常將其未竟之緒之一部分貽諸方來，欲求如自然科學之截然表示一已完成之定形定態以供人研究者，殆不可得。故自然科學可以有萬人公認之純客觀的因果律，而歷史蓋難言之矣。

其二　自然科學的事項，常為普遍的；歷史事項反是，常為個性的。——自然科學的事項，如二加二必為四，輕養二合必為水。數學上無不同質之「二」，化學上無不同質之「輕」與「養」。故二加二之法則，得應用於一切之四，輕養二合之法則，得應用於一切之水。歷史不然：歷史由人類所造，人類只有一個孔子，更無第二個孔子，只有一個基督，更無第二個基督。拿破侖雖極力摹倣該撒，然拿破侖自是拿破侖，不是該撒；吾儕不妨以明太祖比漢高祖，然不能謂吾知漢祖同時即已知明祖。蓋歷史純為個性發揮之製造品，而個性直可謂之無一從同，又不惟個人為然耳。歷史上只有一個文藝復興時代，更無絕對與彼相同之第二個時代；世界上只有一個中華民族，更無絕對與我相同之第二個民族。凡成為歷史事實之一單位者，無一不各有其個別之特性。此種個性，不惟數量上複雜不可僂指，且性質上亦幻變不可方物。而最奇異者，則合無量數互相矛盾的個性，互相分歧或反對的願望與努力，而在若有意若無意之間，乃各率其職以共赴一鵠，以組成此極廣大極複雜極緻密之「史網，」人類之不可思議，莫過是矣。史家之職責，則在此種極散漫極複雜的個性中而覷見其實體，描出其總相，然後因果之推驗乃可得施。此其所以為難也。

其三：自然科學的事項，為超時間空間的；歷史事項反是，恆以時間空間關係為主要基件——二加二為四，輕養二合為水，億萬年前如是，億萬年後亦有然，中國如是，他國他洲有然，乃至他星球亦有然。歷史反是，某時代關係極重要之事項，移諸他時代或成為絕無意義。不寧惟是，同一事件，早一年發生與遲一年發生，乃至早一日一刻發生與遲一日一刻發生，其價值可以相去懸絕。空間方面亦復如是，甲處所發生事件，假令以同型的——其無絕對同型的不俟論——移諸乙處，其所取得歷史上之意義與價值，迥乎不相侔。質而言之，史蹟之爲物，必與『當時』『此地』之兩觀念相結合，然後有評價之可言。故史學推論的方式，比諸自然科學，益複雜而難理也。

明乎此三異點，始可以語於史界之因果矣。

史界因果之劈頭一大問題，則英雄造時勢耶？時勢造英雄耶？換言之，則所謂『歷史爲少數偉大人物之產兒』『英雄傳即歷史』者，其說然耶否耶？羅素曾言『一部世界史，試將其中十餘人抽出，恐局面或將全變。』此論吾儕不能不認爲確含一部分眞理。試思中國全部歷史如失一孔子，失一秦始皇，失一漢武帝，……其局面當何如？佛學界失一道安，失一智顗，失一玄奘，失一慧能，宋明思想界失一朱熹，失一陸九淵，失一王守仁，淸代思想界失一顧炎武，失一戴震，其局面又當何如？其他政治界文學界藝術界，蓋莫不有然。此等人得名之曰『歷史的人格者」何以謂之「歷史的人格者？」則以當時此地所演生之一羣史實，此等人實為主動——最少亦一部分的主動——而其人面影之擴大，幾於掩覆其社會也。

文化愈低度，則「歷史的人格者」之位置愈爲少數所壟斷；愈進化則其數量愈擴大。其在古代，政治之汙隆，繫於一帝王；教學之興廢，繫於一宗師；則常以一人爲「歷史的人格者」。及其漸進，而重心移於少數階級或宗派，則常以若干人之首領爲「歷史的人格者」。及其益進，而重心益擴於社會之各方面，則常以大規模的團體之組織分子爲「歷史的人格者」。例如波斯馬基頓羅馬帝國阿剌伯諸史之全舞臺，幾爲各該時代二三英雄所獨占；十九世紀歐洲諸國之歷史，常以貴族或中等階級各派之十數首領爲主體；今後之歷史，殆將以大多數之勞動者或全民爲主體。此其顯證也。由此言之，歷史的大勢，可謂爲由首出的「人格者」以遞趨於羣衆的「人格者」。愈演進愈成爲「凡庸化」，而英雄之權威愈減殺。故「歷史即英雄傳」之觀念，愈古代則愈適用，愈近代則愈不適用也。

雖然，有兩義當注意焉：(其一)所謂『首出的人格者』，表面上雖若一切史蹟純爲彼一人或數人活動之結果，然不能謂無多數人的意識在其背後。實則此一人或數人之個性，漸次浸入或鐫入於全社會而易其形與質。社會多數人或爲積極的同感，或爲消極的盲從，而個人之特性，寖假遂變爲當時此地之民衆特性。——亦得名之曰集團性或時代性。非有集團性或時代性之根柢而能表現出一史蹟，未之前聞。例如二千年來之中國，最少可謂爲有一部分屬於孔子個性之集團化。而戰國之政治界，可謂爲商鞅個性之時代化；晚明之思想界可謂爲王守仁個性之時代化也。如是，故謂「首出的人格者」能離羣衆而存在，殆不可。(其二) 所謂「羣衆的人格者」，論理上固爲羣中各分子各自個性發展之結果，固宜各自以平等的方式表顯其個性。然實際上其所表顯者，已另爲一之集團性或時代性，而與各自之個性非同物。且尤必有所謂「領袖」者以指導其趨向執行其意思，然後此羣衆人格乃得實現。例如吾儕既承認彼信奉共產主義之人人爲一個合成的「人格者，」則同時不能不承認馬克思之個人與此「人格者」之關係，又不能不承認列寧之個人與此「人格者」之關係。如是故謂「羣衆的人格者」能離首出者而存在，殆亦不可。

吾曷爲向研究歷史之人嘵嘵陳此義耶？吾以爲歷史之一大祕密，乃在一個人之個性，何以能擴充爲一時代一集團之共性？與夫一時代一集團之共性，何以能寄現於一個人之個性？申言之：則有所謂民族心理或社會心理者，其物實爲個人心理之擴大化合品，而復借個人之行動以爲之表現。史家最要之職務，在覰出此社會心理之實體，觀其若何而蘊積，若何而發動，若何而變化，而更精察夫個人心理之所以作成之表出之者，其道何由能致力於此，則史的因果之祕密藏，其可以略覩矣。

歐美自近世以來，民衆意識亢進，故社會心理之表現於史者甚鮮明，而史家之覰出之也較易。雖然，亦由彼中史學革新之結果，治史者能專注重此點，其間接促起民衆意識之自覺力，抑非細也。中國過去之史，無論政治界思想界，皆爲獨裁式，所謂積極的民衆意識者甚缺乏。無庸諱言治史者常以少數大人物爲全史骨幹，亦屬不得已之事。但有一義須常目在之者：無論何種政治何種思想，皆建設在當時此地之社會心理的基礎之上。而所謂大人物之言動，必與此社會心理發生因果關係者，始能成爲史蹟。大人物之言動，非以其個人的資格而有價值，乃以其爲一階級或一黨派一民族之一員的資格而有價值耳。

所謂大人物者，不問其爲善人惡人，其所作事業爲功爲罪，要之其人總爲當時此地一社會——最少該社會中一有力之階級或黨派——中之最能深入社會閫奧而與該社會中人人之心理最易互相了解者。如是，故其暗示反射之感應作用，極緊張而迅速。例如曾國藩確能深入咸同間士大夫社會之閫奧而最適於與此輩心理起感應作用；袁世凱確能深入清季官僚武人社會之閫奧，而最適於與彼輩心理起感應作用。而其效果收穫之豐嗇，一方面視各該社會憑藉之根柢何如，一方面又視所謂大人物者心理亢進之程度何如。據事實所昭示，則曾國藩之收穫，乃遠不逮袁世凱。袁世凱能於革命之後，將其所屬之腐惡垂死的舊社會，擴大之幾於掩覆全國；曾國藩事業之範圍愈大，而其所屬之賢士大夫的社會，其領土乃反日蹙也。此其故，固由近六十年間之中國，其環境宜於養育袁世凱的社會，不宜於養育曾國藩的社會，兩者所憑藉之勢，優劣懸殊，然而袁世凱執著力之強，始終以一貫精神，絕無反顧，效死以扶植其所屬之惡社會，此種積極的心理，殆非曾國藩所能及也。然則豈惟如羅素言『將歷史上若干人物抽出則局面將大變』而已，此若干人者心理之動進稍易其軌，而全部歷史可以改觀。恐不惟獨裁式的社會為然，即德謨克拉西式的社會亦未始不然也。

社會倘永為一種勢力——一種心理之所支配，則將成為靜的殭的而無復歷史之可言。然而社會斷非爾爾。（其一）由人類心理之本身，有突變的可能性。心理之發動，極自由不可方物；無論若何固定之社會，殊不能預料或制限其中之任何時任何人忽然起一奇異之感想，此感想一度爆發，視其人心力之強度如何，可以蔓延及於全社會。（其二）由於環境之本質爲蓄變的，而人類不能不求與之順應。無論若何固定之社會，其內界之物質的基件，終不能不有所蛻變；變焉而影響遂必波及於心理。即內界不變，或所變甚微不足以生影響。然而外來之寇迫或突襲，亦時所難免，有之而內部之反應作用，遂不得不起。凡史蹟所以日孳而日新，皆此之由。而社會組成分子較複雜，及傳統的權威較脆弱者，則其突變的可能性較大。其社會內部物質的供給較艱嗇，且與他社會接觸之機緣較多者，則其環境之變遷較劇且繁。過去之中國史，不能如西洋史之巘原層疊波瀾壯闊，其所積者不同，其所受者亦不同也。

史蹟所以詭異而不易測斷者：（其一）人類心理，時或潛伏以待再現。凡衆生所造業，一如物理學上物質不滅之原則，每有所造，輒留一不可拂拭之痕跡以詒諸後。但有時爲他種勢力所遮抑，其跡全隱，淺見者謂爲已滅，不知其乃在磅礴鬱積中，一遇機緣，則勃發而不能復制。若明季排滿之心理，潛伏二百餘年而盡情發露，斯其顯例也。（其二）心的運動，其速率本非物的運動所能比擬。故人類之理想及欲望，常為自然界所制限。倘使心的經過之對於時間的關係，純與物的經過同一，則人類征服自然，可純依普通之力學法則以行之。惟其不能，故人類常感環境之變化，不能與己之性質相適應。對於環境之不滿足，遂永無了期。歷史長在此種心物交戰的狀態中，次第發展，而兩力之消長，絕無必然的法則以為之支配。故歷史上進步的事象，什九皆含有革命性；而革命前革命中革命後之史蹟，皆最難律以常軌。結果與預定的計畫相反者，往往而有，然不能因其相反，遂指為計畫之失敗。最近民國十年間之歷史，即其切例也。（其三）人事之關係既複雜，而人心之動發又極自由，故往往有動機極小而結果極大者，更有結果完全與動機分離而別進展於一方向者。一奧儲之被刺，乃引起全世界五年之大戰爭，並中國而亦牽率焉，誰能料者？中世方士之點金幻想，乃能引起近世極嚴密的化學之進步，誰能料者？瓦特發明蒸汽，乃竟產育現代貧富階級之鬬爭，誰能料者？苻堅欲勤遠略，遣呂光滅龜茲，光師未班而堅已亡；然而光以鳩摩羅什至長安，中國佛教思想之確立，自茲始也。明成祖疑建文遜於南荒，遣鄭和入海求之，無所得而歸；然而和率閩粵子弟南征，中國人始知有南洋羣島海外殖民，自茲始也。苻堅之動機，曷嘗有絲毫爲佛教？成祖之動機，曷嘗有絲毫爲殖民？動機極狹劣，顧乃產出與動機絕不相謀之偉大崇高的結果，可謂大奇。然而何奇之有？使六朝時之中國國民無傳受佛教的可能性，明代中國國民無移殖海外的可能性，則決非一羅什一鄭和所能強致。既有可能性，則隨時可以發動，而引而致之必藉外緣。其可能性則史家所能逆覩，其外緣則非史家所能逆覩也。

以上所述諸義，吾認爲談歷史因果者，先當注意及之。吾甚惜本講義時間匆促，不能盡吾言，且多爲片段的思想，未經整理。吾所講姑止於此。今當概括前旨，略加補苴，示治史者研究因果之態度及其程序。

第一，當畫出一「史蹟集團」以爲研究範圍——史蹟集團之名，吾所自創，與一段之「紀事本末」意義略相近。（本末僅函時間觀念，集團兼函空間觀念。但此名似仍未妥，容更訂定。）以嚴格論，史蹟本爲不可分的，不可斷的，但有時非斷之分之，則研究無所得施。故當如治天體學者畫出某躔度某星座，如治地理學者畫出某高原某平原某流域，凡以爲研究之方便而已。例如法國大革命，一集團也；一九一四至一九一九年之世界大戰，一集團也。範圍廣者，如全世界勞工階級對資產階級之鬭爭史，可以畫爲一集團；範圍狹者，如愛爾蘭區區小島之獨立史，可以畫爲一集團。歷時久者，如二千年前中華民族對匈奴交涉始末，可以畫爲一集團；歷時暫者，如一年間洪憲盜國始末，可以畫爲一集團。集團之若何區畫，治史者儘可自由。但有當注意者二事：其一，每集團之函量須較廣較複，分觀之，最少可以覷出一時代間社會一部分之動相；其二，各集團之總和須周徧，合觀之，則各時代全社會之動相皆見也。

第二：集團分子之整理與集團實體之把捉。——所謂「集團分子」者，卽組成此史蹟集團之各種史料也。蒐輯宜求備，鑑別宜求眞；其方法則前章言之矣。旣備且眞，而或去或取，與夫敍述之詳略輕重，又當注意焉；否則殽然雜陳，不能成一組織體也。所謂「集團實體」者，此一羣史蹟，合之成爲一個生命——活的，整個的。治史者須將此「整個而活」的全體相，攝取於吾心目中。然茲事至不易，除分析研究外，蓋尙有待於直覺也。

第三：常注意集團外之關係。——以不可分不可斷之史蹟，爲研究方便而強畫爲集團，原屬不得已之事。此一羣史蹟不能與他羣史蹟脫離關係而獨自存在，亦猶全社會中此一羣人常與他羣人相依爲命也。故欲明一史蹟集團之眞相，不能不常運眼光於集團以外。所謂集團外者，有時間線之外：例如「五胡亂華」之一史蹟集團，其時間自然當以晉代爲制限；然非知有漢時之保塞匈奴，魏時之三輔徙羌，則全無由見其來歷。此集團外之事也。有空間線之外：例如「辛亥革命」之一史蹟集團，其空間自當以中國爲制限；然非知歐美日本近數十年學說制度變遷之概略，及其所予中國人以刺激，則茲役之全相終不可得見。此又集團外之事也。其他各局部之事象，殆無不交光互影。例如政治與哲學若甚緣遠，然研究一時代之政治史，不容忘却當時此地之哲學思想；美術與經濟若甚緣遠，然研究一時代之美術史，不容忘却當時此地之經濟狀況。此皆集團以外之事也。

第四：認取各該史蹟集團之「人格者」——每一集團，必有其「人格者」以爲之骨幹。此「人格者」，或爲一人，或爲數人，或爲大多數人。例如法蘭西帝國時代史，則拿破侖爲唯一之「人格者」。普奧普法戰史，則俾斯麥等數人爲其「人格者」。至如此次世界大戰，則不能以「人格者」專屬於某某數人，而各國之大多數國民實共爲其「人格者」也。然亦自有分別：倘再將此世界戰史之大集團析爲若干小集團，則在德國發難史之一小集團中，可以認威廉第二爲其「人格者」在希臘參戰史之一小集團中可以認威尼柴羅爲其「人格者」在巴黎議和史一小集團中可以認克里曼梭勞特佐治威爾遜爲其「人格者」也辛亥革命史以多數之革命黨人立憲黨人共爲其「人格者」民國十年來政治史則袁世凱殆可認爲唯一之「人格者」也凡史蹟皆多數人共動之產物固無待言然其中要有主動被動之別立於主動地位者則該史蹟之「人格者」也辛亥革命多數黨人爲主動而黎元洪袁世凱不過被動故彼二人非「人格者」十年來之民國袁世凱及其游魂爲主動凡多數助袁敵袁者皆被動故袁實其「人格者」也

第五 精研一史蹟之心的基件——曷爲每一史蹟必須認取其「人格者」耶凡史蹟皆人類心理所構成非深入心理之奥以洞察其動態則真相末由見也而每一史蹟之構成心理恆以彼之「人格者」爲其聚光點故研究彼「人格者」之素性及其臨時之衝動斷制而全史蹟之筋脈乃活現此種研

究法，若認定彼「人格者」爲一人或數人，則宜深注意於其個人的特性。因彼之特性非惟影響於彼個人之私生活，而實影響於多數人之公生活。例如凡賽條約，論者或謂可以爲將來世界再戰之火種，而此條約之鑄一大錯，則克里曼梭勞特佐治威爾遜三人之性格及頭腦最少亦當爲其原因之一部；故此三人特性之表現，其影響乃及於將來世界也。又如袁世凱，倘使其性格稍正直或稍庸懦，則十年來之民國局面或全異於今日亦未可知；故袁世凱之特性，關係於其個人運命者猶小，關係於中國人運命者甚大也。史家研究此類心理，最要者爲研究其吸射力之根源。其在聖賢豪傑，則觀其德量之最大感化性，或其情熱之最大摩盪性。其在元兇巨猾，則觀其權術之最大控弄性，或觀其魔惡之最大誘染性。從此處看得真切，則此一團史蹟之把鼻可以捉得矣。

其在「多數的人格者」之時，吾儕名之曰民族人格或階級人格黨派人格。

吾儕宜將彼全民族全階級全黨派看作一個人以觀察其心理。此種「人格者」，以其意識之覺醒，覘其人格之存在？以其組織之確立，覘其人格之長成；以其運動之奮迅，覘其人格之擴大；以其運動之衰息，組織之渙散，意識之沈睡，覘其人格之萎病或死亡。愛爾蘭人成一民族的人格，猶太人未能；猶太人民族建國的意識不一致也。歐美勞工，成一階級的人格，中國未能；中國勞工並未有階級意識也。中國十年來所謂政黨，全不能發現其黨派的人格，以其無組織且無運動也。治西洋史者，常以研究此類集團人格的心理為第一義；其在中國，不過從半明半昧的意識中偶覩其人格的胎影而已。

研究史之心的基件，則正負兩面，皆當注意。凡「人格者」無論為個人為集團，其能演成史蹟者，必其人格活動之擴大也。其所以能擴大之故，有正有負：所謂正者，活動力昂進，能使從前多數反對者或懷疑者之心理皆翕合於我心理。在歐美近代，無論政治上宗教上學藝上，隨處皆見此力之彌滿。其在中國，則六朝唐之佛教運動，最其顯列。次則韓歐等之古文學運動，宋明兩代之理學運動，清代之樸學運動，及最近之新文化運動，皆含此意。惟政治上極闕如，清末曾國藩胡林翼等略近之，然所成就殊少；現代所謂政黨，其方向則全未循此以行也。所謂負者，利用多數人消極苟安的心理，以圖自己之擴大。表面上極似全國心理翕聚於此一點，實則其心理在睡眠狀態中耳。中國二千年政治界之偉物，大率活動於此種心理狀態之上，此實國民心理之病徵也。雖然，治史者不能不深注意焉；蓋中國史蹟之所以成立，大半由是也。

第六　精研一史蹟之物的基件。——物的基件者，如吾前所言：『物的運動不能與心的運動同其速率』倘史蹟能離却物的制約而單獨進行，則所謂「烏託邦」「華藏世界」者，或當早已成立。然而在勢不能爾爾。故心的進展，時或被物的勢力所堵截而折回；或爲所牽率而入於其所不豫期之歧路；直待漸達心物相應的境界，然後此史蹟乃成熟。物者何？謂與心對待的環境。詳言之則自然界之狀況以及累代遺傳成爲固形的之風俗法律與夫政治現象經濟現象，乃至他社會之物的心的抵抗力皆是也。非攻寢兵之理想，中外賢哲倡之數千年，曷爲而始終不得實現？辛亥革命，本懸擬一「德謨克拉西」的政治以爲鵠，曷爲十年以來適得其反？歐洲之社會主義，本濫觴於百年以前，曷爲直至歐戰前後乃始驟盛？物的基件限之也。假使今之日本移至百年以前，必能如其所欲，效滿洲之入主中國；假使袁世凱生在千數百年前，必能如其所欲，效曹操司馬懿之有天下；然而皆不能者，物的基件限之也。吾前屢言矣：『凡史蹟皆以「當時」「此地」之兩觀念而存在』，故同一之心的活動，易時易地而全異其價值，治史者不可不深察也。

第七：量度心物兩方面可能性之極限。——史之開拓，不外人類自改變其環境，質言之，則心對於物之征服也。心之征服的可能性有極限耶？物之被征服的可能性有極限耶？通無窮的宇宙爲一歷史，則此極限可謂之無。若立於「

當時「此地」的觀點上，則兩者俱有極限明矣。在雙極限之內，則以心的奮進程度與物的障礙程度强弱比較判歷史前途之歧向。例如今日中國政治，若從障礙力方面欲至於恢復帝制，此其不可能者也；若從奮進力方面欲立變爲美國的德謨克拉西，亦其不可能者也。障礙力方面之極限，則可以使惰氣日積，舉國呻吟憔悴歷百數十年，甚者招外人之監督統治。奮進力方面之極限，則可以使社會少數優秀者覺醒，克服袁世凱之遊魂，在「半保育的」政策之下，歷若干年，成立多數政治。史家對於將來之豫測，可以在此兩可能性之大極限中，推論其果報之極限，而予國民以一種暗示，喚醒其意識而使知所擇，則良史之責也。

第八，觀察所緣。——有可能性謂之因，使此可能性觸發者謂之緣。以世界大戰之一史團而論，軍國主義之猖獗，商場競爭之酷劇，外交上同盟協商之對抗……等等，皆使大戰有可能性，所謂因也；奧儲被刺，破壞比利時中立，潛艇無制限戰略……等等，能使此可能性爆發或擴大，所謂緣也。以辛亥革命之一史團而論，國人種族觀念之鬱積，晚清政治之腐惡及威信之失墜，新思潮之輸入……等等，皆使革命有可能性，所謂因也。鐵路國有政策之高壓，瑞澂之逃遁，袁世凱之起用，能使此可能性爆發或擴大，所謂緣也。因爲史家所能測知者，緣爲史家所不能測知者，治史者萬不容誤緣爲因，然無緣則史蹟不能現，故以觀所緣終焉。

果因之義，晰言之當云因緣果報。一史蹟之因緣果報，恒複雜幻變至不可思議。非深察而密勘之，則推論鮮有不謬誤者。今試取義和團事件爲例，供研究者參考焉。

義和團事件之起，根於歷史上遺傳之兩種心理：其一，則排外的心理。此種心理，出於國民之自大性及自衞性，原屬人類所同然，惟中國則已成爲畸形的發達，千年以來科舉策論家之尊王攘夷論，純然爲虛憍的非邏輯的，故無意識且不徹底的排外，形成國民性之一部。其二，則迷信的心理因科學思想缺乏之故，種種迷信支配民心之勢力甚大而野心家常利用之以倡亂。自漢末之五斗米道以迄明清間白蓮教匪等其根株蟠積於愚民社會間者甚厚，乘間輒發。此兩種心理，實使義和團有隨時爆發的可能性。此「因」之在心的方面者也。

雖有此兩種心理，其性質完全爲潛伏的；苟環境不宜於彼之發育，彼亦終無由自遂。然而清季之環境實有以滋釀之。其一，則外力之壓迫自雅片戰爭以後，覯閔既多，受侮不少。其中天主教會在內地專橫，尤予一般人民以莫大之積憤。其二，則政綱之廢弛自洪楊構亂以後，表面上雖大難削平，實際上仍伏莽徧地，至光緒間而老成凋謝，朝無重臣，國事既專決於一陰鷙之婦人，而更無人能匡救其失。在此兩種環境之下，實使義和團有當時爆發的可能性。此「因」之在境的方面者也。

因雖夙具，然非衆緣湊泊，則事實不能現。所謂緣者，有親緣，（直接緣）有間緣。

（間接緣）義和團之親緣有二：其一，則社會革新運動之失敗；其二，則宮廷陰謀之反撥也。此二者又各有其複雜之間緣。社會革新運動，自有其心理上之可能性，茲不多述。其所以覺醒而督促之者，則尤在外交壓迫之新形勢。其一，爲日本新著手之大陸政策；其二，爲俄國積年傳來之東侵政策；其三，爲德國遠東發展政策。（此政策復含兩種意味：一德國自己發展；二德國誘助俄國東侵，冀促成日俄之戰或英俄之戰，以減殺俄法同盟勢力，緩和歐洲形勢。）以此三種外緣，故甲午戰敗，日本據遼，三國干涉還遼，而膠州旅順威海之租借隨之，瓜分之局，咄咄逼人。於是變法自强之論，驟興於民間；而其動力遂及德宗，無端與清室宮廷問題發生聯帶關係。宮廷問題，其間緣亦至複雜。其一，清穆宗無子，德宗以支庶入繼，且有爲穆宗立後之約。其二，孝欽后臨朝已二十餘年，新歸政於德宗，德宗既非所生，而思想復與彼不相容，母子之間，猜嫌日積。如是內外新故諸緣湊合，遂有戊戌政變之役，戊戌政變爲義和團之親緣，而上列諸種事實則其間

緣也，

親緣之中，復有主緣，有助緣。戊戌政變爲義和團唯一之主緣，固也。然政變之波瀾，曷爲一轉再轉以至於仇外耶？其一，因康有爲梁啓超等亡命外國，清廷不解國際法上保護政治犯之先例，誤認維新派人以外國爲後盾。其二，因政變而謀廢立，（立端王之子溥儁爲大阿哥）外國公使紛起質問，志不得逞，積怒益深。其三，連年曹州兗州沂州易州等教案，鄉民與天主教徒構怨益劇。得此等助緣。而義和團遂起。

因緣和合，「果」斯生焉，此一羣史蹟之正果，可分數段。一，山東直隸團匪之私自組織及蠢動；二，兩省長官之縱容及獎厲；三，北京王大臣之附和；四，甘軍（董福祥）之加入；五，孝欽后以明諭爲之主持，軍匪混化對全世界宣戰；六，前後戕殺教徒及外國人數千；七，戕殺德國公使及日本使館館員；八，毀京津鐵路，圍攻使館。此一幕滑稽劇，在人類史全體中，不得不認爲一種極奇特的病態，以易時易地之人觀測之，幾疑其現實之萬不可能。然吾儕試從心境兩面精密研究，則確能見其因緣所生歷歷不爽。其在心的方面，苟非民族性有偏畸之點，則不能涵淹卵育此種怪思想，故對於民族性之總根柢，首當研究者一也。拳匪爲發難之主體，而彼輩實爲歷史上之一種祕密社會，故對於此種特別社會，察其羣衆心理，考其何以能發生能擴大，此次當研究者二也。發難雖由拳匪，而附和之者實由當時所謂士大夫階級；此階級中，僉壬雖多而賢者亦非絕無；曷爲能形成一種階級心理，在此問題之下一致行動？此次當研究者三也。孝欽后爲全劇之主人翁，非深察其人之特別性格及其當時心理之特別動態，則事象之源泉不可得見，此次當研究者四也。其在境的方面，非專制政治之下，此種怪象末由發生，此數千年因襲之政體，次當研究者五也。有英明之君主或威重謇諤之大臣，則禍亦可以不起，此當時之政象，次當研究者六也。非有維新派之銳進，不能召此反動，維新派若能在社會上確占勢力，則反動亦不能起，此對面抵抗力之有無强弱，次當研究者七也。非國外周遭形勢如前文所云云，則亦不至煎迫以成此舉，此世界政局之潮流，次當研究者八也。經過此八方面之研究，則義和團一段史蹟，何故能於「當時」「此地」發生，可以大明。

有果必有報。義和團所得業報如下：一，八國聯軍入京，兩宮蒙塵。二，東南各督撫聯約自保，宣告中立。三，俄軍特別行動占領東三省。四，締結辛丑條約，賠款四百五十兆，且承認種種苛酷條件。五，德宗不廢，但政權仍在孝欽。六，孝欽迎合潮流，舉行當時所謂新政，如練兵興學等事。此義和團直接業報之要點也。由直接業報復產出間接業報，以次演成今日之局。

就理論上言之，義和團所產業報有三種可能性。其一，各國瓜分中國或共同管理。其二，漢人自起革命，建設新政府。其三，清廷大覺悟，厲行改革。然事實上皆以種種條件之限制，不能辦到。其第一種，以當時中國人抵抗力之缺乏，故有可能性；然各國力量不及，且意見不一致，故不可能。其第二種，以人民厭惡滿洲既久，且列國渴望得一新政府與之交涉，故有可能性；然民間革命黨，無組織無勢力；其有力之封疆大吏，又絕無此種心理；故不可能。其第三種，因前兩種既不能辦到，而經此創鉅痛深之後，副人民望治之心，其勢甚順，故有可能性；然孝欽及清廷諸臣，皆非其人，故不可能。治史者試先立一可能性之極限，而觀其所以不能之由，則於推論之術，思過半矣。

因緣生果，果復爲因，此事理當然之程序也。義和團直接業報，更間接產種種之果。就對外關係論：第一，八國聯軍雖撤退，而東三省之俄軍遷延不撤。卒因此引起日俄戰爭，致朝鮮完全滅亡，而日本在南滿取得今日之特殊地位。第二，當匪勢正熾時，日本藉端與我國深相結納，首由英提議勸日本就近出重兵，是爲英日接近之第一步。其後英國爲應付俄軍起見，議結所謂中俄密約者；雖卒未成立，然反因此促英日同盟之出現。而此英日同盟，遂被利用於此次歐洲大戰，使日本國際地位昂進，而目前關係國命之山東問題，即從此起。第三，重要之中央財源，如海關稅等悉供償債之用。因此各外國銀行，攫得我國庫權之一部分，遂啓後此銀行團操縱全國金融之端緒。此其犖犖大者也。就內政關係論第一，排外的反動，一變爲媚外，將國民自尊自重之元氣，斲喪殆盡，此爲心理上所得最大之惡影響。第二，經此次劇烈的激刺，社會優秀分子，漸從守舊頑夢中得解放，以次努力求取得「世界人」「現代人」的資格，此爲心理上所得最大的良影響。此兩種影響，乃從國民性根柢上加以搖動，此兩歧路之發展的可能性，皆極大，在今日殊未能測其變化之所屆。第三，東南互保，爲地方對中央獨立開一先例，此後封疆權力愈重，尾大不掉，故辛亥革命起於地方而中央瓦解，此趨勢直至今日，而愈演愈劇。第四，袁世凱卽以東南互保中之一要人，漸取得封疆領袖的資格，（直隸總督北洋大臣）蓄養其勢力，取清室而代之。第五，回鑾後以媚外故，而行敷衍門面的新政，一方面自暴白其前此之愚迷及罪惡，增人輕蔑，一方面表示其無誠意的態度，令人絕望。第六，此種敷衍的新政，在清廷固無誠意，然國人觀聽已爲之一變，就中留學生數目激增，尤爲國民覺醒最有力之一媒介，海外學校，遂變爲革命之策源地。第七，新政之最積極進行者爲練兵，而所謂新軍者，遂爲革命派所利用，爲袁世凱所利用，卒以覆清祚。第八，以大賠款及舉辦新政之故，財政日益竭蹶，專謀藉外債以爲挹注，其後卒以鐵路大借款爲革命之直接導火線。右所舉第三項至第八項，皆爲義和團業報所演，同時即爲辛亥革命之親緣或間緣。於是而一一「史蹟集團」遂告終焉。

吾不憚繁重，詳舉此例，將借一最近之史蹟其資料比較的豐富且確實者，示吾儕運用思想推求因果所當遵之塗徑爲何如。此區區一史蹟，其活動時間，不過半年，其活動地域，不過數百里。而欲說明其因緣果報之關係，其廣遠複雜乃至如是。學者舉一反三，則於鑑往知來之術，雖不中不遠矣。（完）

中華民國十一年一月初版
中華民國十九年九月七版

（中國歷史研究法一冊）
（每冊定價大洋柒角）
（外埠酌加運費匯費）

著作者兼發行者　新會梁啓超

印刷所　商務印書館　上海寶山路

總發行所　商務印書館　上海棋盤街中市

分售處　商務印書館分館　北平　天津　保定　瀋陽　吉林　龍江　濟南　太原　開封　西安　南京　杭州　蘭谿　安慶　蕪湖　南昌　九江　漢口　長沙　常德　衡州　成都　重慶　廈門　福州　廣州　潮州　香港　梧州　雲南　貴陽　張家口　新嘉坡

錢穆著

正中書局印行

中國文化史導論

錢穆 著

正中書局印行

弁言

「文明」、「文化」兩辭，皆自西方迻譯而來。此二語應有別，而國人每多混用。大體文明文化，皆指人類羣體生活言。文明偏在外，屬物質方面。文化偏在內，屬精神方面。故文明可以向外傳播與接受，文化則必由其羣體內部精神累積而產生。即如近代一切工業機械，全由歐美人發明，此正表顯了近代歐美人之文明，亦即其文化精神。但此等機械，一經發明，便到處可以使用。輪船、火車、電燈、電線、汽車、飛機之類，豈不世界各地都通行了。但此只可說歐美近代的工業文明已傳播到各地，或說各地均已接受了歐美人近代的工業文明，卻不能說近代歐美文化，已在各地傳播或接受。當知產生此項機械者是文化，應用此項機械而造成人生的形形色色是文明。文化可以產出文明來，文明卻不一定能產出文化來。由歐美近代的科學精神，而產出種種新機械新工業。但歐美以外人，採用此項新機械新工業的，並非能與歐美人同具此項科學精神。再舉一例言。電影是物質的，可以很快流傳，電影中的劇情之編製，演員之表出，則有關於藝術與文學之愛好，此乃一種經由文化陶冶的內心精神之流露，各地有各地的風情。從科學機械的使用方面說，電影可以成爲世界所共同，從文學藝術的趣味方面說，電影終還是各地有區別。這便是文化與文明之不同。

各地文化精神之不同，窮其根源，最先還是由於自然環境有分別，而影響其生活方式。再由生活方式影響到文化精神。人類文化，由源頭處看，大別不外三型。一、游牧文化，二、農耕文化，三、商業文化。游牧文化發源在高寒的草原地帶，農耕文化發源在河流灌溉的平原，商業文化發源在濱海地帶以及近海之島嶼。三種自然環境，決定了三種生活方式，三種生活方式，形成了三種文化型。此三型文化，又可分成兩類。游牧、商業文化爲一類，農耕文化爲又一類。

游牧、商業起於內不足，內不足則需向外尋求，因此而爲流動的，進取的。農耕可以自給，無事外求，並必繼續一地，反復不捨，因此而爲靜定的，保守的。草原與濱海地帶，其所憑以爲資生之地者不僅感其不足，抑且深苦其內部之有阻害，於是而遂有强烈之「戰勝與克服欲」。其所憑以爲戰勝與克服之資者，亦不能單恃其自身，於是而有深刻之「工具感」。草原民族之最先工具爲馬，海濱民族之最先工具爲船。非此即無以克服其外面之自然而獲生存。故草原海濱民族其對外自先即具敵意，即其對自然亦然。此種民族，其內心深處，無論其爲世界觀或人生觀，皆有一種强烈之「對立感」。其對自然則爲「天」「人」對立，對人類則爲「敵」「我」對立，因此而形成其哲學心理上之必然理論則爲「內」「外」對立。於是而「尚自由」，「爭獨立」，此乃與其戰勝克服之要求相呼應。故此種文化之特性常見爲「征伐的」、「侵略的」。農業生活所依賴，曰氣候，曰雨澤，曰土壤，此三者，皆非由人類自力安排，而若冥冥中已有爲之布置妥帖而惟待人類之信任與忍耐以爲順應，乃無所用其戰勝與克服。故農耕文化之最內感曰「天人相應」、「物我一體」，曰「順」曰「和」。其自勉則曰「安分」而「守己」。故此種文化之特性常見爲「和平的」。

游牧、商業民族向外爭取，隨其流動的戰勝克服之生事而俱來者曰「空間擴展」，曰「無限向前」。農耕民族與其耕地相連繫，膠著而不能移，生於斯，長於斯，老於斯，祖宗子孫世代墳墓安於斯。故彼之心中不求空間之擴張，惟望時間之緜延。絕不想人生有無限向前之一境，而認爲當體具足，循環不已。其所想像而嶄求者，則曰「天長地久，福祿永終」。

游牧、商業民族，又常具有鮮明之「財富觀」。牛羊孳乳，常以等比級數增加。一生二、二生四、四生八、八生十六。如是則刺激逐步增强。故財富有二特徵，一則愈多愈易多，二則愈多愈不足。長袖善舞，多財善賈，商業民族之財富觀則更益增强。財富轉爲珠寶，可以深藏。以數字計，則轉成符號。由物質的轉成精神的，因此其企業心理更爲積極。農人則惟重生產。生產有定期，有定量，一畝之地年收有定額，則少新鮮刺激。又且生生不已，源源不絕，則不願多藏。抑且粟米布帛，亦不能多藏。彼之生業常感滿足而實不富有。合此兩點，故游牧、商業文化，常爲富强的，而農業文化則爲安足的。然富者不足，强者不安，而安足者又不富强。以不富强遇不安足，則雖安足亦不安足，於是人類文化乃得永遠動盪而前進。

文化必有刺激，猶如人身必賴滋養。人身非滋養則不能生長，文化非刺激則不能持續而發展。文化之刺激，又各就其個性而異。向前動進的文化，必以向前動進爲刺激。戰勝克服的文化，必以戰勝克服爲刺激。富强的文化，必以富强爲刺激。然動進復動進，克服復克服，富强益富强，刺激益刺激，而又以一種等比級數的加速爲進行，如是則易達一極限。動進之極限，即爲此種文化發展之頂點。古代游牧民族，其興驟，其崩速。近代之商業文化，雖其貌相若與古代之游牧文化大異，而內裏精神實出一致，因此此種文化常感搖兀而不安。

「安、足、靜、定」者之大敵，即爲「富、强、動、進」。古代農耕民族之大敵，常爲游牧民族。近代農耕民族之大敵，則爲商業民族。然人類生活終當以農業爲主，人類文化亦終必以和平爲本。故古代人類真誠的文化產生，即在河流灌溉之農耕區域。而將來文化大趨，亦仍必以各自給足的和平爲目的。

農業文化有大型、小型之別，又有新農、舊農之別。何謂大型、小型？古代如埃及、巴比倫等皆小型農國，其內部發展易達飽和點，其外面又不易捍禦强暴，因此古代小型農國之文化生命皆不幸而夭折。獨中國爲古代惟一的大型農國，因此其文化發展，獨得緜延迄於四五千年之久，至今猶存，堪爲舉世農業文化和平文化發展最有成績之惟一標準。然中國雖以大型農國，幸得捍禦游牧文化之侵凌而發展不輟。今日則新的商業文化繼起，其特徵乃爲有新科學新工業之裝備，因此中國雖以大型農國對之，不免相形見絀。於是安足者陷於不安足，而文化生機有岌岌不可終日之勢。然此非農耕文化不足與商業文化相抗衡。苟使今日之農業國家，而亦與新科學新工業相配合，而又爲一大型農國，則仍可保持其安足之感。而領導當前之世界和平者，亦必此等國家是賴。

今日具此資格之國家，有美國，有蘇聯，與中國而三。美、蘇皆以大型農國而又有新科學新機械之裝配。然其傳統文化則未必爲農業的。換言之，即未必爲和平的。中國則爲舉世惟一的農耕和平文化最優秀之代表，而其所缺者，則爲新科學新機械之裝備與輔助。然則中國之改進，使其變爲一嶄新的大型農國而依然保有其深度之安足感，實不僅爲中國一國之幸，抑於全世界人類文化前程以及舉世渴望之和平，必可有絕大之貢獻。

然中國改進，其事亦不易。使中國人回頭認識其已往文化之真相，必然爲絕要一項目。中國文化問題，近年來，已不僅爲中國人所熱烈討論之問題，抑且爲全世界關心人類文化前途者所注意。然此問題，實爲一極當深究之歷史問題。中國文化，表現在中國已往全部歷史過程中，除卻歷史，無從談文化。我們應從全部歷史之客觀方面來指陳中國文化之眞相。

首先：應該明白文化之複雜性。

不要單獨著眼在枝節上，應放寬胸懷，通視其大體。

第二：則應明白文化之完整性。

人類羣體生活之複多性，必能調和成一整體，始有向前之生機。如砌七巧板，板片並不多，但一片移動，片片都得移，否則搭不成樣子。中西文化各有體系，舉大端而言，從物質生活起，如衣、食、住、行，到集體生活，如社會、政治組織，以及內心生活，如文學、藝術、宗教信仰、哲學思維，犖犖大者，屈指可數。然相互間則是息息相通，牽一髮，動全身，一部門變異，其他部門亦必變異。我們必從其複雜的各方面瞭解其背後之完整性。

第三：要明白文化之發展性。

文化儼如一生命，他將向前伸舒，不斷成長。橫切一時期來衡量某一文化之意義與價值，其事恰如單提一部門來衡量全體，同樣不可靠。我們應在歷史進程之全時期中，求其體段，尋其態勢，看他如何配搭組織，再看他如何動進向前，庶乎對於整個文化精神有較客觀、較平允之估計與認識。

本書十篇，根據上述意見而下筆，這是民國三十年間事。其中一部分曾在思想與時代雜誌中刊載。當時因在後方，書籍不湊手，僅作一種空洞意見之敍述。此數年來，本想寫一較翔實的文化史，但一則無此心情，二則無此際遇，而此稿攜行篋中東西奔跑，又復敝帚自珍，常恐散失了，明知無當覆瓿，而且恐怕必犯許多人的笑罵，但還想在此中或可引出一二可供平心討論之點，因此也終於大膽地付印了。

民國三十七年五月二十九日錢穆在無錫江南大學。

目次

第一章　中國文化之地理背景

中國是一個文化發展很早的國家，他與埃及巴比侖印度，在世界史上上古部分裏，同應佔到很重要的篇幅。但中國因其環境關係，他的文化，自始卽走上獨自發展的路徑。在有史以前，更渺茫的時代裏，中國是否與西方文化有所接觸，及其相互間影響何如，現在尙無從深論。但就大體言，中國文化開始，較之埃及巴比侖印度諸國，特別見爲是一種孤立的，則已成爲一種明顯的事實。

中國文化不僅比較孤立，而且亦比較特殊，這裏面有些可從地理背景上來說明。埃及，巴比侖，印度的文化，比較上皆在一個小地面上產生，獨有中國文化產生在特別大的面積上，這是他們中間最相異的一點。人類文化的最先開始，他們的居地，均賴有河水灌漑，好使農業易於產生。而此灌漑區域，又須不很廣大，四圍有天然的屛障，好讓這區域裏的居民，一則易於集中而到達相當的密度，一則易於安居樂業而不受外圍敵人之侵擾，在此環境下，人類文化始易萌茁。埃及尼羅河流域，巴比侖美索不達米亞平原，印度印度河流域，莫不如此。印度文化發展到恆河流域，較爲擴大，但仍不能與中國相比。中國的地理背景，顯然與上述諸國不同。普通都說中國文化發生在黃河，其實黃河本身並不適於灌溉與交通。中國文化發生，精密言之，並不賴藉黃河本身，他所依憑的是黃河的各條支流。每一支流之兩岸和其流進黃河時兩水相交的那一個角裏，卻是古代中國文化之搖籃地。那一種兩水相交而形成的三角地帶，這是一個水椏杈，中國古書裏稱之曰汭，汭是在兩水環抱之內的意思，中國古書裏常稱渭汭、涇汭、洛汭，即指此等三角地帶而言。我們若把中國古史上各個朝代的發源地和根據地分配在上述的地理形勢上，則大略可作如下之推測。唐虞文化是發生在現在山西省之西南部，黃河大曲的東岸及北岸，汾水兩岸及其流入黃河的椏杈地帶。夏文化則發生在現在河南省之西部，黃河大曲之南岸，伊水洛水兩岸，及其流入黃河的椏杈地帶。周文化則發生在現在陝西省之東部，黃河大曲之西岸，渭水兩岸，及其流入黃河的椏杈地帶。這一個黃河的大隈曲，兩岸流著涇渭伊洛汾涑幾條支流，每一條支流的兩岸，及其流進黃河的三角椏杈地帶裏面，都合宜於古代農業之發展。而這一些支流之上游，又莫不有高山疊嶺爲其天然的屏蔽，故每一支流實自成爲一小區域，宛如埃及巴比侖般，合宜於人類文化之生長。而黃河的幾個渡口，在今山西省河津臨晉平陸諸縣的，則爲他們當時相互交通的孔道。據中國古史傳說，虞夏文化極相密接，大概夏部族便從洛水流域向北渡過黃河（其主要的爲平陸的茅津渡，稍東有孟津，亦爲渡口。）而與汾水流域的虞部族相接觸。周部族之原始居地，據舊說乃自今陝西渭河上流逐步東移，但據本書作者之意見，頗似有從山西汾河下流西渡黃河轉到陝西渭河下流之可能。無論如何，周部族在其定居渭河下游之後，常與黃河東岸汾水流域居民交通接觸，則爲斷無可疑之事。因此上述虞夏周三系的文化，很早便能融成一體，很難再分辨的了。這可以說是中國古代較爲西部的一個文化系統。中國古代的黃河，流到今河南省東部，一到鄭縣境，即折向北，經今河南濬縣大伾山下，直向北流，靠近太行山麓，到今天津附近之渤海灣入海。在今安陽縣（舊彰德府）附近，便有漳水洹水流入黃河，這裏是古代殷商的中央政府所在地。他們本由黃河南岸遷來在此建都，達二百八十年之久。最近五十年內，在那裏發掘到許多牛胛骨與龜版，上刻貞卜文字，正爲此時代殷商王室之遺物，因此我們對於此一時期中在此地域的商文化，增多了不少新智識。原來的商族，則在今河南省歸德附近，那裏並非黃河流經之地，但在古代則此一帶地面保存很多的湖澤，最有名的如孟諸澤蒙澤之類，也有許多水流，如睢水濊水（即渙水）之類，自此（歸德）稍向北，到河南中部，則有熒澤圃田澤等，自此稍東北，山東西部，則有菏澤雷夏大野等澤，大抵商部族的文化，即在此等沼澤地帶產生。那一帶正是古代淮水濟水包裹下的大平原，商代文化由此漸漸渡河向北伸展而至今河南之安陽，此即所謂殷墟的，這可以說是中國古代較爲東部的一個文化系統。這一個文化系統，再溯上去，或可發生在中國之極東，燕齊濱海一帶，現在也無從詳說了。但在有史以前很早時期，似乎上述的中國東西兩大系統的文化，早已有不斷的接觸與往來，因此也就很難分辨說他們是兩個系統，更難說這兩大系統的文化，孰先孰後。現在再從古代商族的文化地域說起，因爲有新出土的甲骨文爲證，比較更可信據。那時商王室的政治勢力，似乎向西直達渭水流域，早與周部族相接觸，而向東則達今山東河北兩省沿海，中間包有濟水流域的低窪地帶。向東北則直至遼河流域，向南則到淮水流域，向西南則到漢水流域之中游，說不定古代商族的文化勢力尚可跨越淮漢以南而抵達長江北岸。這些地帶，嚴格言之早已在黃河流域之外，而遠在商代早已在中國文化區域之裏，及到周代興起，則長江流域漢水淮水濟水遼河諸流域，都成為中國文化區域之一部分，其事更屬顯明。我們只根據上文約略所談，便可見古代中國文化環境實與埃及巴比侖印度諸邦絕然不同。埃及巴比侖印度諸邦，有的只藉一個河流和一個水系，如埃及的尼羅河。有的是兩條小水合成一流，如巴比侖之底格里斯與阿付臘底河，但其實仍只好算一個水系，而且又都是很小的。只有印度算有印度河與恆河兩流域，但兩河均不算甚大，其水系亦甚簡單，沒有許多支流。只有中國，同時有許多河流與許多水系，而且都是極大和極複雜的。那些水系，可照大小分成許多等級。如黃河長江為第一級，漢水淮水濟水遼河等可為第二級，渭水涇水洛水汾水漳水等則為第三級，此下還有第四級第五級等諸水系，如汾水相近有涑水，漳水相近有淇水濮水，入洛水者有伊水，入渭水者有灃水滈水等。此等小水，在中國古代史上皆極著名。中國古代的農業文化，似乎先在此諸小水系上開始發展，漸漸擴大蔓延，瀰漫及於整個大水系。我們只要把埃及巴比侖印度及中國的地圖仔細對看，便知其間的不同。埃及和巴比侖的地形，是單一性的一個水系與單一性的一個平原，印度地形較複雜，但其最早發展亦只在印度北部的印度河流域與恆河流域，他的地形仍是比較單純，只有中國文化開始便在一個複雜而廣大的地面上展開。有複雜的大水系，到處有堪作農耕憑藉的灌溉區域，諸區域相互間都可隔離獨立，使在這一個區域裏面的居民，一面密集到理想適合的濃度，再一面又得四圍的天然屏障而滿足其安全要求。如此則極適合於古代社會文化之蘊釀與成長。但一到其小區域內的文化發展到相當限度，又可藉著小水系進到大水系而相互間有親密頻繁的接觸。因此中國文化開始便易走進一個大局面，與埃及巴比侖印度，始終限制在小面積裏的情形大大不同。若把家庭作譬喻，埃及巴比侖印度是一個小家庭，他們只備一個搖籃，只能長育一個孩子。中國是一個大家庭，他能具備好幾個搖籃，同時撫養好幾個孩子。這些孩子成長起來，其性情習慣自與小家庭中的獨養子不同。這是中國文化與埃及巴比侖印度相異原於地理背景之最大的一點。

其次再有一點，則關於氣候方面。埃及巴比侖印度全都相近熱帶，全在北緯三十度左右，物產比較豐足，衣食易給，他們的文化，大抵從多量的閒暇時間裏產生。只有中國已在北溫帶的較北地帶，在北緯三十五度左右，黃河流域的氣候，是不能和埃及印度相比的，論其雨量也遠不如埃及印度諸地之豐富。古代中國北部應該和現在的情形相差不遠，我們只看周初時代豳風七月詩裏所描寫那時的節令物產以及一般農民生活，便知那時情形實與現在山西陝西一帶黃河渭水附近甚相類似，因此中國人開始便在一種勤奮耐勞的情況下創造他的文化，較之埃及巴比侖印度之閒暇與富足的社會，又是絕不相似了。

根據上述，古代中國因其天然環境之特殊，影響其文化之形成，因有許多獨特之點，自亦不難想像而知。茲再約舉其大者言之。

第一，古代文化發展皆在小環境裏開始，其缺點在於不易形成偉大的國家組織，獨有中國文化自始卽在一大環境下展開，因此易於養成並促進其對於政治社會凡屬人事方面的種種團結與處理之方法與才能，遂使中國人能迅速完成爲一內部統一的大國家，爲世界同時任何民族所不及。

第二，在小環境裏產生的文化社會，每易遭受外圍文化較低的異族之侵凌，而打斷或阻礙其發展，獨有中國文化因在大環境下展開，又能迅速完成國家內部之團結與統一，因此對於外來異族之抵抗力量特別強大，得以不受摧殘，而保持其文化進展之前程，逐漸發展，直至現在成爲世界上文化緜歷最悠久的國家，又爲世界任何民族所不及。

第三，古代文明多在小地面的肥沃區域裏產生，因此易於到達其頂點，很早便失卻另一新鮮向前的刺激，使其活力無地使用，易於趨向過度的奢侈生活，而招致社會內部之腐敗與退化，獨有中國文化因在較苦瘠而較廣大的地面產生，因此不斷有新刺激與新發展的前途，而在其文化生長過程下，社會內部亦始終能保持一種勤奮與樸素的美德，使其文化常有新精力，不易腐化，直到現在，只有中國民族在世界史上仍見其有雖老尚新之氣概，此又爲並世諸民族所不逮。

因於上述三點，所以中國文化經過二三千年的發展，完成了他的上古史之後，一到秦漢統一時代，正爲中國文化開始走上新環境，漸漸由黃河流域擴展至長江流域的時代，而與他同時的幾個文明古國，如埃及巴比命印度等皆已在世界文化史上開始退出他們重要的地位，而讓給其他的新興民族來扮演另一幕的主角了。

若照全世界人類文化已往成績而論，便只有西方歐洲文化和東方中國文化兩大系統算得源遠流長，直到現在，成爲人類文化之兩大幹。我們不妨乘便再將此兩大文化約略作一簡單的比較。

歐洲文化的遠祖是希臘，希臘文化燦爛時期，正和中國西周乃至春秋戰國時代相平行。但雙方有一極大的不同。希臘諸邦雖則有他們共同的文化，卻從沒有他們共同的政治。希臘政治永遠是一種互相獨立的市府政治，每一市府各成爲一個單位。中國西周乃至春秋時代，雖亦同樣有許多國家，每一國家雖則幾乎亦同樣以一個城市（中國古書中即稱爲國）爲中心。但這些國家，論其創始，大體都由一個中央政府，即西周王室所分封，或經西周王室之正式承認。因此西周時代的中國，理論上已是一個統一國家，不過只是一種封建式的統一，而非後代郡縣式的統一而已。（中國此時之所謂封建，亦和歐洲中世紀的封建不同。）惟其如此，所以一到春秋時代，雖則西周王室東遷，他爲中原諸侯共主的尊嚴早已失去，但還可以有齊桓公晉文公一輩霸諸侯的起來代替王室，繼續聯合與統一的工作，這是西方希臘政治所不能完成的。因此西方希臘諸市府，一到中國秦漢時代，便不免完全爲羅馬所吞滅，從此西方文化又要走入一新境界。但中國秦漢時代，卻並非如西方般由外面來了一個新勢力把舊有的中國吞滅，中國秦漢時代，只是在舊中國的內部自身有一種改進，由封建式的統一，轉變而成郡縣式的統一，使其統一之性質與功能，益增完密與強固而已。

我們繼此可以說到羅馬與漢代之不同。羅馬政府的性質，論其原始也和希臘市府一般，他後來逐步向外伸張，始造成一個偉大的帝國。這一個帝國之組織，有他的中心（即羅馬城）與其四圍之征服地。這是在帝國內部顯然對立的兩個部分。至於中國漢代，其開始並沒有一個像希臘市府般的基本中心。漢代的中國，大體上依然承襲春秋戰國時代的中國，只在中國內部政治社會之組織上，起了一種新變化。這一種變化，即如上節所說，由封建式的統一轉變成為郡縣式的統一。因此漢代中國，我們只可說他有了一種新組織，卻不能說他遇到一個新的征服者。羅馬帝國由征服而完成，漢代中國則並非由征服而完成。那時的中國，早已有他二三千年以上的歷史，在商周時代，中國國家體制早已逐漸完成了，不過一到漢代，在他的內部，另有一番新的政治組織之醞釀與轉化而已。因此在羅馬帝國裏面，顯然有征服者與被征服者兩部分之對立，而在漢代中國，則渾然整然，只是一個，並沒有征服者與被征服者之區分的。儻依西方習慣稱羅馬為帝國，則漢代中國，絕非一帝國（Empire），無寧只可稱之謂一國家（Nation）。因此照西方歷史講，由希臘到羅馬，不僅當時的政治形態變了，（由市府到帝國）而且整個的國家和人民的大傳統也全都變了，（由希臘人及希臘諸市府變到羅馬人與羅馬帝國。）而那時的中國，則人民和國家的大傳統，一些也沒有變，（依然是中國人和中國）只變了他內部的政治形態。（由封建到郡縣。）

我們再由此說到羅馬覆亡後的西方中古時期，和中國漢代覆亡後之魏晉南北朝時期，他們中間仍有顯著的不同。羅馬覆亡，依然和希臘覆亡一樣，是遇到了一個新的征服者，北方蠻族。此後的歐洲史，不僅政治形態上發生變動，（由帝國到封建）而且在整個的人民和國家的大傳統上也一樣的發生變動。（由南方羅馬人轉變到北方日耳曼人，又由羅馬帝國轉變到中世紀封建諸王國。）中國漢代的覆滅，並不是在中國以外另來了一個新的征服者，而仍然是在中國內部起了一種政治形態之動盪。東漢以後，魏蜀吳三國分裂，下及西晉統一，依然可以說是一種政治變動，而非整個民族和國家傳統之轉移。此後五胡亂華，雖有不少當時稱爲胡人的乘機起亂，但此等胡人早已歸化中國，多數居在中國內地，已經同樣受到中國的教育，他們的動亂，嚴格言之，仍可看作當時中國內部的一種政治問題和社會問題，而非在中國人民與中國國家之外，另來一個新的征服者。若依當時人口比數論，不僅南方中國全以中國漢人爲主體，即在北方中國，除卻少數胡族外，百分之八九十以上的主要戶口依然是中國的漢人。當時南方政治系統，固然沿著漢代以來的舊傳統與舊規模，即在北朝，除卻王室由胡族爲之，其一部分主要的軍隊由胡人充任以外，全個政府，還是胡漢合作，中國許多故家大族，沒有南遷而留在北方的，依然形成當時政治上的中堅勢力，而社會下層農工商賈各色人等，則全以漢人爲主幹，因此當時北朝的政治傳統，社會生活，文化信仰，可以說一樣承襲著漢代而仍然爲中國式的傳統，雖不免有少許變動，但這種變動，乃歷史上任何一個時代所不免。若單論到民族和國家的大傳統，文化上的大趨向，則根本並無搖移。因此西方的中古時代，北方蠻族完全以一種新的民族出現而爲將來西方歷史之主幹，舊的羅馬人則在數量上以被壓倒的劣勢而逐漸消失。反之在中國史上，魏晉南北朝時代，依然以舊的中國人爲當時政治社會文化各部門各方面之主幹與中堅。至於新的胡人，只以比較的少數加入活動，如以許多小支流浸灌入一條大河中，當時雖有一些激動，不久即全部混化而失其存在了。這一層是中國魏晉南北朝時代和歐洲中古時期的不同處。

因此西方的中古時期，可以說是一個轉變，亦可說是一個脫節，那時的事物，主要的全是新興的。北方日耳曼民族成爲將來歷史和文化之主幹，這是新興的。封建制度亦是新興的。西方的封建，乃羅馬政治崩潰後，自然形成的一種社會現象，根本與中國史上西周時代的封建不同。中國的封建制度，乃古代中國統一政治進展中之一步驟，一動力，西方封建，則爲羅馬政治解消以後一種暫時脫節的現象。那時在西方主持聯合與統一工作的，主要者並非封建制度，而爲基督教的教會組織。這種教會組織又是新興的。希臘羅馬和基督教會之三者，成爲近代西方文化之三主源，在中國魏晉南北朝時代，雖同樣有印度佛教之流入，並亦一時稱盛，但在歷史影響上，復與西方中古時期的基督教絕然不同。基督教是在羅馬文化爛熟腐敗以後，完全以新的姿態出現而完成其感化北方蠻族的功能的。但魏晉南北朝時代的中國，則以往傳統文化並未衰歇，孔子的教訓，依然爲社會人生之最大信仰與最大歸趨，只在那時又新增了一個佛教，而一到唐代以後，佛教也到底與儒教思想相合流相混化。因此我們可以說在歐洲中古時期，論其民族，是舊的羅馬民族衰歇而新的日耳曼民族興起。在中國則只在舊的中國漢民族裏面加增了一些新分子，胡人。論政治在歐洲中古時期是舊的羅馬統治崩潰，而新的封建社會興起，在中國則依然是秦漢的政治制度之沿續，根本上並無多少轉換。論文化與信仰，在歐洲中古時期，則由舊的羅馬文化轉變到新的基督教文化。在中國，則依然是一個孔子傳統，只另外又加進一些佛教的成分。卻不能說那時的中國，由舊的孔教而變成爲新的佛教了。由此言之，西方的中古時期，全是一個新的轉變，而魏晉南北朝時代的中國，則大體還是一個舊的沿襲。那些王朝的起滅和政權之轉移，只是上面說的一種政治形態之動盪。若論民族和國家的大傳統，中國依然還是一個承續，根本沒有搖移。

根據上述看法，來看近代西方新興的民族國家，他們在西洋史上，又都是以全新的姿態而出現的，論其民族和國家的大傳統，他們復和古代的希臘羅馬不同。但中國史則以一貫的民族傳統和一貫的國家傳統而緜延着，可說從商周以來，四千年沒有變動。所有中國史上的變動，傷害不到民族和國家的大傳統，因此中國歷史只有層層團結和步步展擴的一種緜延，很少徹底推翻與重新建立的所謂革命。這是東西兩方歷史形態一個大不同之點，因於這點而影響到雙方對於歷史觀念之分歧。西方人看歷史，根本是一個變動，常由這一階段變動到那一階段，若再從這個變動觀念上加進時間觀念，則謂歷史是進步的，人類歷史常由這一時代的這一階段進展到另一時代的另一階段。但中國人看歷史，則永遠在一個根本上，與其說是變動，不如說是轉化。與其說是進步不如說是緜延。中國人的看法，人類歷史的運行，不是一種變動，而是一種轉化。不是一種進步，而是一種緜延。並不是從這一階段變動進步而達另一階段，只是依然在這一階段上逐漸轉化、緜延。變動進步是異體的，轉化緜延則是同體的。變動進步則由這個變成了那個。轉化緜延則永遠還是這一個。因此西方人看歷史常偏向於空間的與權力的向外伸展，中國人看歷史常偏向於時間的與生長的自我緜延。西方人的看法，常是我與非我兩個對立。中國人的看法只有自我一體渾成存在。雙方歷史形態之不同，以及雙方對於歷史觀念之不同，其後面便透露出雙方文化意識上之不同。這一種不同，若推尋根柢，我們依然可以說東西雙方全都受着一些地理背景的影響。中國在很早的時期，便已凝成一個統一的大國家，在西方則直到近代，由中國人眼光看來，依然如在我們的春秋戰國時代，列國紛爭，還沒有走上統一的路。中國歷史正因爲數千年來常在一個大一統的和平局面之下，因此他的對外問題常沒有像他對內問題那般的重要，因此中國人的態度，常常是反身向着內看的。所謂向內看，是指看一切東西都在他自己的裏面。這樣便成爲自我一體渾然存在。西方歷史則永遠在列國紛爭，此起彼仆的鬥爭狀態之下，因此他們的對內問題常沒有像他們對外問題那般的重要，因此西方人的態度，則常常是向着外看的。所謂向外看，是指看一切東西都在他自己的外面，所以成爲我與非我屹然對立。惟其常向外看，認爲有兩體對立，所以特別注意在空間的擴張，以及權力和征服。惟其常向內看，認爲只有一體渾然，所以特別注意到時間的緜延以及生長和根本。

其次說到雙方經濟形態，中國文化是自始到今建築在農業上面的，西方則自希臘羅馬以來，大體上可以說是建築在商業上面。一個是徹頭徹尾的農業文化，一個是徹頭徹尾的商業文化，這是雙方很顯著的不同點。依西方人看法，人類文化的進展，必然由農業文化進一步變成商業文化，但中國人看法，則並不如此。中國人認爲人類生活，永遠要仰賴農業爲基礎，因此人類文化也永遠應該不脫離農業文化的境界，只有在農業文化的根本上再加緜延展擴而附上一個工業，更加緜延展擴而又附上一個商業，但文化還是一線相承，他的根本卻依然是一個農業。照西方人看文化是變動的，進步的，照中國人看，則文化還是根本的與生長的。這裏自然也有地理背景的影響。因爲西方文化開始如埃及巴比侖等，他們本只有一個狹小的農業區，他們的農業文化不久便要達到飽和點，使他們不得不轉換方向，改進到商業經濟的路上去。希臘羅馬乃至近代西方國家莫不如此。在中國則有無限的農耕區域可資發展，因此全世界人類的農業文化，只有在中國得到一個繼長增榮不斷生長的機會。中國歷史在很早時期裏，便已有很繁榮的商業了，但因中國開始便成爲一個統一的大國，因此他的商業常是對內通商之重要性超過了對外。若西方各國則常是對外通商的重要性超過了對內，因此雙方人對商業的看法，也便有異。西方常常運用國家力量來保護和推進國外商業，東方則常常以政府法令來裁制國內商業勢力之過分旺盛。因此在西方國家很早便帶有一種近代所謂資本帝國主義的姿態，在中國則自始到今常採用一種近代所謂民主社會主義的政策。再換辭言之，農業文化是自給自足的，商業文化是內外依存的，他是要吸收外面來營養他自己的。因此農業文化常覺得內外一體，只求安足，商業文化則常覺彼我對立，惟求富強。結果富而不足，強而不安，因此常要變動，常望進步。農業文化是不求富強，但求安足的，因此能自本自根一綫緜延。

我們繼此講到科學和工業，科學知識和機械工業在現世界的中國是遠爲落後的。但中國已往歷史上，也不斷有科學思想與機械創作之發現，只因中國人常採用的是民主社會主義的經濟政策，不患寡而患不均，對於機械生產，不僅不加獎勵，抑且時時加以禁止與阻抑，因此中國在機械工業一方面得不到一個活潑的正常發展。在中國的機械和工業，是專走上精美的藝術和靈巧的玩具方面去了。科學思想在中國之不發達，當然不止一因，但科學沒有實際應用的機會，自爲中國科學不發達的最要原因之一。

其次我們再說到東西雙方對於人生觀念和人生理想的異同。自由 Liberty & Freedom 一字是西方人向來最重視的。西方全部歷史，他們說即是一部人類自由的發展史。西方全部文化，他們說，即是一部人類發展自由的文化。人生、歷史和文化，本來只是一事，在西方只要說到自由，便把這三方面都提綱挈領的總會在一處了。在中國則似乎始終並不注重自由這個字。西方用來和自由針對的，還有組織和聯合。Organization & Unity 希臘代表著自由，羅馬和基督教會則代表著組織和聯合。這是西方歷史和西方文化的兩大流，亦是西方人生之兩大幹。我們只把握這兩個概念來看西方史，便可一一看出隱藏在西方歷史後面的一切意義和價值。但中國人向來既不注重自由，因此也便不注重組織和聯合，因爲自由和聯合的後面，還有一個概念存在的，這便是兩體對立。因有兩體對立，所以要求自由，同時又要求聯合。但兩體對立，是西方人注重向外看，注重在空間方面看的結果。是由西方商業文化內不足的經濟狀態下產生的現象。中國人一向在農業文化中生長，自我安定，不須向外尋求，因此中國人一向注重向內看，注重在時間方面看，便不見有嚴重的兩體對立，因此中國人也不很重視自由，又不重視聯合了。中國人因爲常偏於向內看的緣故，中國人常看人生和社會只是渾然整然的一體，這個渾然整然的一體之根本，大言之是自然是天，小言之，則是各自的小我，小我與大自然混然一體，這便是中國人所謂天人合一。小我並不和此大自然體對立，只成爲此體之一種根荄，漸漸生長擴大而圓成，則此小我便與大自然融和而渾化了。此卽到達天人合一的境界。中國大學上所說的修身齊家治國平天下，一層一層的擴大，卽是一層一層的生長，又是一層一層的圓成，最後融和而化，此身與家國天下並不成爲對立。這是中國人的人生觀。我們若把希臘的自由觀念和羅馬帝國以及基督教會的一種組織和聯合的力量來看中國史，便得不到隱藏在中國史後面的意義與價值。我們必先瞭解中國人的人生觀念和其文化精神，再來看中國歷史，自可認識和評判其特殊的意義和價值了。但反過來說，我們也正要在中國的文化大流裏來認識中國人的人生觀念和其文化精神。

繼此我們再講到東西雙方的宗教信仰。西方人常看世界是兩體對立的，在宗教上也有一個天國和人世的對立。在中國人觀念裏，則世界只有一個。中國人不看重並亦不信有另外的一個天國，因此中國人要求永生，也只想永生在這個世界上。中國人要求不朽，也只想不朽在這個世界上。中國古代所傳誦的立德立功立言三不朽，便從這種觀念下產生。中國人只想把他的德行事業教訓永遠留存在這個世界這個社會上。中國人不想超世界超社會之外，還有一個天國。因此在西方發展爲宗教的，在中國只發展成倫理。中國人對世界對人生的義務觀念，反更重於自由觀念。在西方常以義務與權利相對立，在中國則常以義務與自由相融和。義務與自由之融和，在中國便是性（自由）與命（義務）之合一，也便是天人合一。

西方人不僅看世界常是兩體對立，即其看自己個人，亦常是兩體對立的。西方古代觀念，認人有靈魂肉體兩部分，靈魂部分接觸的是理性的精神世界，肉體部分接觸的是感官的物質世界。從此推衍，便有西方傳統的二元論的哲學思想。而同時因爲西方人認爲物質世界是超然獨立的，因此他們才能用純客觀的態度來探究宇宙，而走上科學思想的大園地。中國人則較爲傾向身心一致的觀念，並不信有靈肉對立。他看世界，亦不認爲對我而超然獨立，他依然不是向外看，而是向內看。他認爲我與世界還是息息相通，融成一體。儒家思想完全以倫理觀來融化了宇宙觀，這種態度是最爲明顯了。即在道家，他們是要擺脫儒家的人本主義，而從宇宙萬物的更廣大的立場來觀察眞理的，但他們也依然保留中國人天人合一的觀點，他們並不曾從純客觀的心情上來攷察宇宙，因此在中國道家思想裏，雖有許多接近西方科學精神的端倪，但到底還發展不出嚴格的西方科學來。

以上所述，只在指出東西雙方的人生觀念文化精神和歷史大流，有些處是完全各走了一條路。我們要想瞭解中國文化和中國歷史，我們先應該習得中國人的觀點，再循之推尋。否則若把另一觀點來觀察和批評中國史和中國文化，則終必有搔不着痛癢之苦。

第二章　國家凝成與民族融和

我們要講述中國文化史，首先應該注意兩事。第一是中國文化乃由中國民族所獨創，換言之，亦可說是由中國國家所獨創，民族與國家，在中國史上，是早已融凝爲一的。第二事由第一事引申而來，正因中國文化乃由一民族或一國家所獨創，故其文化演進，四五千年來，常見爲一線相承，傳統不輟，只見展擴的分數多，而轉變的分數少。由第一點上，人們往往誤會中國文化爲單純，由第二點上，人們又往往誤會中國文化爲保守。其實中國文化，一樣有他豐富的內容與動進的步伐。

現在先說到中國民族，這在古代原是由多數族系，經過長時期接觸融和而漸趨統一的，迨其統一完成之後，也還依然不斷的有所吸收融和而日趨擴大。這仍可把上章所述的河流爲喻，中國民族，譬如一大水系，乃由一大主幹逐段納入許多支流小水而匯成一大流的。在歷史上約略可分成四個時期，第一期從上古迄於先秦。這是中國民族融和統一的最先基業之完成。在此期內，中國民族即以華夏族爲主幹，而納入許多別的部族，如古史所稱東夷南蠻西戎北狄之類，而融和形成一個更大的中國民族，這便是秦漢時代之中國人了。亦因民族融和之成功而有秦漢時代之全盛。第二期自秦漢迄於南北朝，在此期內，尤其在秦漢之後，中國民族的大流裏，又容匯許多新流，如匈奴鮮卑氐羌等諸族，而進一步融成一個更新更大的中國民族，這便是隋唐時代的中國人了。這又因民族融和之成功而有隋唐時代之全盛。第三期自隋唐迄於元末，在此期內，尤其在隋唐以後，又在中國民族裏匯進許多新流，如契丹女眞蒙古之類，而再進一步形成明代之中國人。這裏第三次民族融和之成功，因而有明代之全盛。第四期直自滿洲入關至於現代，在中國民族裏又繼續融和了許多新流，如滿洲羌藏回部苗猺等，此種趨勢，尚未達到一止境。這一個民族融和之成功，無疑的又將爲中國另一全盛時期之先兆。

上面四個段落，僅是勉強劃分以便陳說。其實中國民族常在不斷吸收，不斷融和，和不斷的擴大與更新中。但同時他的主幹大流，永遠存在，而且極明顯的存在，並不爲他繼續不斷地所容納的新流所吞滅或衝散。我們可以說，中國民族是稟有堅強的持續性，而同時又具有偉大的同化力的。這大半要歸功於其民族之德性與其文化之內涵，關於這一層，我們在下面將絡續申述。

其次說到國家，中國人很早便知以一民族而創建一國家的道理。正因中國民族不斷在擴展中，因此中國的國家亦隨之而擴展，中國人常把民族觀念消融在人類觀念裏，也常把國家觀念消融在天下或世界的觀念裏。他們只把民族和國家當作一個文化機體，並不存有狹義的民族觀與狹義的國家觀，民族與國家都只爲文化而存在。因此兩者間常如影隨形，有其很親密的聯繫。民族融和即是國家凝成，國家凝成亦正爲民族融和。中國文化，便在此二最大綱領下，逐步演進。

就西方而言，希臘人是有了民族而不能融凝成國家的，羅馬人是有了國家而不能融凝爲民族的。直到現在的西方人，民族與國家始終未能融調一致。中國史上的民族融和與國家凝成之大工程，很早在先秦時代已全部完成了。而且又是調和一致了。我們預備在本章裏約略敍述其經過。但在此有一事須先申述，中國民族是對於人事最具清明的頭腦的，因此對歷史的興趣與智識亦發達甚早。遠在西元前八百四十一年（中國西周共和元年）以來，中國人便有明確的編年史，直到現在快近三千年，從未間缺過。卽在此以前，中國也有不少古籍記載，保存到現在。而且此等古籍，早已對歷史與神話有很清楚的分別。因此中國古史傳說，雖也不免有些神話成分之羼雜，但到底是極少的。我們現在敍述中國古代，也不必拘拘以地下發掘的實物作根據。因爲在中國最近數十年來地下發掘的古器物與古文字，大體都是用來證明而不是用來推翻古史記載的。

以下我們對於古代中國民族融和與國家凝成之兩大事業，分成五個段落來加以敍述。

中國民族之本幹，在春秋時代人的口裏，常稱爲諸華或諸夏。華與夏在那時人的觀念裏，似乎沒有很大分別。據有些學者的意見，華與夏很可能本是指其居住的地名。在周禮和國語裏，華山是在河南境內的，很可能便是今之嵩山，故今密縣附近有古華城。而夏則爲水名，古之夏水卽今之漢水。華夏民族，很可能是指的在今河南省嵩山山脈西南直到漢水北岸一帶的民族而言。夏代的祖先卽在此一帶，若再由夏代逆溯上去，則黃帝虞舜等的故事，也在這一帶地面的相近流傳。至於更推而上，說到中國民族的原始情形，則現在尚難詳定，大體上中國民族遠在有史以前，早已是中國的土著了。他們散居在中國北方平原上，自然可以有許多支派和族系的不同。但因中國北方平原區域雖廣，而水道相錯，易於交通，再則各地均同樣宜於農業之發展，生活情形易於同化，因此中國人在很早有史以前，各地相互間也早已有一種人文同化之趨向。由此在很早也就能形成為一個大民族，即後代所謂的華夏民族。

華夏民族乃中國民族之主幹，因此中國古代史也以華夏民族為正統，在中國古史傳說裏，最早而比較可信的，有神農黃帝的故事。這便是華夏族中的兩大支。中國在很早的古代，即有一種氏姓的分別，大抵男子稱氏，表示其部落之居地，女子稱姓，表示其部落之血統。在很早時代，中國似乎已有一種同姓不婚的習慣，因此各部落的男女，必與鄰居部落通婚姻，這一制度，也是促進中國人很早就能相互同化形成一大民族的原因。黃帝屬於姬姓，神農屬於姜姓。姬姜兩部族，在華夏系裏是比較重要的兩支。他們的居地，大抵全在今河南省境。黃帝部族稍偏東，在今河南省中部，襄城許昌新鄭一帶，神農部族稍偏西，在今河南省西部南陽內鄉一帶，或直到今湖北省隨縣境。我們約略可以說，黃帝部族在淮水流域，神農部族則在漢水流域。兩部族東西對峙，而又互通婚姻，古史傳說，神農氏母親，乃黃帝部族裏一個后妃。此雖不可即信，但卻說明了此兩部族互通婚姻，其來已久。古史又說，黃帝與神農氏後裔戰於阪泉之野，據本書作者推測，阪泉應在今山西省南部解縣境。大抵這兩部族的勢力均在向北伸展，渡過黃河。解縣附近有著名的鹽池，或爲古代中國中原各部族共同爭奪的一個目標，因此占到鹽池的，便表示他有爲各部族間共同領袖之資格。黃農兩部族在此戰爭，殆亦爲此。此後華夏族的勢力向西伸展，到渭水流域，因此現在的華山便成爲陝西的山名了。華夏族的勢力向北伸展，到汾水流域，因此今山西省南境，在古代也稱爲夏墟了。在中國古史裏往往只看地名遷徙，可以推溯出民族遷徙的痕迹來。

中國古代各部族間，既已很早便通婚姻，則相互間必有許多問題待求解決，於是各部族間遂有推出一個公認的共主之必要。此事在黃帝神農的傳說裏，已透露得很明白。此共主的資格，似乎最先由神農部族所傳襲，以後則爲黃帝部族所奪取，但稍後到唐虞時代，似乎有一種新的推選方法，即所謂禪讓制度的產生。自有禪讓制度，便可免得兵戎相爭。根據孟子（萬章下篇）和尚書堯典所說，這一制度大體如下，舊的共主先因其他各部族領袖之推舉（岳牧咸薦）而預行物色其繼承人，待繼承人選確定，則在舊共主的晚年，先使繼承人暫代政務（堯老舜攝又曰舜相堯。）一面藉資歷練，一面亦備考驗，舊共主死後，繼承人正式攝政三年，然後退居以待各方意見之表示。（後世相傳的三年之喪，即由此起，在此三年之喪的時期內，一切政事由冢宰主持，新王不參加預聞）若各方一致擁戴，則新共主地位始確立，舜禹皆由此取得其新共主的資格。孟子堯典的敍述，是否全屬當時實情，現在無從懸斷，但堯舜禹的禪讓時代，無疑的爲春秋戰國時一致公認的理想黃金時代，堯舜禹諸人，也爲當時一致公認的理想模範皇帝。我們現在說唐虞時代，尚爲中國古代各部族間公推共主的時期，這大致是可信的，直要到夏禹以後，始由禪讓改成傳子之局，此後的中國史，遂有正式數百年繼統傳緒的王朝。

中國古代史，直到夏王朝之存在，現在尚無地下發現的直接史料可資證明，但我們不妨相信古代確有一個夏王朝，這有兩層理由，第一是尚書裏召誥多士多方諸篇，西周初年的君臣，他們追述以前王朝傳統，都是夏殷周連說，這是西周初年人口裏的古史系統，宜可遵信。第二是近代安陽殷墟發掘的龜甲文字，記載商湯以前先王先公的名號，大致與史記商本紀所載相同。這些王公的年代正與夏朝同時，我們既知太史公對商代世系確有根據，也可信他記夏代世系別有來歷。因此我們雖未發現夏代文獻的地下證據，但已可從殷墟遺物上作一間接的證明。根據古代傳說，夏朝有十七君十四世四百七十多年，夏部族開始，大約在今河南省伊洛兩水上源嵩山山脈附近，禹都陽城，在今河南登封縣。此後夏朝的勢力，逐漸渡河北向，直到今山西省南部安邑一帶，與唐虞部族相接觸，因此古史上也常常虞夏並稱，正可證明這兩支的接近。後來夏王朝的勢力，又沿黄河東下，直達今河北山東安徽諸省境，而與商部族相接觸。

繼夏而起的爲商朝，其存在已有安陽殷墟遺物可資直接證明，其開始建立者商湯，都亳（即商邱）在今河南省東部之歸德，他本是夏代一諸侯，後來以兵伐夏代爲天子。在他前後商代都邑，曾屢經遷徙，直到盤庚始定居今河南省北部之安陽，據說商代有三十一世六百餘年，又一說是二十九王四百九十多年，單說他在安陽一段的歷史，已有二百七十多年了。他們自稱其居地曰「大邑商，」這大概是表示他們統治各方爲萬邦共主的意思，那時在陝西省渭水下流的周部族，對商的關係上根據殷墟甲文有稱「周侯」的，可見在政治意味上他們顯有主屬關係。那時商朝的政治威力至少政治名分上，已從今河南安陽向西直達陝西之西安。這已超過今一千五百里的遙遠路程以外，若把安陽作一中心向四圍伸展，都以一千五百里爲半徑，則商朝的政治規模必已相當可觀。

又據殷墟出土古物中，有鯨魚骨和鹹水貝等，可見殷代當時，對於東海沿岸之交通，必甚頻繁，貝應爲貨幣之用，則那時已早有相當的商業了。

繼續商朝的周代，那時文字記載的直接史料，留傳到今的更多了，我們對於周代的一切史實，知道得更詳盡更確實，大抵周代有三十七王八百六七十年，其間又分西周與東周，東周以下，中國史家別稱之爲春秋戰國時代，單是西周一段約佔三百五十多年（自武王滅殷至幽王被殺。）

我們現在再從夏殷周三代的都邑上來看，夏都陽城安邑，周都豐鎬（今陝西省西安境）全在偏西部分，殷都商邱安陽，則在偏東部分。周人姬姓，與黃帝同一氏族，夏周兩朝，似應同爲華夏系之主要成分，商人偏起東方，或應屬之東夷，與黃帝夏周諸部，初不同宗，但夏人勢力逐漸東伸，已與商族勢力接觸，而文化上亦得調和，隨後商人勢力西伸，代夏爲中國共主，文化上之調和益密。繼此周人又自西東展，代商爲天下共主，那時的商人，便早已融和在華夏系裏而成爲華夏民族新分子之一支。這正可爲我上文所說民族融和與國家凝成同時並進的一個好例。

西周時代最重要的事件，厥爲封建制度之創始。但我們根據殷墟甲文材料，封建制度，早在商代已有。我們若把許多諸侯公認一王朝爲共主，認爲是封建制度之主要象徵，則理論上，遠在夏朝成立，那時便應有封建制度存在了。所以中國古史上多說封建起於夏代，實非無因。但一到西周初年的封建，則實在另以一種新姿態而出現，所以我們也不妨說，封建制度由西周創始。西周初年的封建制度是周部族一種武裝的移民墾殖與政治統制。經過西周初年兩次對殷決戰，周人絡續將其宗族與親戚不斷分封到東方成爲西周統治東方各部族的許多相互連繫的軍事基點，因此造成中國史上更強固的統一王朝。在武王成王兩世，西周已建立了七十多個新諸侯，這裏面有五十多個是西周同姓，此外大概亦多周代的姻戚與功臣。因此我們可以說，西周封建，實在是中央共主勢力更進一步的完成。但西周封建，也並不專在狹義的統治方面打算，除卻分封同姓姻戚外，以前夏殷兩朝之後裔，以及其他古代有名各部族的後代，周人也一一爲他們規劃新封地，或保留舊疆域，這所謂「興滅繼絕。」而且允許他們各在自己封域內，保留其各部族傳統的宗教信仰與政治習慣。因此我們還可以說，西周封建，實在包含着兩個系統和兩種意味，一個是家族系統的政治意味，一個則是歷史系統的文化意味。前一系統，屬於空間的展拓，後一系統，屬於時間的縣歷。此後中國文化的團結力，完全栽根在家族的與歷史的兩大系統上，而西周封建制度便已對此兩大系統兼顧並重，可徵當時在政治上的實際需要之外，並已表現着中國傳統文化甚深之意義，這是尤其值得我們注意的。論到當時周天子與諸侯間的相互關係，似乎只有一種頗爲鬆弛的連繫，諸侯對其自己封地內一切措施，獲有甚大自由，然正因此故，更使周王室在名分上的統治益臻穩固。這些據說全是西周初年大政治家周公的策劃。無怪將來的孔子，要對周公十分嚮往。

再從另一方面說，周代封建和夏殷兩朝的不同，大體上夏殷兩朝是多由諸侯承認天子，而在周代則轉換成天子封立諸侯。這一轉換，王朝的力量便在無形中大增。那時天子與諸侯間，有王室特定的朝覲（諸侯親見天子之禮）聘問（派遣大夫行之）盟會（有事則會不協則盟）慶弔諸禮節，而時相接觸，又沿襲同姓不通婚的古禮，使王室與異姓諸侯以及異姓諸侯相互間，各以婚姻關係而增加其親密。因此數百年間的周朝，可以不用兵力，單賴此等鬆弛而自由的禮節，使那時的中國民族益趨融和，人文益趨同化，國家的向心力亦益趨凝定，這便是中國傳統的所謂禮治精神。這一種禮治精神，實在是由封建制度下演進而來。

若論周代疆域，較之夏商兩朝亦更擴大，周天子都豐鎬，在今陝西省西安境，但其封國在東方的如齊（山東臨淄）魯（山東曲阜）吳（江蘇）燕（河北）都已直達海濱，黃河上下游已緊密聯合在同一政治體制之下。商代遺臣箕子，遠避朝鮮半島，周王室因而封之，朝鮮半島的文化，即由此啓發。古代傳說那時又有越裳氏來朝，越裳是今之安南，安南半島和朝鮮半島，一在中國之西南，一在中國之東北，同樣在很早時期裏便受到中國文化之薰陶與敎育。

以上所述，自唐虞時代諸部族互推共主，進至夏商王朝的長期世襲，再進之於周代之封建制度，從政治形態的進展上看，可說是古代中國國家民族逐步融和與逐步統一下之前半期的三階段。中國經此三階段，已經明白確立了一個國家民族和文化之單一體的基礎。西周末年，正當西元前七七一年，距西方希臘第一次舉行奧靈辟克賽神競技不遠的時代，那時西周王室的地位雖一時發生搖動，但中國人對於民族融和與國家凝成的工作，已經有了很深厚的成績，並不因此中止。下面便是所謂春秋戰國時代。

現在再把上述三時期的年代約略推記如下。中國歷史由西周中葉共和元年（西元前八四一）以下，是有明確年歲可記的，以前則不甚準確，但大體可以推定西周初年約當西元前一一三〇年左右。從此再推上二百七十年，當西元前一四〇〇年間，則為商王盤庚遷居安陽的時代。從此再推上三〇〇年，約當商王朝初創之時期，則為西元前之一七〇〇年。再推上五百年，當西元前二二〇〇年左右，應當中國史上之虞夏禪讓時代。再上則不可細推了。直從虞夏禪讓到西周王室傾覆，平王東遷洛邑（西元前七七〇），中間經歷一千五百年左右，始終有一中央共主的存在。而且此一共主的地位繼續強固，勢力繼續擴大，這正是中國歷史上民族融和與國家凝成的兩大事業正在繼續進展中一個極好的說明。

此下再說到東周春秋和戰國時代。東周以下春秋戰國時代，從政治意識與政治形態的進展上看，可以說是從霸諸侯到王天下的時代。春秋二百四十年，是霸諸侯的活動時期，戰國二百三十年，則為王天下的活動時期，用現代術語來說，霸諸侯是完成國際聯盟的時期，王天下是創建世界政府的時期。

當西周王室避犬戎之禍東遷雒邑（今河南省洛陽）以後，周天子在政治上共主的尊嚴，急速崩頹，封建諸侯相互間的聯繫亦因此解體。列國各務侵略，兵爭不息，各國內部亦政潮迭起，篡弒相尋，因此更招致異族戎狄侵凌之禍。（戎狄詳細見下）在此局面下，便有霸者蹶起。當時的霸業，便是諸夏侯國間的一種新團結。霸業最先創於齊，以後則落於晉（今山西省曲沃附近）齊國姜姓，爲周之姻戚，晉國姬姓，爲周之宗族。所謂霸業是要把當時諸夏侯國重新團結起來，依舊遵守西周王室規定下的封建制度和封建禮節，對外諸侯間不得相互侵略，對內禁止一切政權的非法攘奪。如此便逐漸形成了一個當時國際間的同盟團體，又逐漸製下了許多當時的國際公法。他們在名義上仍尊東周王室爲共主，實際則處理一切國際紛爭與推行一切國際法律的，其權皆由霸國即盟主任之。凡加入同盟的國家，每年皆須向盟主納一定的貢賦，在經濟上維持此同盟的存在。遇有戰事，經盟主召集，凡屬同盟國家皆須派遣相當軍隊，組織聯軍，聽盟主國指揮作戰。凡屬同盟國，遇有敵寇，均得向盟主國或其他同盟國乞援。同盟國家相互間則不得有侵略及戰爭。凡遇外交爭議，皆由各國申訴於盟主國，聽候仲裁。其性質較嚴重者，則由盟主國召集各同盟國開會商處。爭議之一方不服仲裁，得由盟主國主持聲討。各同盟國內部政爭，亦同樣由盟主國或同盟國仲裁。常有國君理屈敗訴，卿大夫理直勝訴的。至於新君即位，均須得同盟國承認。若由內亂篡弒得國，同盟國不僅不加承認，並可出師討伐，驅逐叛黨，另立新君。遇有國內災荒等事，同盟國均有救濟之義務，亦由盟主國領導辦理。當時許多諸夏侯國間完全靠了這一個國際組織，保持他們對內對外的安全，達於百年以上。我們可以說春秋時代的霸主在政治名分上，雖不如西周王室之尊嚴，但在政治事業的實際貢獻上，則較西周王室更偉大。

在當時不參加此等同盟事業的，在北方則爲戎狄，在南方則有楚國。這些在當時都認爲不屬於諸夏之內的。戎狄大多是游牧部落，與諸夏城郭耕稼的生活不同，文化較低，因此頗少加入。楚國則僻在江漢之間，（舊說其國都在今湖北省之江陵，然恐當在今湖北襄陽宜城一帶爲是）與北方諸侯相隔亦遠，他志在兼併，亦不願加入聯盟自受拘束。後來北方諸戎狄經同盟國壓制，漸不爲患。獨剩南方楚國，乘機併吞漢水淮水一帶的小諸侯，變成一特別強大的國家，與北方的國際同盟雙方對峙，時起鬥爭。到後來楚國亦漸受北方諸夏的文化感染，漸知專靠武力無法併吞北方諸侯，遂亦要求加入同盟團體，以得任盟主爲條件。一面可得同盟國每年貢賦，有經濟上的實利，一面亦可滿足他在國際上光榮地位之野心。於是南楚北晉更番迭主中原諸侯之盟會。在當時曾舉行過一次極有名的弭兵大會，（西元前五四六）即由楚國新加入國際同盟團體而召集。楚國以外，西方有秦國（今陝西省鳳翔縣）東南方有吳國（今江蘇省吳縣）與越國（今浙江省紹興縣）亦模倣楚國先例，先後加入同盟團體，而爲其盟主。楚國吳國當時稱爲荊蠻，吳國雖亦姬姓，與周人爲近親，但遠封江南，早與荊蠻同化。越國則爲百越，荊蠻百越同非諸夏系統，自從他們加入同盟，中原諸夏文化遂逐漸由黃河流域推擴到長江流域。秦國爲嬴姓，初本東夷之一支，封在西土，又雜有戎風，秦國加入諸夏聯盟，這是當時黃河流域東西雙方又增了一度的結合。因此我們可以說，當時霸業的逐漸擴大，即是諸侯間聯合的逐漸擴大，亦即是中國國家民族大一統事業之逐漸進展與完成。春秋時代幾乎全是這一個霸諸侯事業活動的時代。

但是春秋時代的霸業，論其實際是向着兩個方面同時並進的，一方面是朝向和平，另一方面則朝向團結。和平與團結本是一種要求之兩面。因此在當時雖然不斷的提倡國際聯盟弭兵大會等種種和平運動，而同時國際兼併的趨勢也還是進行。總論春秋時代，可考見的諸侯約有一百三十餘個，而後來較大的只賸十二國。（此據史記十二諸侯年表）其名如下：

魯 齊 晉 秦 楚 宋（今河南商邱） 衞（今河南滑縣遷濮陽） 陳（今河南淮陽） 蔡（今河南上蔡遷新蔡又遷安徽壽縣） 曹（今山東定陶） 鄭（今河南新鄭） 燕（今河北北平）

直到戰國中晚時期，變成七雄並峙。

秦（今陝西咸陽） 魏（今河南開封） 韓（今河南新鄭） 趙（今河北邯鄲） 燕（今河北北平） 齊（今山東臨淄） 楚（今湖北宜城遷安徽壽縣）

那時霸諸侯的事業，再不爲世所重，幾個大強國漸漸步想着王天下。王天下是一種代替周王室來從新統一天下的意思，最先是各國相互稱王，表示他們的地位已與周天子平等。以後則更強大的改稱帝，以示比較諸王的地位又高一層。直到秦國統一六國，秦君遂自稱始皇帝，皇帝的稱號，是連合古代統治者最尊嚴的稱號皇和帝兩名而成，表示秦代的統治已超出歷史上從古未有之境界。我們若從中國古史上國家與民族大統一完成之歷程觀之，秦始皇帝的統一，實在是一點不差，已達到這一進程之最高點了。在當時中國人眼光裏，中國即是整個的世界，即是整個的天下。中國人便等於這世界中整個的人類。當時所謂王天下，實即等於現代人理想中的創建世界政府。凡屬世界人類文化照耀的地方，都統屬於惟一政府之下，受同一的統治。民族與國家，其意義即無異於人類與世界，這一個理想，中國人自謂在秦代的統一六國而實現完成了。所以中庸上說：「今天下車同軌，書同文，行同倫，舟車所至，人力所通，天之所覆，地之所載，日月所照，霜露所墜，凡有血氣者，莫不尊親。」這種境界，便是說全世界人類都融凝成為一個文化團體了。只在這一種境界下的最高領袖，才如上帝般，一視同仁，不再有彼我對峙的界線了。只有他受了全世界人類之尊親，所以說他是「配天」，與天為配，這才當得上天子的稱號。這是當時中國人政治宗教合一同流的大理想，我們在下一章裏再要述及。

現在我們把上面所說再加以簡括的綜述。中國古代史上的民族融和與國家凝成兩大功業，共分為五個階段而完成。最先是禪讓制度，由各族互推共主，此為唐虞時代。其次為王朝傳統制度，各族共認的王朝，父子相傳（如夏）或兄弟相及（如殷，兄弟相及只是父子相傳之變相，最後還要歸到父子相傳。）繼世承統，為天下之共主，此為夏商時代。又其次為封建制度。諸侯由王朝所建立，而非王朝由諸侯所尊認，此為西周時代。其次為聯盟制度。由諸侯中互推霸主，自相團結王朝退處無權，此為春秋時代。最後為郡縣制度全國只有一王朝，更無諸侯存在。此為戰國末年所到達的情形。在此國家體制的逐步完成裏民族界線亦逐步消失，這是中國史上民族融和與國家凝成之五大時期。當秦始皇帝開始統一，適當西歷紀元前二二一年，那時西方希臘已衰，羅馬未盛，他們的文化進程中早已經歷過不少個單位與中心，但在中國文化系統裏卻始終保持著一貫的傳統，繼續演進，經歷兩千多年五大階段，而終於有這一個在當時認為理想的「世界政府」之出現，這不能不說是中國文化史上一個莫大的收穫。

第三章　古代觀念與古代生活

中國古代史上，如何達到國家凝成民族融和的世界大統一的五個階程，已在上節說過，現在讓我們轉一視向來看一看古代人的各種觀念及其生活情況。

第一先講到他們的民族觀念。古代的中國人，似乎彼此間根本便沒有一種很清楚的民族界線。至少在有史記載以後是如此的。或者他們因同姓不通婚的風俗，使異血統的各部族間，經長時期的互通婚媾而感情益臻融和，一面由於地理關係，因生活方式互相一致，故文化亦相類似。更古的不能詳說了，只看西周部族在其尙未與商王朝決裂之前，雙方亦常互通婚姻。周文王的母親太任，從殷王朝畿內摯國遠嫁而來。周武王的母親太姒，是莘國的女兒。姒姓屬夏部族，任姓屬商部族。我們只看周文王武王兩代的母親，便見那時夏商周三部族是互通婚姻的。商周之際兵爭的前後，周王室對周族及商族人種種文告，亦並沒有根據民族觀點的說話，他們只說商王室不夠再做天之元子，不配再爲天下之共主而已。並不絲毫有商周之間相互爲異民族的意識之流露。

到春秋時代，齊桓公創霸業，宋國首先贊助，宋襄公因此繼齊稱霸。那時許多姬姜兩族的國家，並不把宋國當作異族，看宋國人亦絲毫不像有民族仇恨的痕跡可以推尋。孔子先代是宋國貴族，但絕對看不出在孔子生平有一點商周之間的民族疆界的觀念與意識。當時政治界乃至學術界所稱的諸夏，中間兼包有夏商周三代的後裔，是絕無可疑的。

我們再進一步考察當時對於蠻夷戎狄的稱呼，則更見當時所謂諸夏與蠻夷的分別，並不純是一種血統上種姓上的分別，換言之，卽並不是一種民族界線。據左傳史記的記載，晉獻公一夫人為晉文公母親的，叫大戎狐姬，晉獻公另一夫人驪姬，乃驪戎之女。可見狐戎驪戎若論血統，皆屬姬姓，與晉同宗，但當時卻都稱作戎。又晉獻公另一夫人為晉惠公母親的，叫小戎子，子姓，為商代後裔，而當時亦稱為戎。其他尙有姜氏之戎，則與齊國同宗。再看史記，又稱晉文公母親乃翟之狐氏女，又說晉文公奔狄，狄其母國，可見這裏的狐戎又稱狄，戎狄二名有時可以互用，在當時並非純指兩種血統不同的異族。狐家如狐突狐毛狐偃狐射姑，（卽賈季）一門三世為晉名臣，晉卿趙盾亦是狄女所生，赤狄白狄終春秋世常與晉室通婚。我們只看一晉國，便知當時盤踞山西陝西兩省許多的戎狄，根本上並不像全是與諸夏絕然不同的兩種民族。

秦為周代侯國，又是晉國的婚姻之邦，趙乃晉之貴卿，以後秦趙為戰國七強之二，秦國完成了統一中國的大業。但其同宗的徐，（在今安徽省泗縣）尙書裏稱之為淮夷徐戎，則在當時是被目為東夷的。春秋時齊國晏平仲為名大夫，曾與孔子有交，但晏子是萊人，萊在當時亦被目為萊夷。孟子生於鄒，春秋時為邾，邾在春秋時人目光中亦常視爲東夷。楚國自稱蠻夷，但春秋中葉，晉楚互爲諸夏盟主；到戰國時，楚國也常爲盟主。據古史傳說，秦楚皆帝顓頊之後，皆是黃帝子孫。此層現在無可詳證。要之到春秋戰國時所謂南蠻與東夷無疑的亦皆與諸夏融和，確然成爲中華民族之一體了。

因此我們可以說，在古代觀念上，四夷與諸夏實在另有一個分別的標準，這個標準，不是血統而是文化。所謂諸侯用夷禮則夷之，夷狄進於中國則中國之，此卽是以文化爲華夷分別之明證。這裏所謂文化，具體言之，則只是一種生活習慣與政治方式。諸夏是以農耕生活爲基礎的城市國家之通稱，凡非農耕社會，又非城市國家，則不爲諸夏而爲夷狄。在當時黃河兩岸，陝西山西河南河北諸省，尤其是太行山霍山龍門山嵩山等諸山脈間，很多不務農耕的游牧社會。此諸社會若論種姓，有的多與中原諸夏同宗同祖。但因他們生活習慣不同，他們並未完全走上耕作方式，或全不採用耕作方式，因此亦無諸夏城郭宮室宗廟社稷衣冠車馬禮樂文物等諸規模，諸夏間便目之謂戎狄或蠻夷。此等戎狄或蠻夷，其生活方式既與城市國家不同，因此雙方自易發生衝突。其他亦有雖是農業社會，雖亦同樣爲城市國家，但因他們抱有武力兼併的野心，不肯加入諸夏和平同盟的，此在同盟國看來，這樣的國家，其性質亦與山中戎狄河濱蠻夷相差不遠，因亦常以戎狄蠻夷呼之。如春秋初期及中期的楚國，卽其一例。又如吳國，他是西周王室宗親，但因僻在長江下游，距離當時文化中心過遠，其社會生活國家規模都趕不上中原諸夏，遂亦被目爲蠻夷。以後他與中原諸夏交通漸密，漸漸學到諸夏一切規模文物之後，諸夏間亦即仍以同文同種之禮待之。更可見的，如春秋時的秦國，僻居陝西鳳翔，他的一切社會生活本遠不及東方諸夏，但東方諸夏卻並不以夷狄呼之。逮及戰國時，秦孝公東遷咸陽，國內變法，其一切政制與社會生活，較春秋時代進步得多，但那時的東方人卻反而常稱他爲蠻夷，越到後期越更如此。此正因爲秦國在戰國後期，獨對東方各國採取強硬的侵略態度之故。所以戰國時代之秦國，其地位正如春秋時代之楚國，只因爲他是一個侵略國，所以東方諸夏斥之爲蠻夷。

可見古人所謂蠻夷戎狄，其重要的分別，不外兩個標準。一是他的生活方式不同，非農業社會，又非城市國家。二則因其未參加和平同盟，自居於侵略國的地位。這在那時便都叫做蠻夷戎狄。直到秦始皇時代，中國統一，全中國只有一個政府，而各地方亦都變爲農業社會了。國家統一而民族亦統一，凡屬國民，即全爲諸夏，便更無蠻夷戎狄的存在了。

我們現在若把秦漢時代的中國人，加以民族上的分析，應該可有如下之諸系。第一是華夏系，此爲中國民族最要之主幹。夏周兩代屬之。第二是東夷系，殷人或當屬此系，此外如東方徐國西方秦國等皆是。第三是荊蠻系，如楚國吳國等屬之。第四是百越（同粵）系，越國及南粵閩粵等屬之。第五是三苗系，三苗本神農之後，其一部分姜姓諸族併入諸夏系統，其一部分稱戎稱羌，則猶之姬姓諸族有稱戎稱狄的，也一樣屏在諸夏之外了。中國疆土至大，遠在有史以前，此諸族系早已分布散居在中國各地。無論他們最先的遠祖，是否同出一源，但因山川之隔閡，風土之相異，他們相互間經歷長時期之演變，生活習慣乃至語言風俗一切都相懸絕。若非中國的古人，尤其爲之主幹的華夏諸系，能抱甚爲寬大的民族觀念，不以狹義的血統界線自封自限，則民族融和一時不易完成，而國家凝成亦無法實現，勢必在中國疆土上，永遠有許多民族和許多國家，彼此鬥爭，互相殘殺，而此後的中國文化史也將全部改觀。因此中國古代人對於民族觀念之融通寬大，實在是值得我們特別注意的。

在西方歷史裏，同一雅利安民族，隨着歷史進展，而相互間日見分歧，結果形成許多語言文字風俗習慣各不相同的小支派。直到現在，若非先認識此各支派的界線，便無從瞭解西洋史。但在中國，則上古時代雖然有許多關於民族或民族間的分別名稱，常使讀史的人感覺麻煩，但越到後來越融和，越混化而成一體。秦漢以後的中國，其內部便很少有民族界線之存在，這不可不說亦是東西文化演進一絕不同之點。因此在西洋歷史裏，開始便見到許多極顯明極清楚的民族界線，在中國史裏，則只說每一部族都成爲黃帝子孫，這正是中國古代人心中民族觀念之反映。

其次要說到宗教觀念，根據殷墟甲骨文，當時人已有上帝觀念，上帝能興雨，能作旱，禾黍成敗皆由於上帝。上帝是此世間一個最高無上的主宰者。但甲骨文裏並沒有直接祭享上帝的證據，他們對上帝所有籲請，多仰賴祖先之神靈爲媒介。他們的觀念，似乎信爲他們一族的祖先，乃由上帝而降生，死後依然回到上帝左右。周代人祖先配天的觀念，在商代甲文裏早已有了。他們既自把他們的祖先來配上帝，他們自應有下面的理論，即他們自認爲他們一族乃代表著上帝意旨而統治此世，下界的王朝，即爲上帝之代表。一切私人，並不能直接向上帝有所籲請，有所蘄求。上帝尊嚴，不管人世間的私事。因此祭天大禮，只有王室可以奉行。商代是一個宗教性極濃厚的時代，故說殷人尚鬼，但似乎那時他們已把宗教範圍在政治圈裏了。上帝並不直接與下界小民相接觸，而要經過王室爲下界之總代表，才能將下界小民的籲請與蘄求，經過王室祖先的神靈以傳達於上帝之前。這是中國民族的才性，在其將來發展上，政治成績勝過宗教之最先朕兆。待到周代崛起，依然採用商代人理論而略略變換之。他們認爲上帝並不始終眷顧一部族，使其常爲下界的統治人。若此一部族統治不佳，失卻上帝歡心，上帝將臨時撤消他們的代表資格，而另行挑選別一部族來擔任。這便是周王室所以代替殷王室而爲天子的理論。在尚書與詩經的大雅裏，都有很透澈很明白的發揮。周代的祭天大禮，規定只有天子奉行，諸侯卿大夫以下，均不許私自祭天。這一種制度，亦應該是沿着商代人的理論與觀念而來的。殷周兩代的政治力量，無疑的已是超於宗教之上了。那時雖亦有一種僧侶掌司祭祀，但只相當於政府的一種官吏而已。至於社會私人，並非說他們不信上帝，只在理論上認爲上帝既是尊嚴無上，他決不來預聞每一人的私事，他只注意在全個下界的公共事業上，而應由此下界的一個公共代表來向上帝籲請與蘄求，這便是所謂天子了。

配合於這個祭天制度（即郊祀制度）的，同時又制定下祭祖的制度（即宗廟制度）。一族的始祖，其身分是配天的，常在上帝左右，因此亦與上帝一般，只許天子祭，而不許諸侯卿大夫祭。如魯國的君主，只許祭周公，不許祭文王。這明明是宗教已爲政治所吸收融和的明證。換辭言之，亦可說中國人的宗教觀念，很早便爲政治觀念所包圍而消化了。相傳此種制度，大體由周公所制定，此卽中國此下傳統的所謂禮治。禮治只是政治對於宗教吸收融和以後所產生的一種治體。

但我們不能由此誤會，以謂中國古代的宗教，只是一種政治性的，爲上層統治階級所利用。當知中國人觀念裏的上帝，實在是人類大羣體所公共的，一面不與小我私人直接相感通，此連最高統治者的帝王也包括在內。只要此最高統治者脫離大羣立場，失卻代表民衆的精神，他也只成爲一個小我私人，他也並無直接感通上帝之權能。而另一方面，上帝也決不爲一姓一族所私有。換辭言之，上帝並無意志，卽以民衆的意志爲意志，上帝並無態度，卽以民衆的態度爲態度。因此說：「天命靡常，天視自我民視，天聽自我民聽。」夏商周三代王統更迭，這便是一個很好的例證。我們若說中國古代的政治觀念吸收融和了宗教觀念，我們也可說中國古代的人道觀念，也已同樣的吸收融和了政治觀念。我們可以說中國宗教是一種渾全的大羣教，而非個別的小我教。當知個人小我可以有罪惡，大羣全體則無所謂罪惡，因此中國宗教裏並無罪惡觀念，由此發展引伸，便成爲將來儒道兩家之性善論。性是指的大羣之共通性，不是指的小我之個別性。其次小我私人可以出世，大羣全體則並無所謂出世。充塞於宇宙全體的一個人生境界，是並無出世可言的。因此中國宗教很富於現實性，但此所謂現實，並非眼光短淺，興味狹窄，只限於塵俗的現狀生活之謂。中國人的現實，只是渾全一整體，他看宇宙與人生都融成一片了。融成一片，則並無內外，並無彼我，因此也並無所謂出入。此即是中國人之所謂天人合一。上帝與人類全體大羣之合一。將來的儒家思想，便由此發揮進展，直從人生問題打通到宇宙問題，直從人道觀念打通到宗教觀念。因此我們可以說中國人的人生觀，根本便是一個渾全的宇宙觀。中國人的人生哲學，根本便是一種宗教。這一個源頭，遠從中國古代人的宗教觀念裏已可看出來了。

第三說到國家觀念。中國古代人，一面並不存著極清楚極顯明的民族界線，一面又信有一個昭赫在上的上帝，他關心於整個下界整個人類之大羣全體，而不為一部一族所私有。從此兩點上，我們可以推想出他們對於國家觀念之平淡或薄弱。因此他們常有一個天下觀念超乎國家觀念之上。他們常願超越國家的疆界來行道於天下，來求天下太平。周初封建時代，雖同時有一兩百個國家存在，但此一兩百國家，各各向著一個中心，即周天子。正如天空的羣星，團拱一個北斗，地面的諸川，全都朝宗於大海。國家並非最高最後的，這在很早已成為中國觀念之一了。因此在春秋時代，列國卿大夫間，他們莫不熱心於國際的和平運動。諸夏同盟的完成，證明他們多不抱狹義的國家觀念。一到春秋末年，平民學者興起，這個趨勢更為昭著。孔子墨子以及此下的先秦百家，很少抱狹義的國家觀念的。即當時一輩游士，專在國際政治方面活動，他們自結徒黨，造成一個國際外交陣容，分別在某幾個政府裏握到政權而互相連結。另一批集團，則在另幾個政府裏活動，他們一旦把捉到政權，即把那幾個國家聯結起來。因此他們的政治地位，並不專靠在國內，而多分卻靠在國外。往往某一政府任用一游士，可以立卽轉換國際陣容之離合。此等游士，當時謂之縱橫家。從某一方面看，戰國的縱橫家，還是沿着春秋時代的霸業運動而來。他們的性質，一樣是國際性的，是世界性的，並非抱狹義的國家觀念者所能有。在戰國時代的學者中間，眞可看爲抱狹義國家觀念者，似乎只有兩人。一是楚國的屈原，一是韓國的韓非。他們都是貴族，因此與同時一輩平民游士的態度不同。但韓非是否始終保持狹義的國家觀念，其事尙屬疑問。則其時始終堅抱狹義國家觀念的，可以說只有屈原一人了。但從另一方面看，屈原之忠於楚懷王，只是君臣間之一種友誼，或許屈原以爲我如此忠心於懷王，而猶遭讒間，縱使再往他國，也一樣可受冤屈，因此投江而死。這只是文學家的一種極端懇摯的感情作用，也不好說他抱的是狹義的國家觀念。如此說來，戰國時代有名的智識分子，便絕少抱著狹義國家觀念的了。一輩智識分子的態度如此，平民農工社會更是如此。一國行仁政，別國民衆卽相率襁負而往。此在孟子書裏，記載得很明顯。到後來秦國廣招三晉移民，爲他墾地，三晉民衆也便聞風而集。可見戰國時代除卻各國貴族世襲階級，爲自身地位打算，因而或有採取狹義的國家觀念以外，其他民衆，無論是士大夫智識分子，或農工勞動分子，他們全不束縛在狹義的國家觀念裏。他們全都有一超越國家的國際觀念，或可說是世界觀念，卽天下觀念之存在。這便是秦國所以能統一東方各國的一個大原因。否則那些國家傳統都相當久遠，魯衛宋楚燕等國，從西周時代算起，至少都在八百年以上。卽從春秋時代算起，亦多超過五百年。卽如齊趙韓魏諸國，從戰國時代算起，亦各有三百年左右的歷史。秦國人何能很快地把他們呑滅，正因他們的國家並不建築在民衆的觀念上。民衆心目中並無齊國人楚國人等明確的觀念。他們想望的是天下或世界的和平與安全。因此秦國用的文臣，如呂不韋李斯等，武臣如蒙毅蒙恬等，都是東方客卿，但都肯眞心爲秦國用。而東方民衆亦不堅強愛國抵抗秦兵的侵略。秦國的統一，只能算是當時中國人天下太平世界一統的觀念之實現，而並不是某一國家戰勝而毀滅了另外的某幾個國家。

上面約略敍述了中國古代人對於民族宗教與國家的三項觀念。這三項觀念的內部，又是互相關聯，有他們共通融成一整體的意義。這一種觀念與意義，始終成爲中國古代文化之主要泉源，促成了秦漢以下中國之大一統。但這三項觀念，還只是外層的消極方面的，我們現在需再說到一種內層主動而積極方面的，便是中國人的人道觀念。中國文化是一種現實人生的和平文化，這一種文化的主要泉源，便是中國民族從古相傳一種極深厚的人道觀念，此所謂人道觀念，並不指消極性的憐憫與饒恕，乃指其積極方面的像後來孔子所說的忠恕與孟子所說的敬愛。人與人之間，全以誠摯懇懇的忠恕與愛敬相待，這纔是眞的人道。中國人的人道觀念，卻另有其根本，便是中國人的家族觀念。人道應該由家族始，若父子兄弟夫婦間，尙不能忠恕相待，愛敬相與，乃謂對於家族以外更疏遠的人，轉能忠恕愛敬，這是中國人所絕不相信的。家族是中國文化一個最主要的柱石，我們幾乎可以說，中國文化，全部都從家族觀念上築起，先有家族觀念乃有人道觀念，先有人道觀念乃有其他的一切。中國人所以不很看重民族界線與國家疆域，又不很看重另外一世界的上帝的，可以說全由他們看重人道觀念而來。人道觀念的核心是家族，不是個人。因此中國文化裏的家族觀念，並不是把中國人的心胸狹窄了閉塞了，乃是把中國人的心胸開放了寬大了。

中國的家族觀念，更有一個特徵，是父子觀之重要性更超過了夫婦觀。夫婦結合本於雙方之愛情，可合亦可離。父母子女，則是自然生命之緜延。由人生融入了大自然，中國人所謂天人合一，正要在父母子女之一線緜延上認識。因此中國人看夫婦結合之家庭，尚非終極目標。家庭結合之終極目標應該是父母子女之永恆聯屬，使人生緜延不絕。短生命融入於長生命，家族傳襲，幾乎是中國人的宗教安慰。中國古史上的王朝，便是由家族傳襲。夏朝王統傳襲了四百多年，商王統傳襲了五六百年。夏朝王統是父子相傳的，商朝王統是兄弟相及的。父子相傳便是後世之所謂孝，兄弟相及便是後世之所謂弟。孝是時間性的人道之直通，弟是空間性的人道之橫通。孝弟之心便是人道之核心，可以從此推擴，直通百世，橫通萬物。中國人這種內心精神，早已由夏商時代萌育胚胎了。再說到周王統，即使算到春秋末年爲止，亦已傳襲了五百年。而且中國古史裏，一個家族有四五百年以上歷史的，也並不限於王室。最著的像孔子的家世，孔子的祖上本是宋國貴族，自他的五世祖，由宋避難，遷到魯國，雖到孔子時，家世略略衰微了，但其傳統是還可指述清楚的。自孔家遷魯以前，他的家世可以直溯到宋國的一位君主（愍公），再由那位君主直溯到宋國的始封，這是在史記上都明白記載著的。由宋國的始封便可直溯到商代，因爲宋國第一世（微子）便是商代末一世（紂王）的庶兄。如此我們便可直從孔子追溯到商湯，不僅如此，我們還可從商湯上推，直到與夏代開國約略相等的時間，這是在史記的商本紀裏明白記載，而且有近代出土的甲骨文可做旁證的。如此說來，孔子的家世，豈不很清楚已有一千五百年的緜延嗎？（自孔子到現在，孔家傳統不絕，此已爲舉世所知）這無怪乎孔子要提倡孝道，要看重家族觀念，但孔子卻並不抱狹義的民族觀和國家觀，孔子講政治常是尊周王，羨慕周公，孔子作春秋，敍述當時歷史，也以魯國爲主。這正可證明我所說，中國人的家族觀念並不把中國人的心胸狹窄了，閉塞了。正因中國人由家族觀念過渡到人道觀念，因此把狹義的民族觀念與國家觀念轉而超脫解放了。

中國古代除卻孔家而外，尚有很多緜歷很古的家族。如晉國世卿范氏，他們自己說，自虞以上爲陶唐氏，在夏爲御龍氏，在商爲豕韋氏，在周爲唐杜氏，這亦緜延到千五百年以上，與孔家相彷彿，且更過之。其他春秋列國，如齊爲太公之後，魯爲周公之後，都已緜歷有五六百年以上，一個家族，枝葉扶疏，天子諸侯下面還有公卿大夫，從大家族派演出小家族，一樣的各自緜延數百年。不僅如此，那時的百工技藝商賈，亦都食於官府，以職爲氏，世代傳襲，那亦便是各各有其數百年以上的家世了。無怪中國人對於歷史觀念很早便發達得如此清楚，這亦應與家族傳襲有相互關係的。而且家族與家族間，又因長時期互通婚姻之故，而亦親密聯繫如一家，此如姬姜兩姓之在周代，至少是有此觀感的。因此吾們要考查中國人的家族觀念，不僅要注意他時間緜延的直通方面（孝）還應該注意他空間展擴的橫通方面。（弟）橫通直通，便把整個人類織成一片。因此中國人很輕易由家族觀而過渡到世界觀。上面說過，中國古代是一個封建社會，而這個封建，照理論上說，應該由夏朝時代早已存在，封建社會與家族制度，是不可分析的兩件事，宜乎中國古代人的家族觀念要有他根深柢固的淵源了。

但我們切莫誤會，以爲封建制度可以造成家族觀念，當知制度多從觀念產生，卻未必能規定觀念。我們要討論中國古代人的家族觀念，還應向裏觀察到中國古代的家族道德與家族情感，不能單從外面看，單從當時的封建形式，便武斷中國古代人的家族觀念，以謂只在封土受爵等等世襲權益上。要考察到中國古代人的家族道德與家族情感，最好（亦最詳而最可信）的史料，莫如一部詩經和一部左傳。詩經保留了當時人的內心情感，左傳則保留了當時人的具體生活。詩經三百首裏，極多關涉到家族情感與家族道德方面的，無論父子兄弟夫婦一切家族哀樂變常之情，莫不忠誠惻怛，溫柔敦厚，惟有此類內心情感與眞實道德，始可以維繫中國古代的家族生命，乃至數百年以及一千數百年以上之久。儻我們要懷疑到詩經裏的情感之眞僞，則不妨以左傳裏所記載當時一般家族生活之實際狀況做比較，做證驗。詩經和左傳，大體是西周，下及東周與春秋時代的，我們由此可以上推夏商時代。他們應該早有像詩經裏的家族情感與家族道德，那種人與人之間的忠誠惻怛，溫柔敦厚，這便是中國民族人道觀念之胚胎，這便是中國現實人生和平文化之眞源。儻不懂得這些，將永不會懂得中國文化。

上面一章裏已說過，中國文化是發生在黃河流域的寒冷空氣裏的。讓我們想像中國文化之產生，應該是勞作之餘在屋內之深思下而產生的，這一個家庭集體的勞作與其屋內深思，對於注重家庭情感之一點，亦應有深切的關係罷。

以下要約略說到一些中國古代人的生活狀況：第一要說的是農耕與游牧生活之消漲。在中國古代，農耕與游牧兩種生活方式共同存在。據古史傳說，神農部族是一個農業部族，黃帝部族則是一個游牧部族。他們的居地神農部族較在西偏，（當時中原的西偏，）恰當所謂黃土區，適宜於農事的發展。黃帝部族較在東偏，（當時中原的東偏）已是沼澤地帶，如左傳裏的逢澤，（在開封，）穆天子傳裏的漸澤，（在宛陵，）詩經裏的甫草，與周官職方及爾雅裏的圃田澤，（在中牟，亦即左傳裏的原圃，）禹貢裏的滎波，及左傳裏的滎澤，（在滎澤，）左傳裏的制田，（在新鄭，）戰國策裏的沙海，（在開封，）穆天子傳裏的大沼，（在宛陵，）都在黃帝部族居地之附近。這些沼澤，直到西周及春秋時代，依然還是著名的狩獵地。在黃帝時代，這一地帶，一定尚在漁獵游牧的生活方式下。史記說黃帝往來遷徙無常處，以師兵爲營衞，可見他是一個武裝移動的游牧部族。大抵中國古代在大地面上，一定是農耕與佃漁游牧各種生活方式同時並在的，但稍後姬姜兩部族便一樣成爲農耕部族了。或許中國古代的農業文化，有漸漸由西部黃土地區向東部沼澤地區而發展的趨勢。

商部族的開始，亦在東方沼澤地帶，但據殷墟甲文，他們定都安陽的時代，農業顯已成爲主要的生產了。甲文裏有黍稷稻麥蠶桑諸字，又有用黍釀造的酒字，有耕種用的耒耜諸字，雖則那時也仍盛大的漁獵與畜牧，這些僅成爲一種副業或貴族和王室的娛樂而已。那時不僅黃河北岸安陽一帶，已進入耕稼社會，即河南商邱（歸德）附近商代故國所在，也已漸漸進入爲耕稼的社會了。這裏可以看出從黃帝下來直到商代，中國黃河下游東方沼澤地帶正在漸漸地轉入農耕事業了。這裏是否與大禹治水的故事有關，現在無法詳知，但現存的詩經商頌裏明明說到大禹治水，使民得安居耕作，則可見禹的故事不僅限於西方夏部族，即東方商部族裏也一致尊奉的了。因此我們不妨設想中國古代東方平原沼澤地帶的農耕事業，或是隨著夏王朝之勢力東伸而漸漸傳播的。

但我們莫錯想爲古代中國，已有了阡陌相連，農田相接，雞犬之聲相聞的境界。這須直到戰國時代，在齊魏境內始有的景況。古時的農耕區域，只如海洋中的島嶼，沙漠裏的沃洲，一塊塊隔絕分散在曠大的地面上。又如下棋般，開始是零零落落幾顆子，下在棋盤的各處，互不連接，漸漸愈下愈密，遂造成整片的局勢。中國古代的農耕事業，直到春秋時代，還是東一塊，西一塊，沒有下成整片，依然是耕作與游牧兩種社會到處錯雜相間。這一層要求我們轉移目光，說到西周的封建形態上。

周代的封建，本是一種集團的武裝移民。一面墾殖，一面屯戍。一隊隊的西方人，周部族及其親附部族，也有貴族，也有平民，由中央（鎬京）選定了一個軍事據點，而兼可耕作自給的地面，派他們遷徙去駐紮下來。內部核心築著堅固的城圈，外圍簇聚著許多耕地。更遠的外圍，再築一帶防禦用的或斷或連的土牆，這叫做封疆。封疆之內，是他們的國土，封疆之外，則依然是茫茫一片荒地，儘有草澤森林山陵原陸，卻如孤島外的大海，沃洲外的沙漠，並不為封疆以內的人們所注意。那些分散各地的封疆區域，相互間也常通聲息，對周天子中央王室，亦常有往來。這裏便需要不斷的道路工程之修整。周王室便憑藉著這幾條通路，和幾十處農業自給的軍事據點，來維繫他當時整個天下之統治。周代的封建制度，不啻是張布下一個嚴密的軍事要塞網。在此網的內外，亦有許多原來存在的農耕區域，亦逐漸採取同樣的規模，取得周天子之承許，各各劃定封疆，保留其封疆以內之處理自由權。西周以來的封建，便以這種點和線條的姿態而存在。若論廣大地面上，還有不少停滯在游牧而兼狩獵為生的社會，他們為封建武力所驅迫，只能遠遠的退居於較為高瘠的，或較為低濕的山邱地帶或湖澤地帶，過他們較原始的生活。他們沒有城郭宮室宗廟社稷衣冠車馬，一切農耕社會所有的文物制度。他們既沒有這些，他們也不能遵奉周天子所定下的各種禮樂儀文。他們亦時或向周天子或其鄰地附近的大諸侯進貢，甚至互通婚姻，但以不在整個封建制度之內，因此當時人觀念中，不認他們為諸夏，而只當是四裔。（裔便是邊外之意。）所謂蠻夷戎狄，只是在各個農業封疆之外圍的。我們只要明白得此種情形，始知蠻夷戎狄並不是指一種或幾種異族盤踞在中國之外圍。他們有許多一樣是中國人，一樣是諸夏，而且全錯雜夾居在中國之內地。只因他們的生活；（即他們的文化）較原始，較野蠻，並不像當時諸夏般進步到同一的水準而已。一到周室中央勢力崩潰，諸侯相互間失其繫聯，又各各內亂，則此分錯雜居在各封建中間的蠻夷戎狄，自然也要乘機竊發。春秋時代之四夷交侵，並非全是外國異族向內侵入，有些是中國內部秩序之失卻平衡而引起的紛擾。

我們再進一層來稍稍敘述當時封建諸侯封疆以內的大體情形，這些便是將來秦漢時代新中國的胚胎。通常的城圈，大概不過方五里左右的大小。裏面的貴族，掌握著政治經濟武力文化各項大權，宗廟是他們一切的中心。最尊的宗廟祭奉他們的始遷祖，（即始封此土的第一代。）根據對此始祖血統上的親疏，而定其政治上地位之高下，及其應得經濟權益之多少。這始遷祖的直屬嫡支（長子，）世襲為此城的君主。依次而有的各個分支，則為卿大夫士，有其各分支的家廟。臨祭同一廟宇的，（同宗，）常是出征同一旗幟的。（同族。）同宗是指同一廟宇祭祀，（宗字是一座廟與一個神。）同族是指同一隊伍作戰。（族字是一面旗與一支箭。）一切貴族子弟，皆是武裝的戰士。戰車甲冑藏在宗廟，臨時分發。出戰和凱旋，都要到廟裏虔祭。有職掌一切禮器樂譜祈禱文件以及天文曆法占卜醫藥種種世襲的專官，都附屬於宗廟，成為一個貴族家庭特有的學者集團。其他尚有社稷宮室倉廩府庫諸建築，以及一批為這城圈裏的貴族所特用的各種工商人，亦皆世襲其事，住在為他們所指定的區域裏。其次便是平民的陋巷，和指定的市場。城外的土地，可以分為耕地與非耕地兩種。耕地由貴族依血統親疏分割，各自領到分土後，再分割與各自的農民。大體均等劃分，每一農戶以壯丁成婚者為單位，領耕地百畝，繳什一之稅，年老和死亡退還。這是一種均等授田制，即所謂井田。耕地以外，則為非耕地，又分山林池塘牧場等等，大體由貴族自己派人管轄，不再分給。尋常農民不得擅入伐木捕魚獵獸弋禽，違者以盜賊論。貴族在特定的節令，施行大圍獵或大捕魚等，其直屬農民亦得相隨參加，藉以練習作戰或供娛樂。漁獵所得，貴族以祭享的名義使用外，亦頗賜賚農民，各霑餘潤。那些農民亦各築土功，聚室爲居。有小至十室爲邑的，也有百家以上的。照周初制度，最大的封國不過方百里。大抵離城郊五六十里以外，便是此封國的邊疆，在此則另有一套防禦建築，只是寬寬的高高的堆成土堤，岸上面多栽樹木，作爲疆界，擇交通要口則設關守護。這是一個國和一個文化社會。外面便是游牧社會（戎狄）出沒遷徙之所。

上述的封建制度，直到春秋時代，依然還在進展。各個封國自己漲破了他原來方百里方七十里的封疆，像蜜蜂分房般，更向四圍近旁展伸。西周時代是天子封建諸侯，春秋時代則變成諸侯封建大夫。春秋時代的大諸侯，他也如西周天子般的王畿千里，由他們分封的大夫，則如西周天子的畿內諸侯一樣。如此各諸侯封疆日擴，農耕社會及城郭文化的區域日闢，游牧部落以前散漫雜居在平原草澤地帶的，現在漸漸驅迫，漸漸擠緊而退入山岳地帶。直到戰國，大強國只有九個乃至七個，（七國加宋與中山爲九。）他們還沿襲西周乃至春秋以來封疆的舊觀念，在相互國境上，各自築成幾條長圍牆，而在他們的內部，幾乎到了雞犬相聞，農田相接的規模。游牧部族逐步退避，才慢慢變成內中國而外四夷的局面。將來秦始皇帝統一六國，把北方三國（秦趙燕）的向北圍牆連接起來，便成中國史上之所謂萬里長城。（其在中國內部的一切圍牆則全都撤毀）而一切游牧部落逗留在長城以外的，同時也成立了一個匈奴國，與長城內農耕社會城郭文化相對抗。這幾乎又是上古黃帝神農東西相抵的形勢，只不過現在是換成南北相抗而已。若論匈奴部族之祖先，史記上說他是夏后氏之苗裔，又說他原是上古史上的山戎、玁狁、葷粥，以及春秋時代的赤狄白狄之類，並非由其種族血統與中國人不同，實因其生活文化上與中國人差異，因此而判劃兩分，這是未必不可信靠的。我們很難說匈奴族的遠祖，定與中國華夏系的遠祖中間沒有血統上的關係，只因後代人不懂古代的生活和觀念，因而反覺太史公的話離奇了。

現在再要說到封建崩潰後之新社會，封建社會在春秋時代繼續發展，同時也即繼續走上了崩潰的路子。封建社會是各有封疆的，各各關閉在各自的格子裏面。上面說到諸侯們各自漲破了他們的格子，如蜜蜂分房般各自分封，此種形勢雖可說是封建形勢之繼續發展，其實也即是封建形勢之開始崩潰。尤其是幾個本來建立在外圍的諸侯，如南方的楚，（湖北北部）西方的秦，（陝西東部）北方的晉，（山西南部）東方的齊，（山東東北部）他們處境特別優越，他們的封疆可以無限展擴。更如楚國專心兼併漢水流域的姬姓封國，大爲春秋時代諸夏所不滿，因此相互擯之爲蠻夷。其他如秦國則西併諸戎，晉則北併諸狄，齊則東併諸夷，（楚亦併南方諸蠻）只爲他們侵佔的是游牧部族的疆土，而並非封建諸侯，因此較不爲當時國際道義所指摘。他們擴地日大，未必一一分封子弟宗族，而往往暫時權派一大夫去管理。這樣一來，郡縣的新國家便逐漸形成，其姿態與關係，與舊的封建國家絕然不同。到戰國時，七個乃至九個大強國，幾乎全是郡縣的新國家了。所以到秦始皇帝統一，只要不再封建，全國便成一郡縣系統。

諸侯卿大夫貴族階級的勢力，各自漲破封建格子，向外發展，這是歷史上記載得很明顯的。而同時平民社會，農耕村落的勢力，亦同樣的漲破封建格子，向外伸展，此層較不顯著，然其影響之大，或者猶在前一事實之上。農民授田百畝，這是他的格子。井田地區以外的非耕地，包括山林藪澤廣大地面，乃貴族私有的禁地，並不在授受分配之列，一般農民不得享用。但農民社會到底也要漲破他原有的格子。那時的封建律令，禁不住農民們私自走進貴族的禁地（即非耕地）去，燒炭伐木，捕魚獵獸，尋找他們的新生活。這一種趨勢，在春秋中葉已逐漸見端，尤其在土狹人稠，田畝不敷分配的國家（如鄭如晉）裏，最先出現。那種憑藉貴族禁地作新生活的農民，在貴族眼光中看來，是犯法的盜賊。所以那時的盜賊，是不在城市而在藪澤的。封疆外戎狄的刼掠逐步少了，封疆內盜賊的擾竊，卻逐步的多。直到貴族階級感到禁無可禁，只好讓一步開放禁地，無論樹木鳥獸，都允許農民捕捉斬伐，只在擕出變賣經過禁戒線的時候，貴族向他們抽收相當於地租般的一筆額定的款項。這一種游離耕地的新生活，逐漸漸成爲新世界中自由的新工人與新商人。而此種抽收，本來是帶有懲罰意思的，如孟子書裏的所謂征商的征字，便是這個來源了。直到漢代，一般見解仍以農業爲法定的本業，而看非農業的工商雜業爲一種不法事業（姦利），其淵源正自封建社會而來。（戰國時代的廢井田開阡陌封疆，也是漲破封建格子之一例，此下再有詳說。）

農民漲破井田格子，而侵入貴族禁地，找尋新生活，便漸漸有工商職業之產生。同時相隨於國家規模擴大，而戰爭規模同時擴大，車戰漸變爲步兵戰，軍隊以貴族爲主體的漸變成以平民爲主體。大量農民開始服兵役，有因軍功而成爲新貴族的。如此農民漸漸轉化成工人商人與軍人，農民經濟繁榮，學術亦流到平民社會，遂成秦漢以下士農工商兵的新社會。大抵在東方採較自由的態度，工商事業活潑，因而游士激增，社會知識與文化一般水準易於提高，此以齊國爲代表。西方則比較接近統制的態度，厲行兵農配合，積極獎勵耕戰，抑壓工商自由，因而社會私家經濟不活潑，知識文化一般水準較低，游士亦少，此以秦國爲代表。（秦國游士皆由東方去。）最後西方武力戰勝東方，但東方文化亦戰勝西方。漢代仍有東方出相西方出將的情形，那已完全是平民社會的世界了。

第四章　古代學術與古代文字

中國在先秦時代，早已完成了國家凝成與民族融和兩大事業，這在上章已述過，同時中國民族的學術路徑與思想態度，也大體在先秦時代奠定，尤要的自然要算孔子與儒家了。但我們與其說孔子與儒家思想規定了此下的中國文化，卻更不如說中國古代文化的傳統裏，自然要產生孔子與儒家思想。我們在這裏將先約略說一些孔子以前的古典籍。

在孔子以前的古代典籍，流傳至今者並不多。舉其最要者，只尚書，詩經，和易經三種。尚書裏保留著不到二十篇商周兩代重要的政治文件。（尚書分今古文兩種本子，古文尚書出後人編纂與偽造，即今文尚書亦不盡可信，如堯典禹貢等大概盡是戰國時代人之作品。）最早的應該算盤庚三篇，大概在西元前一三〇〇年左右。但究竟是否真係商代文件，現在尚無可斷定。其較更確實可信和明白可讀的，則都屬於西周時代。這都是考證中國古代上層統治階級宗教觀念和政治觀念的上好史料。大體上他們常抱着一種敬畏與嚴肅的心情。他們敬畏上帝，敬畏祖先，敬畏民衆的公共意志，他們常不敢放肆，不敢荒淫惰逸，相互間常以嚴肅的意態警誡着。無論同體的君臣或先後體的父子。他們雖很古就統治着很大的土地和很多的民衆，但大體上，永遠是小心翼翼。這是中國政治上的最古風範，影響後世十分深切。

詩經的年代較後於尚書。韻文較散文晚出，民間性的文學作品較後於上層統治階級政治性和歷史性的文件，這也可代表說明中國文化之一個特徵。詩經是中國文學最先的老祖宗，中間有不少當時的民間歌詞，被採收而保存了。這全是些極優美極生動的作品，後代的中國文學，都從此演生。全部詩經共數約三百首。其作品年代，則自西周初年下迄春秋魯宣公時（西元前一一〇〇——西元前六〇〇）約包括着五〇〇年的長時期。在這三百首詩中間，雖有許多宗廟裏祭享上帝鬼神和祖先的歌曲，但大體上依然是嚴肅與敬畏心情之流露，他亦有一種神人合一的莊嚴精神與宗教情緒，但卻沒有一般神話性的玄想與誇大。中間亦有許多記載帝王開國英雄征伐的故事，但多是些嚴格經得起後代考訂的歷史描寫，他亦附隨有極活潑與極眞摯的同情的想像，但絕無像西方所謂史詩般的鋪張與荒唐。中間亦儘有許多關涉男女兩性戀愛方面的，亦只見其自守於人生規律以內之哀怨與想慕，雖極執著極誠篤，卻不見有一種狂熱情緒之奔放。中間亦有種種社會下層以及各方面人生失意之呼籲，雖或極悲痛極憤激，但始終是忠厚惻怛，不致陷於粗厲與冷酷。所以說國風好色而不淫，小雅怨誹而不亂。又說哀而不傷，樂而不淫。又說溫柔敦厚詩教也。這些全能指陳出在古詩中間透露出來的中國古代人心中的一種境界，一種極眞摯誠篤而不偏陷的境界。孔子曾說，詩三百，一言以蔽之曰思無邪。亦是指着這種境界，這種人類情思之自然中正合乎規律而不致放肆邪僻的境界而說的。我們可以說，詩經是中國一部倫理的歌詠集。中國古代人對於人生倫理的觀念，自然而然地由他們最懇摯最和平的一種內部心情上歌詠出來了。我們要懂中國古代人對於世界、國家、社會、家庭種種方面的態度與觀點，最好的資料，無過於此詩經三百首。在這裏我們見到文學與倫理之凝合一致，不僅爲將來中國全部文學史的淵泉，即將來完成中國倫理教訓最大系統的儒家思想，亦大體由此演生。孔子日常最愛誦詩，他常教他的門徒學詩，他常把詩禮並重，又常並稱禮樂。禮樂一致，即是內心與外行，情感與規律，文學和倫理的一致。孔子學說，只是這一種傳統國民性之更高學理的表達。我們再從另一方面看詩經三百首，大體上全是些輕靈的抒情詩，不需憑藉像史詩戲曲小說等等具體的描寫與刻畫，只用單微直湊的辦法，徑直把握到人類內心的深處。這一點又是表出了中國傳統文學與藝術之特性。中國史上文學與藝術界之最高表現，永遠是這一種單微輕靈直透心髓的。我們可以說，中國民族是一個崇尚實際的民族，因此其政治性與歷史性的散文早已發展成熟了，而後始有抒情文學出現。但這一種文學，依然不脫崇尙實際的精神，他們所歌詠的，大部多以人生倫理爲背景，只其形式則極爲空靈輕巧，直湊單微。換言之，他是以超脫的外表來表達纏着的內容的。我們要瞭解中國人此下發展的文字與藝術之內部精神，及其標準風格，我們亦應該從詩經裏去探求。

第三部孔子以前的經典爲後代尊重的，是易經。易經裏的十傳，經後人考訂，實出於孔子之後。但上下二篇的周易本文，則不失爲孔子以前的一部古書。這本來是當時占卜人事吉凶用的書，但中國後代的人生哲學，卻由此淵源。這部易經有些方面也很像詩經。占卜人事吉凶，亦屬人生實際方面的事，但易經的卦象，卻用幾個極簡單極空靈的符號，來代表着天地間自然界乃至人事界種種的複雜情形，而且就在這幾個極簡單極空靈的符號上面，中國的古人想要卽此把握到宇宙人生之內祕的中心，而用來指示人類種種方面避凶趨吉的條理，這可說和詩經是一樣的又着實而又空靈的指示出中國人藝術天才的特徵。因此易經雖是中國一部哲學書，但同時亦可說是中國的一件文學或藝術作品。中國哲學與中國文學藝術是一般的極重實際，但又同想擺脫外面種種手續與堆砌，想超脫一切束縛，用空靈淵微的方法直入深處。這全都是中國國民性與中國文化之一種特徵。

現在把易經裏的原始理論約略敍述如次。

人事儘可能的繁複，但分析到最後，不外兩大系統。一屬男性的，一屬女性的。人事全由人起，人有男女兩性之別，無論在心理上生理上均極明顯，不能否認。易經的卦象，卽由此觀念作基礎。一代表男性，--代表女性。這是卦象最基本的一個分別。但一與--的對比太簡單了，不能變化，乃把一三疊而成爲☰，--三疊而成爲☷，代表一種純男性與純女性。☳☵☶三形代表偏男性，☴☲☱三形代表偏女性。如此則成了八個卦象。若以比擬家庭，則☰爲父，☷爲母，☳爲長男，☵爲中男，☶爲少男。☴爲長女，☲爲中女，☱爲少女。若以比擬自然界，則☰爲天，☷爲地，

☳爲雷，☵爲水，☶爲山，☴爲風，☲爲火，☱爲澤。若以比擬動物，則☰爲馬，☷爲牛，☳爲龍，☵爲豕，☶爲狗，☴爲鷄，☲爲雉，☱爲羊。如此比附推演天地間一切事事物物有形無形都可把八卦來象徵。由此再進一步把八卦重疊成六十四卦，則其錯綜變化可以象徵的事物，益爲無窮。如☲☴象木在火下，這在事便可代表着烹飪，在物便可代表着鼎鬲。如☱☶象少男追隨少女之後，便可代表戀愛與婚事。易經便把如此簡單的六十四個符號變化無盡地來包括了天地間極複雜的事事物物，因此我們要說他是代表着中國藝術性之一面。但是又如何用來判斷吉凶的呢？這其間亦有幾條基本原理。

易經六十四卦，都由兩卦疊成，在時間上象徵前後兩個階段，在空間上象徵高下兩個地位，時和位，是易經裏極重要的兩個基本概念，幾乎如分別男性女性一樣重要。這是說，在某一時候的某一地位，宜乎採取男性的姿態，以剛強或動進出之的，而在某一時候的某一地位，則又宜乎採取女性的姿態，以陰柔或靜退出之了。又易經的每一卦，都由三劃形成，這無論在時間或地位上，都表着上中下或前中後三個境界。大體上在最先的階段或最下的地位，其時則機緣未熟，事勢未成，一切應該採取謹慎或漸進的態度。在最後的階段或最高的地位，其時則機運已過，事勢將變，一切應該採取警戒或退守的步驟。只在正中的一個地位和時間，最宜於我們之積極與進取的活動。若把重卦六爻合并看來，第二第五兩爻，居一卦之中堅，最占主要地位。第三第四爻可上可下，其變動性往往很大。最下一爻和最上一爻，則永遠指示着我們謹慎漸進或警戒保守。如此再配上全卦六爻所象微的具體事物，及其全個形勢，則其每一時間每一地位應取的剛柔態度和可能的吉凶感召，便不難辨認了。

我們總括上面所說，易經裏實包有下列三個最重要的基本觀念。一是人類自身內部所有男女剛柔的天性，二是人類在外面所遭逢的環境，其關於時間之或先或後，與地位之或高或下，及其四圍人物與事變所形成之一種形勢，（占卦所得之某一爻，即表示其時與地之性質，其餘五爻，即指出其外圍之人物與事態者，）此即所謂命。三是自己考量自己的剛柔姿性，與外部的環境命勢，而選擇決定其動靜進退之態度，以希望避凶趨吉的，此即所謂道。因此易經雖是一種卜筮之書，主意在教人避凶趨吉，跡近迷信，但其實際根據，則絕不在鬼神的意志上，而只在於從人生複雜的環境和其深微的內性上面，找出一恰當無迕的道路或條理來。最先此種占卜應該是宗教性的，而終於把他全部倫理化了，而且此種倫理性的指點與教訓，不僅止於私人生活方面，還包括種種政治社會人類大羣的重大事件，全用一種倫理性的教訓來指導，這又是中國文化之一個主要特徵。

孔子生前是否精研過易經，現在無法知道，但易經成書，應該遠在春秋之前，而易經裏的幾條基本原則，是頗合於將來儒家思想之路徑的。又因爲易經裏簡單的幾個符號（象與數）可以很活潑的運用，而達於極爲深妙的境界，因此後來的儒家（並有道家）都喜歡憑藉易經來發揮他們的哲理。於是易經這部書，到底和詩書一樣，也成爲中國古經典之一了。

以上說的，是孔子以前的典籍而流傳至今的。尚有不少我們知道有此種書，並很重要，而早已失傳的，約略言之，可分兩大類。一是禮書。禮本是指宗教上一種祭神的儀文，但我們在上文述說過，中國古代的宗教，很早便爲政治意義所融化，成爲政治性的宗教了。因此宗教上的禮，亦漸變而爲政治上的禮。但我們在上文也已述說過，中國古代的政治，也很早便爲倫理意義所融化，成爲倫理性的政治，因此政治上的禮，又漸變而爲倫理上的，即普及於一般社會與人生而附帶有道德性的禮了。我們現在爲禮字下一簡括的定義，則禮即是當時貴族階級的一種生活習慣或生活方式。這一種習慣與方式裏，包括有宗教的政治的倫理的三部門的意義，其愈後起的部門，則愈佔重要。這正恰好指示出中國古代文化進展之三階級。在春秋時代，便有許多記載着當時乃及以前各種禮的書籍存在着，孔子最熱心古代研究，最熱心人生研究，無怪其特別注重於當時的禮書。我們可以想像，當時各種禮書，一定很繁重，先後之間所行的禮有不同，各國之間所行之禮亦有不同。禮常在分化與變異，他們又未必全有記載，記載的亦未必全能部勒成書。當時各國的貴族階級，其自身便不能認眞知道這許多隨時隨地分化與變異的禮，更說不出那禮的後面由宗教而政治由政治而倫理的隨着文化大流而演進的意義。他們不僅對舊禮多所遺忘與錯失，他們並引起了許多虛僞和奢侈的相因於封建社會之逐漸崩潰而起的一切不合禮意的新禮來。孔子對當時的禮，獨有許多精邃細密的研究，他一面發明出禮的內心，即禮所內含之眞意，此即中國古代的禮所隨着民族文化大流而前進的意義，第二是孔子把握了此種他所認爲的禮之內心和眞意，來批評和反對當時貴族階級一切後起的非禮之禮。三孔子根據禮意，把古代貴族禮直推演到平民社會上來，完成了中國古代文化趨向人生倫理化之最後一步驟。這是孔子平日討論禮的大貢獻。至於後世所奉爲禮經的儀禮十七篇，經後人考訂，其書應產於孔子之後。周官禮更晚出，應在戰國末年。大小戴禮記中討論禮意的文章，大體都出於儒家的傳統見解，但興起亦甚晚。

禮的重要，並不在其文字記載，而在其實際踐行。中國古代人之禮的生活，現在尚可在春秋左氏傳裏，記載列國賢君卿大夫的生活行事，以及論語裏，記載孔門的日常生活中，窺見其一斑。尤使後人嚮往的，如春秋時代列國卿大夫把賦詩來代替外交討論之聰明與風雅，以及在兩軍對陣中相互間之餽贈與慰問的懇摯與大方。以及孔子的對於音樂與自然之愛好，及其對於日常嚴肅生活一種極細膩極恰適之調和，實可想像起中國古代人生一種文學的與藝術的瞭解，與其實現在人生境界中之崇高幽微的風格，因此我們若說中國古代文化進展，是政治化了宗教，倫理化了政治，則又可說他藝術化（或文學化）了倫理，又人生化了藝術（或文學）這許多全要在古人講的禮上面去尋求。

禮書以外，在孔子以前，再有一類很重要的書籍，在當時稱爲春秋的，我們現在不妨稱之謂史書。中國人是最看重現實人生的，因此他們極看重歷史。最先的詩書，早已是一種極好的史料，而還不能說是嚴格的歷史。從西周中葉，周宣王以下，直到春秋時代，孔子以前，中國各地史書便極度發展，當時有叫百國春秋與百國寶書的，可見當時的史書和禮書般一樣普遍地存在於列國之間了。孔子曾根據魯國春秋來寫定另一部春秋，這在後代也成爲中國經典之一的，這是唯一由孔子自著的經典。孔子春秋在中國文化史上其貢獻約有三要點。第一，是孔子打破了當時國別爲史的舊習慣，他雖根據魯國國史，但他並不抱狹義的國家觀念，在他的新史裏卻以當時有關整個世界的霸業，即齊桓公晉文公所主持的諸夏城郭國家和平聯盟的事業爲中心。第二，是他的新史裏有一種褒貶，這種褒貶，即是他的歷史哲學，即是他底人生批評。他對於整個人類文化演進有一種廣大而開通的見解，如楚國吳國等，其先雖因其不能接近諸夏文化體系之故而排之爲夷狄外族，到後亦隨其文化之演進而升進之爲諸夏，與中原諸國平等看待。第三，史書本來爲當時宗廟裏特設的史官之專業，現在由孔子轉手傳播到社會，成爲平民學者的一門自由學問。以上三點，孔子亦只在依隨當時中國文化演進之大潮流大趨勢而加速一步促其實現，與加進一層予以更深更新之意義。接着孔子春秋而完成的，有春秋左氏傳，他在哲學意義上並不能對孔子有所超越，但在收集與比排材料方面，則更完密了，此爲中國古代第一部最翔實最生動的歷史。包括將近三百年內幾十個大國錯綜複雜的一部大歷史。我們可以直接瞭解那時代的文化眞相的全靠着這部書。

以上述說書詩易禮春秋五種，後世合稱五經。（禮經以儀禮爲之）又加入樂，則稱六經。樂似乎只是唱詩的譜調。孔子對此極有研究，可惜後代失傳，現在則很難詳說了。我們只根據這幾種經典，便可知道中國古代文化是如何的注重於政治歷史倫理人生方面的大概。我們也只根據這幾種經典，便可瞭解孔子學說之來歷。

在孔子以前的春秋時代，還出生了不少的賢人，他們的思想和信仰，行爲與政績，都載在春秋左氏傳裏，只要我們稍一繙讀他們的精神笑貌，還都如在目前的。但無論如何，他們總是古代貴族階級裏的人物，直要到孔子出來，始爲中國史上平民學術之開始。現在我們姑行略去春秋時代，一述春秋以下之平民學者。

平民學者中最著的有儒墨兩派，儒家創始於孔子。儒字的原義，本爲一種通習六術之士的稱號。禮樂射御書數，古稱六藝。禮樂上文已說過，射御則只是禮之一節，書數更屬較爲初級的技能。大抵當時的貴族階級，照例都須通習此六藝，平民要想到貴族家庭去服務，至少亦必習得此六藝中之一二。這便是當時之所謂士。士的出身，其先多由貴族的庶孽子弟，及較低級的貴族子弟充任，其後始漸漸落到平民社會裏去。孔子便是正式將古代的貴族學傳播到平民社會的第一人。他自己是一個古代破落貴族的子弟，因此他能習得當時存在的貴族的一切禮和藝。孔子又能把他們從新組織，加以一個新的理論根據。古代典籍流到孔子手裏，都發揮出一番新精神來。因爲孔子自身也是一個儒士，所以後世稱他底學派爲儒家。儒家之後爲墨家，墨家創始於墨子，其學說較之孔子時代更爲平民精神了。以下學派便逃不掉此儒墨兩派的範圍。

墨字的本義，是一種刺面塗色以爲奴隸標幟的刑名。古代的奴隸，或由罪犯俘虜，大率集居城市，或分配到貴族私家，或特別訓練成一專門的技工，其知識程度與其身分，較之一輩儒士，或有不如，但以較普通農民社會，有的反而超出遠甚。據本書作者的意見，墨家墨字，便是取義於古之墨刑。大抵墨家發動在古代一個工人集團裏，或者墨翟自身便是一個受過墨刑的工人亦未可知。他較原始的弟子與徒從，恐怕也以工人爲多，所以這一學派便稱爲墨家了。

儒家學派所得於古代傳統的，是許多古代的典籍以及當時貴族階級流行的一切禮文儀節，墨家學派的始創祖墨子，據說亦在儒家門下受業過。因此對於那些古代典籍及一切貴族禮亦多知道。但他們另有一傳統，則爲當時的工業技能與科學知識。中國的工業，發達很早。殷商時代的青銅器，（鐘鼎之類，）保存到現在的尙不少。那已是三千年前的古物了。我們只看那些銅器製造之精美，便可推想中國古代工業發展，在此以前應該早有一個很長的時期。中國工業亦與中國文化精神全體相配合，大抵是甚爲精美而不流於奢侈，多切實用而又寓有人生倫理上的教訓意味的。古代的彝器，多作宗廟祭祠之用，又多加上銘文，大半是旣可作歷史記念而同時又寓有人生大義的格言和訓詞。這正可代表中國工業發展的方向與其意義之一斑。

鐵器究竟始於何時，現尙不能定論。但春秋中葉以下，鐵器使用已甚廣泛。戰爭用的劍與耕稼用的鋤，全都用鐵製。

冶金術以外，在中國工業上發展極早的，要算陶器。中國古陶器的體製裝飾，多與銅器相仿。大抵陶業先盛，靑銅器繼之，故一切仍仿陶器形製。陶器上亦多刻文。

在中國工業上發明甚早的，尙有蠶桑與絲織。這至少亦是三千四五百年以前所發明的技術了。這種技術自然與人生日用有極大關係。據古史傳說，在很早的古代，中國人衣服上已有刺繡，分繪日月星山龍等物象，藉以爲政治上貴賤等級之分辨。此亦中國工藝美術一切都自然歸附到人生實用並寓有倫理教訓方面的意味之一證。

除卻陶器與絲織，中國古代工業極重要的是車的製造，這是仍然有關人生日用並更切要於戰爭方面的，同時亦用來表示政治上的貴賤等級。古人常以車服並稱，可見當時車的重要。

上述銅器陶器絲織（衣）與木器（車）的四項，爲中國古代工藝亦即美術上最重要的四項。中國人的美術，常附加在工業上，而中國的工業，常注重在有關一般人生日用的器物上。這是中國工藝美術與中國整套文化精神相配合之點。

其他像廟宇宮殿的建築，據古書所載，似頗簡樸，並不能與當時的銅器及車服等等的精美程度相配合。中國人的觀念，對此等大建築，無關一般人生日用的，似乎認爲奢侈，常加反對。在中國古史上的大工程，只有有關農事的水利工程，有關交通的道路工程，及有關防禦的要塞工程（如長城之類。）其他則全是些小工藝。既沒有像古埃及人之金字塔等全屬宗教意味的偉大建築，亦沒有像古希臘人石像雕刻等屬於純美術性的創製。在中國是工業與美術合流了，僅在有關一般人生日用品方面，而流露了中國人之心智與技巧，使日常人生漸於精美化，這是中國工藝美術之一種特性。

墨家學派在此工人集團的統治信仰中產生，因此他們的理論，顯然偏向實用，偏向於一種極富倫理性的實用方面去。但墨家理論，不免過分注重人生實用了，因此不僅極端反對奢侈，而且也忽略了一般的審美觀念之重要。但在工人集團的意見裏，他們反對審美觀念亦不足為奇。因為當時的審美觀念，大體上是借用來分別人類的貴賤等級的。墨家反對人類社會之階級分別，自然要牽連反對到一切文飾（即審美）方面了。

墨家學派，因為起於當時的工人集團，因此不僅他們熟練於種種的工藝製造，（尤其著名的，如墨子創製防禦魯國巧匠公輸般所造攻城利器雲梯的故事。）並亦通曉許多在當時有關製造方面的科學知識。如關於數學幾何學力學重學光學種種方面的知識，現在有很多部分還保留在墨子書中幾篇經和經說裏。

墨家學派，不僅有許多科學智識，並亦有他們一種獨創的邏輯與辨證法。這一種邏輯精神與辨證法，在墨子的言論裏，到處流露出他的一種特有的風格，將來這一學派的流傳，便成為名家。

但是墨家學派更重要的，在其實行精神，在其對於改造社會運動之帶有宗教性的狂熱。因此其工藝製造方面及邏輯辨證方面，到底成為旁枝，不占重要的地位。

現在再把儒墨兩家思想加以簡要的對比。

上面說過，中國古代是將宗教政治化，又要將政治倫理化的。換言之，即是要將王權代替神權，又要以師權來規範君權的。平民學者的趨勢，只是順此古代文化大潮流而演進，尤其以儒家思想為主。他們因此最看重學校與教育，要將他來放置在政治與宗教的上面。他們已不再講君主與上帝的合一，而只講師道與君道之合一，即道與治之合一了。君師合一則爲道行而在上，即是治世。君師分離則爲道隱而在下，即爲亂世。儒家所講的道，不是神道，亦不是君道，而是人道。他們不講宗教出世，因此不重神道，亦不講國家無上與君權至尊，因此也不重君道。他們只講一種天下太平世界大同的人生之道。這便是人道，亦可說是平民道。論語裏的仁字，這是儒家理想中人道的代表。仁是一種人心的境界與功能，人與動物同有心，但動物的心只限於個體求生存的活動，只有人類心其功能和境界超出一般動物之上，在同類中間可以互相感通，不僅爲個體求生存，並有爲大羣文化的意義。這種心能和境界在人類文化史裏也正在不斷的演進和完成，其範圍極廣泛，但又極幽微，驟難確指。儒家常喜用孝弟兩字來做這一種心的境界和功能之示例。孝弟便是人類超個體而相互感通的一種心境。孝是時間之直通，弟是空間之橫通，故人心有孝，則人生境界可以悠久無盡。人心有弟，則人生境界可以廣大無窮。孔子論語，除卻孝弟外，又常說到忠恕。盡己之謂忠，推己之謂恕。忠恕也是指點人心而言。譬如人子盡他的心來孝順父母，此便是其忠。要孝順父母，必須先意逆志，瞭解父母的心理，此便是其恕。故孝弟忠恕仍只一心。惟孝弟專對家屬言，忠恕則泛及朋類。這種孝弟忠恕之心，便是孔子最看重的所謂仁，也便是人與人相處之道。隨後孟子又補出愛敬二字。（論語裏雖亦說到愛與敬，但把此兩字特別提出，合在一起，認能人類心知裏面的良知良能的，則是孟子。）孝弟忠恕全只是愛敬。人人莫不想望獲得人家的愛與敬，我即先以此愛與敬施之人，即此便是孝弟忠恕，亦卽此便是仁，卽此便是道。孔子講的道，有時像是依然要保留當時封建社會階級性的禮的精神，但孔子在禮的後面已安放了一個新的靈魂，卽是他常說的人心之仁。孔子認爲禮由仁生。禮雖似階級的，而仁則是平等的。禮雖似宗教的，而仁則是人道的。那時在政治化的宗教裏的最大典禮，要算郊天之禮了，只有天子可以郊天，這是十分表示着階級性的，但孔子不注重尊天而注重孝父母。孔子認爲祭禮最莊嚴處，卽在發自人類內心的仁，祭天與祭父母，一樣要由人類內心之仁出發。仁旣爲人人所共有之心境，則祭禮的莊嚴，亦應爲人人所共有，無分貴賤。天子可以祭天，而人人可以祭其父母。人人能在祭禮中獲得一種心的最高境界，使其內心之仁自然流露。人心能常有此種訓練與此種認識，則世界自可到達理想的人道。孔子學說明明要把古代政治化的宗教，在他手裏再進一步而變成人道化的政治與人道化的宗教的。孔子學說也明明是根源中國古代傳統的家族情感而發揮盡致的。因此孔子的教訓，並不排斥或遺忘了政治性的重要，惟上帝鬼神的地位，則更見淡薄而已。孔子的教訓裏，依然保留着政治意味的階級性的禮，只在人道意味的平等性的仁的精神下面來推行，而宗教性與神道性的禮，則全變成教育性與人道性的禮了。孔子的教訓，只在指點出人心中一種特有的境界和功能而加以訓練，使之活潑流露，好讓人自己認識，然後再根據此種心能來改進現世眞實的人生。孔子拈出一個人心中仁的境界，便不啻爲中國古代經典畫龍點睛，從此古代經典皆有異樣的活氣了。

墨子意見稍和孔子不同，宗教而政治化，政治而人倫化，人倫而藝術化，上面說過，這是中國古代文化演進一大主流，這一主流的後面，有人類內心之自然要求做他的發動力，孔子思想接受此大流而加以闡述發揮，墨子則有時蔑棄此大流而加以反抗。墨子站在人類平等觀念上極端排斥貴族階級，但他所主張的平等實際上不好算是平等而是無差別與齊一。他主張兼愛，便是一種無差別無分等的愛。他說要視人之父若其父，這就違反了人類內心的自然情感，但他卻說這是上帝的意志。在世人看來我父和你父不同，在上帝意志看來一樣沒有差別。所以墨子講天志來做他提倡兼愛的根據。他的思想，一面違反了人類內心的自然情感，另一面又要落入了宗教的舊陷阱。遂又不得不忽略了政治性的重要。又因為墨子太注重無差別的平等了。而且他所注重的平等，又太偏於物質生活的經濟方面，因此他又澈底反對禮樂，他認為禮樂是階級性的有差別的一種奢侈，因此墨子學說裏絕少藝術文學的趣味，他雖似很接近古代素樸的宗教觀念，但他卻缺乏了一種對人心特設的訓練方法，他沒有想到如何讓人類的內心好與他所信仰的上帝意志相感通。他雖重新採用了古代宗教的理論，但又毀棄了古代宗教的一切儀式和方法。這因為他太看重人生經濟實利方面，他只在人生經濟實利方面來建築他的無差別的平等主義。他認為等級與差別全是奢侈。他於是只認現社會最低標準的物質生活為人類理論上的正格生活，他在這個理論上，裝上上帝意志來強人必從。墨子的人格是可敬的，但其理論則嫌疏闊。墨子澈底反對古代貴族制度及其生活，在這一點上墨子的態度似比孔子更前進了。但他不免又回復到古代素樸的上帝鬼神的宗教理論上去，則確乎比孔子了後退。從另一面說，孔子雖不講上帝，不近宗教，但孔子卻有一個教堂，家庭和宗廟，便是孔子的教堂。墨子雖主張有上帝，跡近宗教，但墨子缺乏一個教堂，因他不看重家庭與宗廟。墨子到底把捉不到人心。墨子的學說，便缺乏深穩的基礎。又違反了中國古代由家族情感過渡到人道觀念的傳統精神，因此在將來，墨家思想便爲儒家思想所掩蓋，不能暢行。

但孔子一派的儒家思想，亦有他的缺點。第一是他們太看重人生，容易偏向於人類中心，人類本位，而忽略了四圍的物界與自然。第二是他們太看重現實政治，容易使他們偏向社會上層而忽略了社會下層，常偏向於大羣體制而忽略了小我自由。第三因他們太看重社會大羣的文化生活，因此使他們容易偏陷於外面的虛華與浮文，而忽略了內部的素樸與眞實。每逢儒家思想此等流弊顯著的時候，中國人常有另一派思想對此加以挽救，則爲老莊道家。

據本書作者的意見，莊子當與孟子同時，而老子書的作者則較晚，應該在荀子稍前或與荀子同時了。儒墨爲古代平民學派先起之兩大派，而道家則較爲後出。（儒墨兩字皆有特別涵義，爲古代社會之兩種生活流品，而道法名陰陽諸稱，一見便知爲學派名稱，即此可證其間之先後。）道家思想是承接儒墨兩派而自爲折衷的。但論其大體，則道家似與墨家更近。他們同時反對古代傳統的禮，認爲不平等而奢侈。又同樣不如儒家般以人本主義爲出發。墨道兩家的目光與理論，皆能超出人的本位之外，而從更廣大的立場上尋根據。惟墨家根據天，即上帝鬼神，而道家則根據物，即自然。莊子書裏有許多極精美的自然哲學的理論。但到老子書裏，則似乎又偏向於人生哲學及政治哲學的分數多了。因此老莊哲學之流傳，到底並不能眞的走上自然哲學與科學的路。（但後世一切科學思想與科學知識，仍多附雜在道教裏面。）而依然循着中國民國文化之大傳統，仍折回到人生方面來。因此在中國思想系統裏，儒道兩家遂成爲正反兩大派。儒家常爲正面而向前的，道家則成爲反面而糾正的。此兩派思想常互爲消長，這在以下幾章裏尙須講到。

以上所述儒墨道三家，他們都能站在人類大全體上講話。其餘名法農雜陰陽縱橫諸家，則地位較狹，不能像他們般有力了。

現在我們再把中國古代學術作一個簡括的敍述。大體在孔子以前，那時的書籍後世稱之爲經書，那時的學術，全操在貴族階級手裏，我們可以稱之爲貴族學時代。在孔子以後的書籍後世稱之爲子書，那時的學術，則轉移到平民階級手裏，我們可以稱之爲平民學時代。平民學者全體反對貴族階級之特權，不承認社會上有貴賤階級之存在，因而也不主張列國分裂。因爲主張狹義的國家主義的，其後面到底不免要以狹義的階級權利爲立場。正因春秋戰國時代平民學盛行，因此秦漢以下，始能造成一個平等社會與統一國家。但我們要知道，縱使在孔子以前貴族學時代的經書裏面，也並未涵有極狹義的階級主義。孔子以前的一輩貴族，早已抱有開明廣大的平等精神與人道主義了。孔子的新精神與新學說，仍不過從古代經書裏再加一層闡發與深入而已。因此孔子同時是平民學的開創者，又是貴族學的承繼人。在中國學術上，貴族學時代與平民學時代，一脈相傳，只見是一種演進，卻不見有所劇變與反革。即在社會上由貴族時代過渡到平民時代，也只見其爲一種演進，沒有雙方鬥爭與抗革的跡象。因此孔子以外的許多平民學者，其極意反對貴族階級的，在中國傳統精神上看來，反而覺得有些過激不近情理，而孔子與儒家思想，遂不期而成爲後代之正宗了。

現在再簡略說到中國的文字。中國文字亦可說是由中國人獨特創造而又別具風格的一種代表中國性的藝術品。我們只有把看藝術作品的眼光來看中國文字，纔能瞭解其趣味。中國文字至少有兩個特徵，第一，他的最先，雖是一種象形的，而很快便走上象意與象事的範圍裏去。中國文字並不喜具體描繪一個物象，而常抽象地描繪一個意象或事象。這是和上文所說易經八卦要把簡單空靈的幾個符號來包括天地間複雜的萬事萬物一樣的心境。只是易卦太呆板了，只能有六十四種變化，自然不能如中國文字般活潑生動。第二，則中國文字能利用曲線，描繪一輪廓，較之巴比侖之楔形文字以及埃及的實體象形文，都便利得多。巴比侖的楔形文字，其難於變化，是限於他的楔形上，正如中國八卦之難於變化，是限於他的卦畫上一樣。埃及的象形文字，我們可以說他是一種需要陰體塡黑的象形，譬如埃及的牛字，便需具體畫一牛形，因而必要有陰體塡黑的部分。中國古代的鐘鼎文字，依然還有些是陰面塗黑的象形體製，但逐漸變化，則逐漸擺脫這個限制。如中國古文裏的牛字，半其實已不是物象而是意象了。他只用曲線描一輪廓，不再需要陰面塡黑的部分。因此埃及文始終不能超過象形，而中國文很早便脫離了象形境界。中國文字可以說是利用曲線來描繪意象與事象的。將來的中國畫，依然也還利用線條來描繪意象與事象。到魏晉以後，中國人的書法，成為中國人最標準的藝術，書法的受人重視，超乎其他一切藝術之上。其實中國書法也只是一種運用線條來表出意象與事象的藝術，就其內在的理論上，不僅與圖畫同一精神，實可說與中國創造文字之匠心亦是同一精神的。我們還可以說，中國的文字和文學亦走在同一路徑上。他們同樣想用簡單的代表出繁複，用空靈的象徵出具體。

中國文字因為能用曲線來描繪物象事象和意象，因此其文字數量得以寬泛增添，這已在上面講過。但到後來，中國文字又能在象物象事象意之外，再加上一個象聲的部分。因為每一聲音各有其代表的每一意義，因此某一字之賦有某聲者，便可假借此聲來兼代某意。如此無形中又增添了許多字，雖則在事實上，文字數量並沒有增添。由此再進一步，把一代表聲的部分來和象物象事象意的另一部分相配合，把兩個單體字聯合成一個複體字，成一形聲組合的新字。這一來，文字數量更大量增添了。只就現在安陽商墟出土的獸骨和龜甲上刻的貞卜文字而論，在約莫十萬片的甲骨上，其字體經近人大略整理，至少亦已超過了四千個。那是商代的情形，直到周代以後，新文字還是繼續產生。各地的人只要援用此種象物象事象意象聲的四項規則，大家一樣可以造字。只要造出的字能自然恰當，各地人也一樣很快接受，很快推行，或為一公認的新字。因此文字數量逐步增多，而文字使用的區域也逐步推廣了。同時也有許多舊的不自然不恰當的字，也就因文字創造之逐漸進步而逐漸的淘汰不用了。若論中國文字究竟起始於何時，則現在尚無法攷定。就殷墟文字的形製上及數量上說，那時文字演進已甚久，距離初創文字的時代必已甚遠，民國十九年城子崖（山東濟南附近）的發掘，在那裏也發見了文字，據考古家推定城子崖應是在西元前二千年以上的遺跡，約當夏朝時代，從此以下，直到戰國末年，在此兩千年間，中國文字正永遠在不斷的改造與演進中。

中國文字本來是一種描繪姿態與形象的，並不代表語言。換言之，中國文字本來只是標意而不標音。但自形聲字發明以後，中國文字裏面聲的部門亦佔着重要地位，而由此遂使文字和語言常保着若卽若離的關係。舉其重要者言之，第一是使中國人得憑藉文字而使全國各地的語言不致分離益遠，而永遠形成一種親密的相似。譬如虎，有些地方呼作於菟，但因虎字通行，於菟的方言便取消了。筆有些地方呼作不律，但因筆字通行，不律的方言也取消了。如此則文字控制着語言，因文字統一而使語言也常接近於統一。在中國史上，文字和語言的統一性，大有裨於民族和文化之統一，這已是盡人共曉，而仍應該特別注意的一件事。

中國文字一面可以控制語言，使語言不致過分變動和分離，但另一面也常能追隨語言以適應新的需要與運用。社會上不斷增進了新事物，照中國文字運用慣例，卻不必一樣的添造新文字，只把舊字另行配合，便等於增添新字。譬如電燈火車之類，在中國文字裏，電燈二字便譬如一新字，火車二字也譬如一新字。此種配合，可以無窮無盡，而永不需另造新字。又如火柴，有些處呼作洋火，有些處呼作自來火，有些處呼作取燈兒，各地的方言，譬如各地各造各的新字，但結果是火柴一名通行了，那其餘的都淘汰了。如此則不僅不需另造新字，而且火柴一名，又控制了各地的方言，使他們都稱火柴而不再有別的稱呼。因此中國文字雖在追隨語言，而仍能控制語言。在殷商時代的中國，早已有四千多字了，直到現在，經過了三千多年的演進，一般社會上仍只要四千多字，或尚不要四千多字已經夠用。所以在戰國以前可說是中國人創造文字的時代，戰國以下，則是中國人運用文字的時代了。中國的古文字，（指戰國以前的文字，）幾乎變成中國的新文字（指戰國以後之文字，）之字母。中國人有了近乎二三千個字母，彼此配搭，永不感到不夠用。如此則中國人便可永不要添造新字，在三千年以下的人，只要略加訓練，便可認識三千年以上的古文字，而三千年以上的古書，現在中國的普通學者大都仍能通讀。中國文字實在是具備着簡易和穩定的兩個條件的，這一點不能不說是中國人文化史上一種大成功，一種代表中國特徵的藝術性的成功，即以簡單的駕馭繁複，以空靈的象徵具體的藝術之成功。

要明白中國文化之所以能擴大在廣大的地面上，維持至悠久的時間的，中國文字之特性與其功能，亦是很要的一個因素。

第五章　文治政府之創建

西曆紀元前二四六年的時候，在東方世界上算已有一個世界政府出現了。以後的一段時期，主要的努力，在乎把此政府如何充實改進，以達理想的境界，這是從秦始皇到漢武帝的時期。這段時期，是中國國家凝成民族融和開始走上大一統以後一段最光明燦爛的時期。那時的疆土，已和近代中國相差不遠。東方和南方直達海邊，東北包括朝鮮，西南包括安南。只西北秦代疆域並未越過今甘肅蘭州境，當時的長城即以此爲界，要到漢武帝開設河西四郡，疆域始展至今之安西與燉煌。在那時中國的文化勢力，可算已達到他儘可能的邊線了。秦漢北方的大敵有匈奴，匈奴與中國，在當時又成了耕稼與游牧兩種文化對峙的局勢。因地理的關係，中國一時無法叫匈奴耕稼化，便一時無法用中國的理想來強匈奴以從同。秦漢政府對付匈奴，便只有兩條路。一是隔絕，秦始皇的萬里長城便爲此用。希望在異文化的匈奴人暫時隔離在長城外，慢慢進行同化與融和的工作，這便成了漢初之和親政策。二是招徠，如漢武帝以下之對待南匈奴，把匈奴人移入內地或邊疆，與中國國民同一待遇，好把中國傳統文化教導灌輸給他們。中間的武力撻伐，則是不得已。在中國人觀念裏，匈奴不歸化，便是理想的世界政府不完成，這實在是一個大缺陷。中國歷史上傳統對外政策，主要常在和平與融洽，不在武力與擴張。常在大同文化世界之實現，不在偏狹的帝國主義之發展。讓我們回頭來看一看秦漢政府之內面，便可知道。

秦漢政府雖經王朝更易，其實是一氣相承的。秦始皇代表著中國史上第一個郡縣制的統一政府之開始。（西周時代已可說有統一政府，只是封建制的統一。）漢高祖代表著中國史上第一個平民爲天子的統一政府之開始。漢武帝代表著中國史上第一個文治的統一政府即士治或賢治的統一政府之開始。這是當時中國人開始建設世界政府以後之三步大進程。下面慢慢加以說明。

古代的貴族階級和封建制度，雖在統一政府下，常免不掉趨向分割，必待平民社會逐漸覺醒，逐漸抬頭，始有進一步統一之需要。由春秋中葉直到戰國末期四百年間平民社會各方面勢力繼漲增高，進一步的統一要求，愈來愈盛，秦始皇的統一，即承應此種要求而產生。但秦王室依然是古代一個貴族階級之遺傳，在此平民勢力日漲貴族勢力日消的歷史大潮流裏，秦國到底也須崩潰。秦國的統一事業，只是當時歷史進展中應有之一過程。秦王室終於繼續其他列國王室而趨於滅亡，古代貴族階級到此全部消滅，而後這一個統一政府開始完全掌握到平民社會的手裏。秦國統一只是舊局面轉換到新局面之最後一步驟，必待漢高祖以純粹平民爲天子，始是正式的新時代之開始。

這一個古代貴族平民兩社會的勢力消漲，並非僅是一個純粹經濟的或政治的鬥爭，在其後面尚有更深厚的哲學的或可說是人生宗教的理論與觀念爲指導。因此漢代的統一政府，開始雖爲一種素樸的農民政府，而到後終必轉化成一種文治的賢人政府。只要瞭解那時中國文化大流之趨向的，便可知是一種勢所必至的自然形態。

現在先檢討當時一般學術思想界的情形，再順次說到實際政治問題。普通一般的見解，頗認爲由秦始皇到漢武帝這一段，乃中國學術史上的空隙時期，似乎古代學術進展到此便落空或間歇了，這是一種錯誤的觀念，並非歷史眞相。先秦時代學術思想極度自由，極度發展，成了百家競鳴道術分裂的狀態。繼此以來的新時代，學術思想與政治社會一樣需要統一。從秦始皇到漢武帝這一段時期，正是當時一輩學者努力從事於調整與統一的時期。上面說過先秦思想雖說百家競鳴，最偉大的不外儒墨道三家。墨家精義多半爲儒道兩家所吸收，其形成正反對抗形勢的，只有儒道兩家。現在要做調和與統一工作的學者，擺在他們面前的只有三條路。一是超然於儒道墨諸家之上而調和統一之，二則就道家爲宗主而調和統一其他各家，三就儒家爲宗主而調和統一其他各家。最先努力的便走了第一條路，稍後又分走了第二第三條路。若要走第一條路，非其氣魄聰明更超於孔墨老莊諸家之上，即不足以超越此諸家而另創一新的統一。（孔子對於古代便做了這種工作。）有志於這一工作的，便是秦相呂不韋和其賓客。他們寫成了一部呂氏春秋，他們雖想調和統一以前的諸家，但他們並沒有更超於諸家之上的更偉大更高明的觀點與理論，因此他們便沒有吸收融和諸家的力量，只在諸家思想裏左右採獲，彼此折衷，做成一種灰色的景象，這不算是成功。代表第二路線的是漢武帝同時的淮南王書，由淮南王劉安和其賓客所撰成。在大體上說，道家思想是追隨在儒家之後而加以指摘與糾正的，他多半屬於批評性而非建設性，他在思想史上的地位，根本便不是一種最高境界，而且當時歷史大流，正向正面積極方面洶湧直前，因此淮南王書也不好算有成功。代表第三路線的，應該是最適時宜而又最有成功希望的一條路線了。事實上，他們亦確有極大的功績，只可惜這一工作不爲後代的歷史家們所注意。舉其代表人物，則自李斯到董仲舒，他們全都與當時的實際政治發生極大的關係。舉其代表著作，則應該以易經的十傳，與收在小戴禮記中許多篇重要的文字爲主。如大學、中庸、禮運、王制、樂記、儒行等，全在儒家思想裏有其很大的貢獻，他們都能吸收道墨各家的重要思想與重要觀點，把他融化在儒家思想裏，成一新的系統，留給此後中國思想界許多極重大的影響。只可惜這許多重要著作者的姓名，全不爲我們所知。而後來推尊這許多著作的學者，相率把他們的著作年代提前了，都認爲在孟子荀子以前，或者是孔子與其及身弟子之作品，遂把儒家思想的發展程序弄糊塗了，而又把秦始皇到漢武帝這一段時期，誤認爲是學術思想史上一段黯澹無光的時期。

代表第三路線的，除卻上述，尚有鄒衍創始的陰陽學派，亦在將來中國思想上佔著極重要的地位。他們的思想，自然亦是包容各家而以儒爲宗的，尤其與易經學派走了比較接近的路子，不過易經派的學者是在哲學與人生方面的興味更濃些，而陰陽學家則在政治與歷史方面的興味更濃些而已。關於這一派的思想，以下尙有敍述，此不再詳。

以上指明了從秦始皇到漢武帝一段時期裏學術思想界的大概，我們可以説，在此時期，並非學術中歇，亦非先秦各家思想皆趨衰亡，而獨留儒家存其傳統。在當時，實在有追隨於時代潮流而興起的一種綜合的新思想，此派思想並能把握到指導政治的潛勢力。要明瞭此時期的政治演變，我們先需著眼於此派思想之精神。我們並不能僅看秦始皇與漢武帝爲一派專制暴力之代表者。在此第一要説到的，是秦始皇和李斯的焚書事件，一般見解常以此爲秦始皇採用專制政策摧殘學術之罪狀，並謂學術中歇便由於此。其實此事在當時，純粹是一個政治思想上的衝突表現，而秦始皇和李斯，則比較站在較開明較合當時歷史大流的地位。要實現人類永久和平的寢兵理想，則就政治論之，世界不應有兩個國家或兩個政府同時並存。就社會論之，人類亦不應分兩個階級，不論是貴賤或是貧富，同時並存。秦始皇統一六國後，不再封建，便是這一個高遠理想之實施，而非出於政治上之陰謀與私心。他在當時，實在是追隨於戰國以來政治上不許有兩個政府，社會上不許有兩個階級的天下太平與世界大同的時代思潮而努力求其實現的。若僅謀便於一姓一家私政權之統治與鎮壓，則分封子弟宗室姻戚功臣各帶一部分軍隊到各地去駐屯，模倣西周開國規模，實較穩妥。當時東方一部分守舊泥古的學者，多請秦始皇復行封建，正爲此意。只有李斯力勸秦始皇弗從衆議，而同時深感到思想言論上的龐雜情形，有礙於理想政策之推進。恰巧李斯的老師荀卿，素來主張一種智識上的貴族主義，李斯又憤慨於學術政治同出一尊的古代狀態，遂開始請求政府正式出來統制學術，這是荀卿思想之過激與褊狹，亦是當時要求思想統一的一種自然姿態，並不能說是出於秦始皇個人之野心與私慾，亦並非他們存心摧殘學術。（後代人用焚書兩字做題目來概括這件政治大爭議，又和坑儒事件合并，遂容易使人迷失當時的眞相，細看史記便知此事原委。）

此下我們將約略把當時政治上的大體演變來證實上面的敍述。

古代政府，由春秋到戰國，全由貴族組織，直到戰國中晚，始有游仕參加，這是平民學者參加政治之先聲。但他們在政治上的地位，始終不過是客卿，政府基礎，依然仍築在貴族階級身上。秦始皇統一天下，當時人說他「陛下有海內而子弟爲匹夫，」這始遵照當時學者理論，澈底打破了貴族政府之積習。待到漢初，全由一輩素樸農民爲君爲相的時代，轉反有些跡近反動。一面從新封建諸侯，而中央政府則幾乎成爲一個軍人政府的形態。代表天子治理全國政務的是宰相，（這是秦制。）但宰相非封侯者（即貴族）不得爲。依照當時慣例，非立軍功不得封侯，因此當時追隨漢高祖爭奪天下的一個軍人集團，在外則裂土封王，在內則封侯拜相。漢初政府實是一種封建制度與軍人政府之混合物，較之秦始皇時代，不得不說是一種逆退。但不久期間，封建勢力再次削滅，重新恢復到秦代郡縣一統的局面，這正是漢武帝開始即位時的情勢。繼此又有一個大轉變，便是平民學者公孫宏純粹因學者資格而獲拜相，因拜相而再封侯，打破漢初舊制，從此以下，軍人政府漸變成士人政府，這是一個政治制度上極堪重視的轉變，因此轉變而軍人新貴族在政治上的特權取消，始可說到達了眞符理想的平民政治的境界。要建立理想的世界政府，便決不是周代般的貴族政府，亦決不是漢初般的軍人政府，一定應該是一種平民政府，由一輩在平民中有知識有修養的賢人（卽士人）組織與領導的政府。試問漢武帝當時如何完成這一個工作，我們便須繼此再講到當時對於學官的一番新整理，此卽當時之所謂五經博士。

本來當時的政府，依然還是由王室親貴和親信軍人所組成，在其間僅有的代表學術意味的官職，只得附屬於宗廟下面，保留著古代學術依附宗教之舊型。秦漢時代政府裏的學官，大概言之，可分兩類。一爲史官，一爲博士官。史官自西周以來便有之，追論原始，則與巫師藥師卜官祝官等同爲古代半僧侶式的宗教官吏。這些史官大體上多是世襲的。博士官則戰國中晚以後始有，各國網羅平民學者，厚給俸糈，並不使負實際行政責任，只備顧問諷議，表示著當時處士議政的新風氣。我們可以說，史官是傳統的，博士官是新創的。一屬宗教意味，而一則爲平民性質。秦代的博士官，額定七十員，（因孔子有七十弟子之故）時得出席國家重要政事會議，發表意見。動議復興封建制度的也是他們，因此一番爭論，博士官的人選便經過一番整理，但此番整理，似乎反而糟了，沒有什麼進步。凡研究實際政治、歷史、教育、文化問題的學者，或許因其意見易與當局者不合而逐漸能斥了。一輩專講神仙、長生、文學、辭賦等等，比較與現實政治不相干，而有時可以迎合皇帝消遣與迷信的需要者，轉而充斥了。把當時的話來說，是講經學的博士少了，而講百家言（旁門雜技都屬百家）的博士則多了。直到漢初，此風未改。

戰國以來的學者，雖說全是代表著平民學者的身分，但他們的生活，大部分還需仰給貴族階級之供養。即如孔子曾子子思孟子一派儒家，便是其證。漢初學者除卻集合中央，謀一博士官職外，又因封建制復活，多游仕諸侯。他們依然模仿戰國策士的舊風習，常想興風作浪，掀動內亂，否則講一些神仙長生之術，以及當時盛行的辭賦之類的消遣文學，導獎奢侈，做一個寄生的淸客。其注意政治、歷史、教育、文化問題的，則必留心到較古代的典籍，即是當時所謂經學方面去的，在當時反而不易得志。那時在中央政府得志的學者，較恬澹的則爲黃老派的隱士，他們主張淸淨無爲。較切實的則爲申韓派的法家，他們但知遵奉現行法律。這兩派對於改進現實，均不勝任。一到漢武帝時代，中央再度統一，社會重臻繁榮，要求學術與政治的密切合作，遂有建立五經博士之舉。所謂五經博士制，並非博士制度之創始，只是博士制度之整理與澄淸。將自秦以來的百家博士全取消了，而專設五經博士，專門物色研究古代典籍注意政治、歷史、教育、文化問題的學者，讓他們做博士官，好對現政府切實貢獻意見。那輩講求神仙長生、詩辭歌賦、縱橫策士，以及隱士與法律師之類的地位，則降低了，全都從博士官中剔除澄淸。此即所謂排斥百家，在當時的情形下，不可不說是一種有見識的釐頓，也不可不說是一種進步。

更重要的，是規定五經博士教授弟子的新職，這是中國史上有正式的國立大學校之開始。以前封建時代，未嘗沒有政府教育，但大體上這種教育，爲貴族子弟所專有，平民學者則另有一種自由教育，這是私家的，與政府無關。直到此時，才開始規定政府的學官五經博士，有教授弟子之兼責。（其主要責任還是出席政府會議，參預行政顧問等。）此輩弟子由地方政府（郡縣）選送。十八歲以上的優秀青年，不限資格，均可應選。起初額定只五十員，此後逐漸擴充，到東漢末年，太學生多至三萬人。相距不到三百年，學員增加至六百倍，那種驚人的發展，可以想到這一個制度在當時所發生的影響。

博士弟子最快的只一年便畢業，畢業後國家並爲指定出身。考試列甲等的，多數可充皇帝的侍衛（郎官）。乙等以下的，派充各地方政府（以該學生之原籍貫爲主）的吏屬。這樣一來，漸漸全國地方政府裏的屬吏，全改成國立大學的青年學生了。將來此種吏屬服務有成績，依舊選送中央，充任侍衛，如此則皇帝近身的侍衛，也漸漸變成全是些大學青年了。依照當時慣例，中央與地方的各級官吏，多半由皇帝侍衛選充，因有這一制度，從前由皇室宗親與軍人貴族合組的政府，在現在不久以後，便完全變成由國家大學校教育及國家法定考選下的人才來充任。因此我們說，到漢武帝時代而始完成了中國史上文治政府之出現。這是中國人傳統觀念裏的理想政府之實現，這是中國文化史上一個大成功。我們現在稱他爲文治政府，以別於從前的貴族政府與軍人政府，這不能不說是一個大轉變。而這一個轉變的後面，顯見有一種思想之指導，由秦始皇到漢武帝，大體上多少跟著這歷史大潮流而趨。中國此下的政府，便全依此種意義與規模而演進。現在讓我們乘便把秦漢時代的政府再約略加以申說。

一皇帝與王室　商代的王位是兄終弟及的，這在理論上，一家兄弟全都有做王的資格，這時是家屬觀念超於王統觀念之上的。這是說他之所以得承王統，因其屬於這個家族。周代的王位是父子相承的，而且不久便進步到成立一個極精密的長子繼承法，那時則一個家族裏只有一個系統成爲王統，其餘則由王帝的分封而各成貴族。這時是王統觀念超於家屬觀念了。這是說他之所以得爲貴族，因其接近這個王統。到秦漢時代，則除卻王帝的一線系統外，王室在政治上絕無法定的特殊地位。此即所謂「陛下有海內而子弟爲匹夫」，秦始皇時代已經是最標準的了。漢初仍行封建，似近反動，但到漢武帝以下，皇帝子弟名雖封王封侯，實際全不預聞政事，王與侯僅爲爵位，表示一種社會地位之尊嚴，並非政治上的職權，絕無實際責任與實際勢力。那時則政治上僅存一個王統而沒有所謂王家。王家與士庶人家在政治制度上是不相懸異的。（至少理論上如此。）中國秦漢以下的王統，本意只在象徵著中央政府之長治久安與一線相承，早已不是古代貴族觀念下面所有的王統了。

二丞相與政府　皇帝只爲政府最高領袖，象徵國家之一統，而非某家某族的一個代表，如此則王統已與古代貴族觀念分離，只成爲政治上之一種需要。但我們切莫忘了，秦漢以下的中國，在當時譬如是一個世界，全國疆域遼闊，以古代交通之不方便，而且當時已無特殊的貴族階級存在，民衆地位普遍平等，若說要民選皇帝，這是如何一件困難事，我們自可想像而知。皇帝不經選舉，只有世襲，可免紛爭，但世襲未必皆賢，於是政治實權則交之丞相。丞相始爲政府之實際領袖與實際負責人，丞相不世襲，可以任賢用能，而丞相更迭，亦無害於王統之一系相傳。皇帝只是虛位政治上最尊的一位，不搖不動，而丞相則操握政治上的最高權。只求丞相無不賢，則王統自可萬世相傳。秦始皇帝本此意見自稱始皇帝，希望二世三世永傳無窮，這亦是當時政治上一種新理想，刺戟著秦始皇帝之想像，而禁不住使他發出這樣高興的呼聲。因此秦漢時代政府裏的實際政務官，皆歸丞相統率，而皇帝屬下則僅有侍奉官而無政務官。秦漢初年，皇帝私人祕書（尚書郎）只有四人，可見政事並不直屬皇帝，而丞相下面的曹椽，則所分項目超過十幾門類以上。丞相的祕書處，其規模之大，較之皇帝的私人祕書室，不知要超過多少倍。我們只把當時這兩個祕書機關的內容相互對比，便知在當時理論上乃至事實上，政府大權與實際責任，全在丞相而不在皇帝。（丞相二字的語義，便是副皇帝。）所以遇有天變大災異，習慣上丞相要引咎自殺，而皇帝則不須作什麼負責的表示。

三兵隊　封建時代，貴族階級自己武裝，擁護他們自己的利益。秦漢時代雖亦有封王封侯的貴族，但他們的權益，皆由中央政府規定給與，用不着他們自己保護。王室只成一個私家，亦沒有私養的軍隊。那時全國軍隊，皆由國民普遍輸充。（二十三歲服兵役，五十六而免。）中央政府即由全國各地壯丁按年番上駐防，論其數亦不過三四萬人而已。據史書的統計，漢代疆域東西九千三百零二里，南北一萬三千三百六十八里，總面積在一萬萬方里以上，全國人口六千萬，而中央常川駐軍只有四萬人，這可說是文治政府一個極顯明的成績與證據。

四地方政府　秦漢是一個郡縣統一的國家。秦幷天下全國初分三十六郡，到漢代末年，添置到一百零三郡。（連有封國在內，封國的政事一樣由中央派官吏治理。）縣邑一千四百餘。（縣中尙有蠻夷的曰道，共三十二個，幷計在內。）這些郡縣在政治上完全站在同等的地位。他們同等的納賦稅同等的當兵役。各地除邊郡外，由地方兵自衞秩序。受同一法律的裁判，同樣可以選送優秀人才享受國家教育與服務政治，並按人口分配額員。在東漢時，各地方每二十萬人有選舉一員之權利。秦漢國家在理論上乃至事實上，是一個平等組合的，是和平與法治的，而絕非一個武力征服的國家。因此各個郡縣，都是參加國家組織之一單位，而非爲國家征服之一地域。各地方每年向中央有法定的政務報告，稱爲上計簿，簿中詳列每年戶口、生產、賦稅、兵役、刑獄、盜賊、學校、教育種種的統計。中央政府同時亦分區派監察調查專員，稱爲部刺史，共分十三部，按年在全國各地偵查。中央政府根據這些上計簿與部刺史之報告，來決定地方官吏之升降與賞罰。郡縣屬吏，盡由郡縣長官自己辟置。縣廷大者，其屬吏多至千人。縣令政績優異，可升郡守，郡守一轉便爲三公九卿。漢代的宰相，大多數皆由郡縣吏屬出身。因此兩漢時代的地方政治，成爲中國歷史上極有名極出色的一頁。

我們再綜述那時政治上幾個重要點。一、皇位世襲，象徵天下一統。二、丞相輔助皇帝，爲政府領袖，擔負實際行政責任，選賢與能。三、全國官吏皆由公開標準考選，最要條件是受過國家指定教育與下級行政實際經驗。四、入仕員額，依各地戶口數平均分配。五、全國民衆在國家法律下一律平等，納賦稅，服兵役，均由法令規定。六、國內取消貴族特殊權利，國外同化蠻夷低級文化，期求全世界更平等更和平之結合。這是當時秦漢政府的幾個大目標，而且確實是朝向著這些目標而進行。在這裏有一最困難的問題，便是由第一條皇位世襲而來的問題。當時政府所轄的面積實在太大了。政治上了軌道，社會和平而安定，更無特權的貴族，與軍人跋扈，又無侵邊的蠻夷，一切平流競進，只有一個王室長時期的傳統，世世相承，安富尊榮，久而久之，王室自然要覺得高高在上，和一般社會隔絕分離。賢能的皇帝則專制弄權，庸懦的皇帝則荒淫害事，王室的不安，勢必牽動到整個政府。要避免那種王室長期世襲的弊病，當時遂有一番新理論出現。那種理論當時稱爲五德終始說或三統循環論，現在我們不妨稱之爲王位禪讓論。這種理論大體根據於戰國以來的陰陽家。

中國是一個農業國，因此天文學上的智識發達很早。據說在唐虞時代，已產生了相當精密的曆法。王室頒布曆朔，指揮全國農事進行，這是一件極重要而寓有神祕性的大政令。到春秋時代，東周王室頒朔的制度，漸漸荒廢，轉而使天文學知識更普遍地在列國間發展。春秋後半葉，那時似已採用一種以冬至日爲標準的曆法，已有近於七十六年法之痕跡。（以一年爲三百六十五日又四分之一，經七十六年而年月日一循環，此等曆法之推行，似較西方楷立普司 Collippos 法（在西元前三三四）還早。那時（春秋後半葉）又似已制定十九年七閏法，亦較西方梅頓 Meton（西元前四三二）之發現爲先。中國史上的天文學知識，大體是早於印度或西洋的。一到戰國時代，因於水火金木土五星的發現，五行學說隨之而起，漸漸由此產生鄒衍的五德終始說。這一個學說經過相當時期的演變，遂成爲漢代學者之王位禪讓論。大體謂天有青（木）赤（火）黃（土）白（金）黑（水）五帝，分配於春（木）夏（火）秋（金）冬（水）四季，更迭用事。王者行政，便須相隨於此五行時令而各擇所宜。如此便配合上當時農事經濟的實際需要，而建設了一套政治訓條與政治日曆。他們又認爲歷史上的王朝起滅，亦由此五德循環之故。每一王朝，相應於天上之某帝，（如周爲火德，上應赤帝，秦爲水德，上應黑帝之類。）這依然是一種天人相應論之變相。天上五帝更迭用事，地上王朝亦須追隨更迭。中國人根據歷史觀念，唐虞夏商周以來，已有不少的王朝興廢，因此認爲絕對不能有萬世一姓的王統。每一王朝經相當時期，便應物色賢人，自動讓位，（模倣古代的堯舜。）否則勢必引起下面革命，（如商湯與周武王。）被武力驅逐。這種意見，到漢武帝以後，在學術界更爲流行。因爲大家信爲漢代之全盛時期已過，準已到自動讓賢的時期了。那時有一位大臣，（蓋寬饒）一位學者，（睦弘）皆因公開勸漢帝讓位，得罪被殺。但那種禪讓論依然流行，最後便醞釀成王莽的受禪。（西元八年）不幸王莽只有十六年，便國亂身死，以下又是劉秀爲天子，漢代中興，前漢諸儒的自動讓賢論，因此消沉下去。及東漢末年，曹魏司馬晉，皆以篡竊隱謀，而假借禪讓之美名，南朝宋齊梁陳莫不如此。帝王讓位，變成歷史上一件醜事。而且漢儒所提唱的禪讓論，其本身也有缺點，依附於天文星象，跡近迷信。但你若要直捷根據民意，則那時的中國，國民公共選舉制度，又無法推行。若待政府大臣會議推選，則那時的中國已經不是貴族政府了，大臣皆出自民間，短時期內常見更迭，不能形成一個凝定的中心力量。若叫他們來推選國家元首，勢必另起紛擾。於是只有仍讓王統世襲，成爲中國政治上一個懸案，一個一時不獲補償的缺陷。但我們到底不能說中國秦漢以下的政府，是一個帝王專制的政府。這由中國民族的傳統觀念以及學者理論的指導下所產生的政府，雖不能全部符合當時的理想，但已是象徵著中國文化史上一種極大的成績了。

上面敍述了秦漢時代之政府組織，我們再一論及當時的國家體制。大體人類組織國家，不外幾種型類。第一種如古代西方希臘之城市國家，第二種如古代西方羅馬帝國以及近代英法帝國等，第三種則如近代美德聯邦及蘇維埃聯邦。但秦漢時代中國人所創造的新國家，他的體制卻全與上述不同。他不是一個城市國家，像封建時代的小王國，那是不用再說了。但他又並不是一大帝國，並非由一地域來征服其他地域而在一個國家之內有兩個以上不平等之界線與區劃，第三他又不是聯邦國，並非由秦代之三十六郡漢代之一百〇三郡聯合起來組織了一個中央，他只是中央與郡縣之融成一體，成爲一個單一性的國家。他是中國人之中國，換言之，則在那時已是世界人之世界了。所以漢代人腦筋裏，只有中國人管中國事，或說是中國人統治中國，而在中國人與中國之大觀念以下，再沒有各郡各縣小地域各自劃分獨立的觀念。這一種國家，卽以現在眼光看來，還是有他非常獨特的價値。我無以名之，只可仍稱之爲郡縣的國家。城市國家是小的單一體，郡縣國家是大的單一體。至於帝國與聯邦國，則是國家擴大了而尚未到達融凝一體時的一種形態。將來世界若有眞的世界國出現，恐怕決不是帝國式的，也不是聯邦式的，而該是效法中國的郡縣國的體制的。大的單一的國家體制之確立與完成。這又是中國文化史在那時的一個大進步。

第六章　社會主義與經濟政策

中國政治思想上的民本觀念，淵源甚古。尚書左傳孔孟書中，這一類的理論，到處可見。因此秦漢時代，文治政府之創建，與社會思想之勃起，二者並行，這是不足爲異的。

西周以下的封建社會，那時可說是只有貴賤之分，而無貧富之別。農民受田百畝，繳什一之稅，大體上是在一種均產狀況下過活。逮及封建社會漸次崩壞，農民遊離田畝，工商人自由的新生業出現，一般經濟，逐漸走上貧富不均的路，這已在上章約略說過。同時封建地主，亦希望稅收增加，又希望收稅手續簡單，授田制度漸廢，認田不認人，只收田租，不再派分田畝。一面獎勵多耕，開除封疆阡陌，打破封建的舊格子，如此則農戶中間亦漸生兼并，富者田連阡陌，貧者無立錐之地。又兼平民軍隊興起，那時各國定制，殺獲敵方一甲士，可封五戶，成一小地主。井田制度破壞，農村均產狀態消滅，這是古代東方封建社會崩潰之一原因。

同時因郡縣國家興起，西周春秋以來支離破碎的幾個小諸侯，各自關閉在他們底封建格子裏的，到戰國時代，單只剩七個（乃至九個）大國了。那時國內和國外的商業繁盛，大都市興起。各國首都所在，全成爲當時的大商場，尤其著名的如齊國臨淄（今山東臨淄縣，）趙國邯鄲（今河北邯鄲縣，）魏國大梁（今河南開封縣，）楚國的郢（今湖北宜城縣，）這些都是當時極繁盛的商業集散地。因政治集中而商業集中，因政治擴大而商業擴大，這又是古代東方封建社會崩潰之又一因。

自秦始皇到漢武帝一段時間內，統一政府穩定，文治制度成立，政治問題逐漸解決，而農村均產破壞，工商企業大興，社會經濟貧富不均的狀況，遂成爲一般人目光注意之集中點。

現在先述及當時一般農民的經濟地位。農民在當時，依照國家法律言之，是一律自由而平等的，但依經濟實況言則殊不盡然。每一個自耕農，須向國家繳納地租，這是一種極輕額的地租。依照法律規定是十五稅一，但政府照例常收半額，實等於三十而稅一，並有時常常全部免稅。田租以外，較大的負担則爲人口稅與兵役。兵役分爲三類，一赴中央作衛兵一年，這是由政府資給的。一赴邊疆作戍卒三天，這是沿襲古代封建慣例而來的。古代封建諸侯疆域狹小，戍邊三天，連往返也不過六七天。現在則國境遼廓，實際上戍邊三天，即無異於充當一個長時期的兵役。其不願去的人，許出錢免役。第三作地方兵隊一年，又須在地方政府服勞役，每年三十天。其不服勞役的也許出錢免役。就國家立法而言，這些負担不算得很重。但就當時一般社會經濟情形而論，則頗已與農民爲不利。遠在戰國初年，錢幣的使用，已見開始，下迄漢代，又有黃金盛行。黃金一斤，（重一斤之黃金塊，大小適爲一立方寸）抵當銅幣一萬文。金幣與銅幣的比數，相差甚遠。一般農民在使用銅幣的經濟狀況下，自然是不能寬裕的，經不起大地主與大商人之盤剝與壓迫。只要遭遇水旱天災，或家人疾病死喪，便不免要典押田畝以濟急。若把田畝典押，卽失卻自耕農地位，變成一個租佃。他須向他底押主繳納近於百分之五十的租額（那位田主向政府仍納三十分之一的租，其他的是他底利剩）如此則他底經濟情況將更見惡劣，但他在國家的法律地位上，依然是平等的，他依然要按年繳納人口稅，及充當兵役與勞役。若他擔荷不起這些項目，就國家法律上看，他是一個逃避責任不盡職分之違法者。如此他只有兩條路可走。一是遊離本鄉，逃脫了國家戶口册的稽查，成一亡命者。第二是把他自身出賣為奴，奴隸的人口稅由其主人代繳，（視平民加倍）他可不再負責了。若他既不敢亡命逃匿，又不肯出賣爲奴，則在屢屢不完口稅與勞役之後，亦將爲政府沒收充爲官奴婢。這是漢代奴隸最大的來源。漢代人口，根據西漢末年統計，約爲六千萬。當時的奴隸數，則史書未有精密記載，但大體計量，恐怕全國官私奴婢絕不致超過二百萬之數。在全國人口數中，應該佔至三十分之一的左右。較之西方希臘羅馬時代的奴婢數，是不可相提並論的。中國文化，始終站在自由農村的園地上滋長。在一般自耕農之外，便是租佃農與雇耕農，他們的經濟狀況雖較差，但在國家法律上，一樣是一個自由平等的公民，至於在西方社會上的農奴制度，在中國是未曾實現過的。至少在自有歷史詳確記載的時代下，並無大規模的農奴制度存在之迹象。在西漢的長安，雖有公開賣買奴隸的市面，那時雖有家僮八百人以上的富戶，雖有一輩學者高唱重農主義與恤奴政策，但到底我們不能說漢代也有像羅馬般的農奴制度。

在國家統一的卵翼之下，商業繁榮是不難想像的。但在當時人的觀念裏，他們之所謂商人，與我們現社會之一般商人實有很大異點。只看史記貨殖列傳，他把採冶製造種殖畜牧運輸種種新的生產事業，只要異乎以前百畝之家的封建農業的全都歸納在一起。我們可以說，這些在當時是都被目為商人的，因此養豬種橘，一樣的為商人。我們可以設想當時在江陵（今湖北江陵縣）栽種千樹橘的一個大企業家，倘使一樹產百橘，每年便收橘十萬。在江陵是無法推銷此十萬橘子的，而那時亦並沒有專銷橘子的商人或水菓行。那位種橘翁勢必自己想法，把十萬橘裝載車船自己運輸到長安或其他大都市去。而且他的推銷，亦並不重在市場上，更重的是各地的封王封侯的大貴族與大地主。這一個種橘商人，他不僅墾地種橘需要奴隸與勞工，更重要的在其把十萬橘子裝入車船以後，如何向各地貴族王侯之府第以及各大都市運銷，勢必仰賴於更聰明更能幹的奴隸。所以當時有連車騎交守相的桀黠奴，又有轉轂以百數的大賈人。這是相因並至的。因此漢代的奴隸，在田莊耕作的比較少，而在都市或舟車道路活動的比較多。奴隸農業遠不如奴隸商業之重要。而一般奴隸的智力及其生活，亦許較普通農民為優越。農民中的活動份子，儘可因為沒有資本憑籍而自願為奴的。政府對於奴隸，徵收人口稅要比平民增額一倍，（每一平民每年一百二十文，一奴隸需二百四十文。）這些全歸收養奴隸的主人們負擔。但因工商生業利潤較厚，因此在當時，仍禁不得蓄養奴隸風氣之盛行。

漢代另有一種變相的奴隸，稱為賓客的，在當時社會上亦極重要。戰國中葉以下的貴族，常有好客喜士的，如孟嘗君（齊相）信陵君（魏相）等，這一風氣流傳到西漢，便成爲任俠。當時一般農民社會，因受經濟壓迫，出賣爲奴，其情形已如上節所述。亦有不願出賣的，他要逃避政府的力役與口稅，則只有亡命。亡命是流亡異地，因此逃脫政府戶口籍貫之調查，而獲得非法自由的一種行爲。但在那時，雖說有熱鬧的大都市，卻並沒有像近代式的旅館與客店，因此流亡人不得不找尋寄居與窩藏他的家室。那些窩藏流亡人的家庭，在法律上是犯法的。但他們卻寧肯冒犯國家法令，窩藏流亡罪人，這便成其所謂任俠。當時有些大俠的家裏往往窩藏到幾百個亡命者，在當時則只稱賓客，不稱奴隸。那些賓客，寄居在此窩藏者的家裏，爲實際生活上的需要，不得不幫助此窩主共謀生業。這是一個犯罪者流亡人的集團，因此他們經營的生業，也往往是幾種不公開的犯法事業。最普通的如私鑄錢幣，入山開礦，採伐森林，甚至掘墓盜塚，路劫行商等事，都爲他們所慣爲。那一輩任俠，一面擁有徒黨，肯爲他出死力，一面擁有財富，可供他行賄賂。因此這一輩人，在當時社會上亦佔有極煊赫的地位與橫暴不可當的權勢。

我們可以說，商賈與任俠，是西漢初年社會上新興的兩種特殊勢力，是繼續古代封建社會而起的兩種變相的新貴族。嚴格言之，他們不是貴族，而是富人，但富人與貴族一樣擁有徒黨，一樣可以超然一般羣衆之上，憑藉其特異地位而干犯國家法令。其背後的原因，則爲社會貧富不均，驅使一輩貧苦民衆投奔他們身邊來造成他們的權勢。要剷除這種特殊權勢，首先應該著眼在經濟的平衡上。但漢代儘不乏寬恤農民的政令，田租已甚輕力役亦不重待遇農民方面已算十分優厚，再要想法自然要從壓制富人方面下手。任俠本來是犯法的，雖得社會上一般勞苦大衆無識的稱譽。但在政府方面儘不惜首先採用一種嚴厲手段來對付。在漢景帝時代各地的大俠已爲政府絡續摧破。到武帝時代，政府目光便轉移到商賈們的身上。

當時獲利最厚最大的商業，首推鹽鐵兩項。鹽爲人人佐膳所必需，鐵器亦家家應用，因此把握這兩項商業的，擅利最厚。當時的政府，便創出一個鹽鐵官賣乃至國營的政策來。政府的理論是，鹽鐵爲天地間自然的寶藏，其利益應該爲社會大衆所共享，不應由一二私家獨擅。因此政府在鹽鐵出產地特地設官經營製造，運輸與銷售等事，免得爲商人所霸佔。鹽鐵以外爲政府所專賣的便是酒。酒爲人人所喜，但是一種奢侈的飲料，因此政府收歸專賣，帶有寓禁於售的意思。

當時對於幾種特定的商品，收歸政府官賣以外，又對一般商人，設法增徵重稅。當時增徵的標準，不計其貿易之利得，而只計其經營業務之成本與資財。各商人各自對其資本財產由自己估價呈報，政府即據報抽收。儻商人呈報不實，由旁人告發，則其全部資財得由政府沒收，而訐報告者以半數之酬。此一政策在當時曾引起絕大騷動，對於一般富商大賈極爲不利，但在政府的理論上，是依然根據於裒富而挹不足的原則而來的。

漢武帝時代的經濟政策，並不盡於上面所舉，我們只藉此說明當時一輩人對調整社會經濟的意見。漢武帝此種經濟政策，其背後有很深厚的經濟理論做他的背景。在小戴禮記的禮運篇裏，有一段描寫當時人理想中的社會經濟狀況的，他說：

人不獨親其親，不獨子其子，使老有所終，壯有所用，幼有所長，矜寡孤獨廢疾者皆有所養。男有分，女有歸，貨惡其棄於地也，不必藏於己，力惡其不出於身也，不必爲己。

這是從秦始皇到漢武帝時期裏人的理想社會主義。這一種理想在中國儒家思想裏，本有一貫甚深之流衍。直到漢武帝時大儒董仲舒還屢屢提出近於此類的理論。他說：「大富則驕，大貧則憂，憂則爲盜，驕則爲暴，此衆人之情，聖者使富者足以示貴而不至於驕，貧者足以養生而不至於憂，以此爲度而調均之。」這是一個中國儒家傳統的均產論。這一個均產論有兩點極可注意。第一點，此所謂均產，並不要絕對平均，不許稍有差異，中國傳統的均產論只在有寬度的平面上求均。寬度的均產中間，仍許有等差。第二點，在此有寬度的均產中間，不僅貧人應有他最低的界線，即富人亦應有他最高的限度。因此中國傳統經濟政策，不僅要救貧，而且還要抑富。中國認爲大貧大富一樣對於人生無益，而且一樣有害。因此貧富各應有他的限度，這兩種限度完全根據人的生活及心理而看其影響於個人行爲及社會秩序者以爲定。中國人的經濟理論，完全如他的政治理論，同樣根據人生理想爲出發，歸宿到人類內心之實際要求上，並不曾就經濟而論經濟，結果乃致經濟與人生脫節，如目前世界之形勢般。中國儒家傳統經濟理論，其實仍只是一個禮治主義，此在荀子書中發揮得最透澈，西漢學者的一般見解，大概都由此而來。

但漢武帝的經濟政策在當時並不收效，而且流害甚大。漢武帝雖則引用了許多好理論，但當時的政府實際是括削富人財力來支持撻伐匈奴以及開闢各邊疆的兵費，甚至是用來彌補宮廷一切迷信及奢侈的浪用。到漢武帝末年，社會均產的理想幾乎變成普遍的破產。但武帝以後的一般學者，大體上依然贊成武帝時代的經濟政策，只主張由一個節儉的政府來實施。這一種意見逐漸醞釀，而促成王莽的變法。

王莽由禪讓的理論代替爲天子，他應該變法，一新政治。政治的終極目標爲民衆，民衆的基本要求在經濟。先要經濟均等，不使社會有大貧大富，然後再好講教育與其他。因此王莽變法的最大目標，便專注意在經濟問題上。他一方面要提高農民的生活水準，一方面要裁抑富商大賈的資本勢力。他最重要的幾條法令，第一是田畝收歸國有，再公共分配。這是要恢復西周時代井田制度的，在此制度下，可使永絕田地兼并，使耕者有其田，不再有佃農與雇耕人。其次便是廢止奴婢，受解放的奴婢各向政府受田，重作自由獨立的平民生活。其三是繼續漢武帝時代的政策，厲行專賣制度，鹽、鐵、酒、錢幣及銀行五項，均不許社會私人經營。其四是對富商大賈施以各種重稅與限制。譬如養一奴婢，便需出錢三千六百文，較漢制增十五倍，較普通平民的口稅則爲三十倍。其五則王莽並主張根本廢絕貨幣制度。在當時人的意見，認爲社會貧富不均，由於富人之剝削，而剝削之根源，則由於商業與貨幣制度。若將貨幣制度取消，使民間重回到以物易物的原始狀態，則農民庶可永保其經濟上之平衡地位而不再下降，這一個見解，也並不起於王莽時代，在漢武帝以前已有這種理論了，不絕的傳衍下來，直到王莽時代，始見諸實施。

王莽的經濟政策，因種種原因而歸於失敗，但繼續王莽以後的，也還依然依照著這一個理論，不過在推行上則比較的弛緩。解放奴隸的命令，在光武時代屢次頒佈，重農抑商，控制經濟，不使社會有大富大貧之分，這是中國自從秦漢以來兩千年內一貫的政策。中國的社會經濟，在此兩千年內，可說永遠在政府意識控制之下。因此此下的中國，始終沒有產生過農奴制度，也始終沒有產生過資本主義。

經濟生活只是整個文化生活最低的基層，若沒有相當的經濟生活作基礎，一切文化生活無從發展，但經濟生活到底只是經濟生活而已，若過分在經濟生活上發展了，反而要妨害到其他一切文化生活之前途。我們不妨說，經濟生活是消極的，沒有相當滿足是絕對不成的，但有了相當滿足，即該就此而止，其他文化生活如文學藝術之類，則是積極的，沒有了初若不打緊，但這一類的生活，可以無限發展，沒有限度的。中國傳統人生理論，似乎正是認定了這一點，對經濟人生總取一個消極態度，對其他文化人生則取了積極態度。古代的封建貴族，秦漢以後是沒有了。由軍隊打仗出身的新貴族，自漢中葉以後也漸漸告退了，這已在上章裏說過。社會新興的商賈富人，以資產為貴族的，現在也由政府法令不斷裁抑而失勢，無論在政治法令上，以及經濟權力上，全社會常逐漸走向平等的道路，這是中國人的傳統理想。但我們要注意，中國人此種理想，並不在只求經濟生活之平等，而在由此有限度的平等的經濟生活之上，再來建造更高的文化人生。因此中國人一面看不起專以求財富爲目的的商人，一面又極推尊以提高文化人生爲目的的讀書人把握此種理想的文化人生而想法來實現他的責任，便在這輩讀書人身上。若說在秦漢以下中國社會上比較像有特殊地位的，也便是這一輩讀書人了。現在讓我們再來看一看漢代讀書人的一般境況。

漢代的讀書人，大體上都由農業社會裏出身，他們都先過着半耕半讀的生涯。譬如漢武帝時代的朱買臣是一個樵柴者，公孫宏是一個牧豕的。像此之類，前後兩漢書裏儘可找出許多例。農業社會有他一定的休閒期。一到冬季，便可乘暇讀書，那時的經學所謂玩經文通大義，並不像後來般煩瑣。按照當時情形，每年以一冬讀書，三冬便可通熟一經。在十五歲以前，先習爾雅孝經論語諸書。十五以下，開始讀正經，三年通一經，十五年便可通熟五經，那時還不過三十歲。漢代常有命地方官察舉孝子廉吏及茂才異能之士的詔令，鄉村學者儘有被舉希望。公孫宏在晚年察舉賢良，對策稱旨，不數年即爲丞相，晉封侯爵。那時郡縣地方政府屬吏都由長官自辟，只要鄉村有大儒碩學，地方官亦常辟召爲椽屬，不久便可升遷。自漢武帝以下，文風漸盛，社會競知嚮學，一方有名儒，學者四面而赴，所在結集，往往一個學者，其先後來學著弟子籍的，多逾千人，少亦數百。如此之例，愈後愈盛，到東漢爲更甚。因此一個學者，即不出仕，在其壯年以前，可以躬耕自給，在其中年以後，體力漸衰，聲聞日廣，亦可仰給一般學者之束脩甘旨，以爲仰事俯蓄之資。他們粗淡的生活既易解決，而社會的榮譽又使他們有無窮之慰籍。因此一輩高尙澹泊之士，常願終老村社，不受朝廷之招聘，與郡縣之徵辟。如此則更增加了一般學者之地位。

西漢政府，是與鄉村息息相通，並無隔閡的，政府官吏，幾乎全都由鄉村學者出身，因此他們共通的經濟見解，常求繁榮農村，裁抑商業。漢代又有一種禁令，凡仕宦爲官的，即不許兼營商業。（此乃漢武帝聽從董仲舒意見所定。）而政府又有種種限制，使商人雖有財富，不得從事於奢侈誇耀的生活。（此在漢高帝時，已有商人不得衣絲乘車之禁。）生前的屋宇，死後的墳墓，皆有規制，不得踰越。此是中國人傳統之所謂禮治。因此經商爲富的人，雖富而不榮，耕讀傳家的，雖貧而尊，一旦顯揚，遠爲富人所不及。政府的政令，以及社會學者的提倡，積漸成風，使一般人相率捨棄經商服賈的賤業，而轉換到通經服古的路上來。在西漢晚期，有一句名言說：「黃金滿籯，不如遺子一經。」這是說，與其把滿筐黃金傳給你的兒子，還不如付他一部經書。因通熟一部經書，可以成名立業，安富尊榮。若滿筐黃金，雖可作爲資本，經營發財，但上爲政府所裁制，下爲社會所卑視，縱有多金，無所用之。因此一輩商人，只要家境粗給，也便急於改業，讓他們的兒子，離市場，進學校，遠道從師，學爲儒雅。因此漢武帝與王莽種種禁抑商人的律令，雖到東漢時代，未能嚴厲執行，而東漢的商人，卻遠不如西漢般活潑。東漢社會，既不是貴族中心，又不是軍人中心，亦不是富人中心，而成爲一種士人中心，即讀書人中心的社會了。其原因便在此。

但在西漢時代，舊的貴族與軍人的勢力，尚未完全摧毀。新的富人與讀書人的地位，尚未明白確定。因此西漢二百四十年的社會，時在動盪，因而格外顯得有一種強健的活力。一到東漢時代，社會中心的領導地位，已確定落在讀書人手裏，因此社會漸趨安定，而一種強健的活力，也漸見萎縮，不如西漢般虎虎有生氣。

中國是一個大一統的國家，從事政治事業是最尊榮的，只做一縣令，所轄土地逾百里，所屬人口逾萬戶，縣廷椽屬有多至千人以上者，這些全都由縣長自由辟署。這已儼然像古代一小諸侯。若為一郡太守，轄地千里，屬戶百萬，吏可多所展布。漢代又獎勵官吏久任，在職數十年不更易者有之。其升遷又甚速，捷由縣令即可擢升郡守，由郡守即可內轉九卿而躋三公。往往有由屬吏察舉十數年四五轉即至三公之尊。一為三公，則全國事務無所不當預聞。天下安危，繫諸一身。因此中國的讀書人，無有不樂於從政的。做官便譬如他底宗教，因為做官可以造福人羣，可以發展他的抱負與理想。只有做官，最可造福人羣，不得已退居教授，或著書立說，依然希望他的學徒與讀者，將來得依他信仰與抱負，實際在政治上展布。至於經商致富，最多不過身家溫飽，或澤及鄉里而止，有大才智的，寧願安貧守道，希望一旦在政治上得意，不肯經商自污，為一時私家經濟打算而有累清名。這恐是中國社會上特有的一種觀念，配合於其政治經濟各方面狀態而產生的一種極關重要的觀念。這一種觀念，在異社會異文化的人看來，自覺有奇異之感。但非知此意，即不易明白得中國歷史之真態與其文化精神之根本託命所在。

但使我們用純經濟的眼光來觀察，則這裏便又是另一番景象。只要你服務月俸二千石的官職，（外官自郡太守起，內官自九卿起。）達十年二十年以上，無論你是出身農村社會的一個平民學者，無論你居家如何清廉，但是你在當時的社會上，自然是居於翹然特出的地位了。郡守九卿的屬吏，皆由自己拔擢援用，自己察舉推薦。將來他們各自在政界上有出身有地位，便是你的門生故吏遍滿要津了。那時書籍寫於竹帛，竹重帛貴，頗不易得。書籍流傳難廣，一個仕宦家庭的子弟自然有他讀書與從政的優先權，而且讀書家庭自與讀書家庭聲息相通，這裏邊不免要相互幫忙。在國家法律上，讀書從政是公開的平等的，國民人人可得的權利，但在社會實際情形上，則這兩種權益容易在少數家庭中永遠佔到優勢。因此東漢時代頗多由累世經學的家庭而成爲累世公卿的家庭。那時雖已沒有貴族世襲的制度，但終不免因爲變相的世襲而成爲變相的貴族。那種變相的貴族，便是所謂士族。這種端倪早起於西漢末葉，到東漢而大盛，下及魏晉南北朝，遂成爲一種特殊的門第，我們無以名之，只有名之曰郡縣國家文治政府下之新貴族。這種新貴族形成之後，中國社會又自走上一個新階段，造成一種新形態，這是我們要在下一章裏述說的。

現在我們先把本章要旨再概括述說一番。中國社會從秦漢以下，古代封建貴族是崩潰了，新的軍人貴族並不能代之而起。若照社會自然趨勢任其演變，很可能成爲一種商業資本富人中心的社會。這在西漢初年已有頗顯著的跡象可尋，但因中國傳統人生理想，不容許這一種富人中心資本主義的社會產生，因此在文治政府之不斷控制下，商業資本終於短命，而新的士族逐漸抬頭，成爲貴族軍人與富人以外的另一種中心勢力與領導階級，這便是東漢以下之所謂士族與門第。這一種士族與門第，他的立場，並不站在古代血統傳襲的觀念上，亦不憑藉後世新起的軍人強力與商人富力來支持其地位，他們的特殊地位，乃由另一憑籍而完成。他們是憑籍在國家特定的法令制度上，在他們自身的教育上，換言之，是在他們的智力與道德之特別超詣上。在西方歷史上，除卻貴族軍人與商人外，其在社會上佔有特殊地位的尙有教會中的僧侶或教士。此在中國則因宗教素不發達，因此僧侶一派從未佔有特殊地位。若把中國儒家看作一種變相的宗教，則五經便是中國儒教的經典，那些東漢以下的士族，便相當於西方中古時期之僧侶。我們不妨稱儒家爲一宗教，那是一種現實人生的宗教，是著重在現實社會與現實政治上面的一種平民主義與文化主義的新宗教。西方宗教是出世的，而中國宗教則爲入世的。西方宗教是不預聞政治的，而中國宗教則是以政治爲生命的，這是雙方的不同點。但是無論如何說法，中國社會在東漢以下新士族門閥之形成，這是中國文化歷史衍變中一種特有的形態，在世界任何民族的文化史上並無相像或同樣的形態可資比較。這是研究中國文化史的人們所應特別注意的。

第七章　新民族與新宗教之再融和

中國在秦漢時代，根據先秦人的觀念與理想，對於他將來的政治制度以及社會形態，奠定下基礎，明確了趨嚮，這已在前兩章裏約略述過。經歷了四百年（西元前二二一至西元一八九）的全盛時期，下面接著一段同樣四百年的（西元一九〇——五八八）中衰期，中國史上叫做魏晉南北朝時期。這一段時期裏，有兩個最顯著的特徵，一是新民族的羼雜，二是新宗教的傳入。讀史的人多把此一段轉變時期引來和西方史上的蠻族入侵和羅馬衰亡相提並論，但其間實有一極大不同之點。在西方是羅馬民族衰亡，日耳曼民族繼之代興，在中國則依然是自古以來諸夏民族的正統，只又繼續羼進了一些新分子。在西方是羅馬文化衰亡，希伯來宗教文化繼之代興，在中國則依然是自古以來諸夏文化的正統，只另又羼進了一些新信仰。因此在西方是一個變異，在中國則只是一個轉化。這是羅馬衰亡和漢統中絕所絕然相異的。何以漢代衰亡，而中國沒有走上像西方史上羅馬覆滅時的景象？這因漢代建國本與羅馬不同。羅馬建國，憑藉少數羅馬人為中心。羅馬以外的區域雖大，到底只是羅馬的征服地，並不是羅馬的本幹與基礎。漢代立國，則並非向外征服，而是向心凝結。他是四方平勻建築在全中國廣大地域的自由農村上面的。他的本幹大，基礎廣，因此一時雖有病害，損傷不到他的全部。羅馬衰亡，如一個泉源乾涸了，而另外發現了一個新泉源。魏晉南北朝時代，則如一條大河流的中途，又匯納了一個小支流。在此兩流交匯之際，不免要興起一些波瀾與漩渦，但對其本身大流，並無改損，而且只有增益其流量之宏大與壯闊。但是漢代四百年的全盛期，何以到底也不免一個衰頹的突然降臨呢？這大體上不外兩個原因。一則東漢王室繼承著四百年的長治久安，安富尊榮，積而腐化，第二則東漢士人為當時社會領導中心的，也與西漢不同。西漢士人大半出身在自由農村裏，帶有一種活潑壯旺的精神，東漢士人則漸漸出身於貴族門第，與自由農村隔絕，沒有西漢士人的樸實健全。因此西漢學術，尚是粗疏闊大，元氣淋漓，一到東漢，漸變為書生式的煩瑣的章句訓詁的形式了。積此兩因，遂以招致魏晉南北朝四百年的中衰。但到底沒有破壞到廣大的基層與幹部，因此中國文化雖在厄運中，還是生機不息，照常衍進。

現在先說異民族之羼雜。在中國人觀念裏，本沒有很深的民族界線，他們看重文化，遠過於看重血統。只有文化高低，沒有血統異同。中國史上之所謂異民族，即無異於指著一種生活方式與文化意味不同的人民集團而言，這在上面已經講過。在中國北部，因天然環境之不同，限於氣候土壤種種條件，中國內部農村文化，到此受到障礙，不能推進，於是環踞著許多的游牧社會，與中國大部的農村生活隔成兩截。在東漢末年，正北方有匈奴，東北方有鮮卑，西北方有氐與羌，這些在當時是羣認為異族的，但在歷史記載上，即相互間的傳說上，則匈奴鮮卑氏羌一樣與諸夏同一祖先。匈奴出於夏，羌屬姜氏，鮮卑爲有熊氏，氐出有扈氏，好像全是同族同統。這裏面可有兩個解釋。第一，他們和中國諸夏，在很遠的古代，或許本是同出一源。第二，則只要他們一接觸到中國文化，便受到一種感染，情願攀附華夏祖先，自居於同宗之列。而中國人也樂得承認他。因此歷史上遂把這許多話大書特書的記下。這正可證明中國人傳統民族觀念之融通。因此中國人對當時他們所謂的異民族，也並不想欺侮他們，把他們吞滅或削除，只想同化他們，讓他們學得和自己同樣的生活方式與文化習慣。這是中國人的對外政策，自名爲懷柔政策的，這是一種使人心悅誠服，禁不住由衷記念我而自己軟化乃至同化的政策。中國人在此懷柔政策下，常常招致邊外的歸化人，讓他們遷移到邊疆以內，給以田地，教之稼穡，漸漸再施以中國傳統的教育，直到東漢末年，這一種邊內雜居的異民族，日漸地多了。尤其是三國以下，匈奴人居住在今山西省太原以南的一帶，最稱繁盛。其次如鮮卑人住居在東北境的遼河兩岸，氐與羌人住居西北的甘肅省境。他們全都習得中國的農事生活，及相當的教育程度，他們在當時已無異於中國人之一部分了。乘著漢代末年的大饑荒，中央政府解體，各地士族憑藉固有的特殊勢力，羣起割據，而那些由塞外內遷的胡人，遂亦乘機與亂。這在當時，與其說是一種民族鬬爭，無甯說是一種社會紛擾。因此不斷的紛擾，逼得西晉王室南渡長江，（西元三一七）建都建康，（今之南京）歷史上稱爲東晉。同時有大批北方士族隨著政府南渡，遂形成了那時期裏的中國正統。由東晉傳於宋齊梁陳四朝，後代歷史上稱之爲南朝。而北方則經歷了一百多年之長期混亂，歷史上稱之爲五胡十六國之亂，而終於合併為一個政府，這是一個擁戴鮮卑人為君主的政府，歷史上稱為北魏，因以示別於南朝而又稱為北朝。北朝又分裂為東西二政府，（東魏西魏以及北齊北周），最後到隋朝起來，又把中國南北統一。

我們在此一段長時期紛擾中所要首先指出的，當時中國雖分南北兩方，但實在全都應該屬於中國傳統文化的系統下，決不能說那時的北方中國，已經不是中國文化，而另有一種異族胡人的文化。那時雖有大批中國士族隨著東晉王室南渡長江，但大部分的中國士族，依然保留在北方並未南遷。他們是中國傳統文化在北方的承繼人和保護人。當時北方政府雖擁戴胡人為君主，但實際政治的主持與推行，則大部還在中國士族手裏。當時中國北方士族，他們曾盡了教育胡人而同化之的極大努力的。從某一方面說，他們恰如西方的基督教會，曾在中世紀裏也盡了教導開化北方蠻族的功能。只是西方基督教會並不直接羅馬傳統，而為當時的一種新興勢力，而北朝時代的北方士族，則在歷史上並非一種新事物，他原直接自東漢以來在社會上已經形成的一種組織與機能，不過在此紛亂狀態下更見其特殊有意義的貢獻而已。因為西方中世紀的基督教會，並非直接羅馬政治傳統，故而他們要另自組織，形成一種非政治的宗教勢力，將來不免與北方蠻族新興的政治勢力相衝突，而在此蠻族的新政治機能未達十分完成之前，便有一段西方的封建時期。在中國則北方士族直接兩漢傳統而來，因此北朝政府裏雖羼進許多胡人，但其政治上的大傳統，依然沿襲兩漢文治政府之規模，雖在小節目上，不免有許多差異，但大條理大法則，則並無變動。因此中國雖分南北兩政府，但此兩個政府同樣是沿襲秦漢以來郡縣國家文治政府之規範，在中國史上不致再有一個封建社會出現。這許多北方士族，便是撐持過這一段狂風惡浪的險要灘頭之掌舵人，他們又如病人身上起死回生的赤血球與活細胞。他們在社會上本有一種特異地位，一經變亂，他們隨著需要，羣起團結他們的本宗親族，以及鄉里的附隨民衆，而形成了許多在經濟上可以自給，武力上可以自衞的大集團。當時一個大家族，有包含著幾千個小家庭，又組織成幾千乃至萬人以上的自衞部隊的。他們聯合宗族，是推本於古代孝與仁的觀念而來，他們保衞鄉里，是推本於古代義與忠的觀念而來。原來東漢的察舉制度，最要的在採取宗族與地方的輿論。在宗族爲孝子，在鄉里爲廉吏，便有被察舉的資格。因此格外養成了當時士族重宗族重地方的觀念。但士人的終極目的，是在貢於王朝，獻身國家。因此當時士族，雖極重宗族與鄉土，也不致專爲宗族與鄉土著想，而造成一種封建與割據。當時的胡人，起先賴籍他們自己的民族意識而號召，易於團結成一種武力，在紛亂局面下奮起，推倒握有傳統政權的王室。但他們遇到這許多散處社會各方的士族勢力，到底不得不讓步而與之相妥協，無法把他們整個消滅了。這便形成了在當時北方中國胡漢合作的局面。諸胡政府與士族的合作，此種形勢，又頗似於西方社會封建形成之情態。但當時的北方士族，另一面還擁有兩漢傳統的政治理想與政治精神，他們依然抱有天下統一世界大同的潛在希望，他們決不願在胡人政權下獲得一宗族一地方的權益而自足，他們依然要在政治上重新再建兩漢文治統一政府之規模。因此在中國北朝時期，儘像有封建復活之現象與趨勢，但到底很快便建立起一個統一政府來。而且這一個政府，又不久便創設了許多極合理想的新制度，像調整社會經濟的均田制，與整頓國民兵役的府兵制等。將來全都爲隋唐政府所效法與鈔襲。這些全是當時北方士族的貢獻。換言之，卽是中國傳統文化力量之表現。我們若撇開北方政府擁戴胡人爲君主的一端於不論，我們儘可說當時的北方社會對於中國傳統文化精神之發揚與衍進，有些處尙超於南方社會之上。

我們若說當時北方士族爲中國傳統文化之承繼人與保護人，則我們亦可說，當時南方士族爲中國傳統文化之宣傳人與推廣人。因爲當時長江以南，同樣有許多當時認爲異族的卽古代諸蠻之遺種，盤踞生長，尙未達到與中國大部民衆同一生活同一文化之水準。當時中國南北兩方，實在同樣進行著民族融和與文化傳佈的大工作。同樣的羼進了許多民族新分子，同樣的把傳統文化更擴更大。不過讀史的人，只注意在政治的浮面，因而不覺得這一種工作之意義。我們儘不妨說，魏晉南北朝時期，實在是繼續著春秋以前完成了中國史上第二次的民族融和與國家凝成的大貢獻。這實在可認爲是中國傳統文化在經過嚴重測驗之下的一種強有力的表顯。

我們繼此說到新宗教之傳入。中國傳統文化，一到先秦時期，本已超越宗教需要。人生理想，已可不賴宗教信仰而完成。但到東漢中葉以下，便禁不住社會上一般宗教要求之復活。這裏面一個最要理由，便是由於儒家思想作爲社會人生領導中心的功用之墮落。這一種墮落的徵象，最顯著的便是上面所述東漢王室腐化，與士族門第之興起。本來儒家思想可以代替宗教功用的，他是一種現實人生的新宗教，他已具有宗教教義中最普遍最重要的慈悲性與平等性，他亦具有宗教家救世救人的志願與能力。他所與宗教之不同處，一則宗教理論建立在外面上帝與神之信仰，而儒家則信仰自心。二則宗教希望寄託於來世與天國，而儒家則即希望現世，即在現世寄託其理想。秦漢時代遵守著儒家思想的指示，大家努力於天下太平世界大同的境界而趨赴，他們只著眼於現實人生之可有理想，這一種理想之實現，已是慰安人心的要求，因此不再有蘄求未來世界與天上王國之必要。但一旦王室腐化，士族興起，此種現實人生可有的理想境界逐漸消失，人心無可寄託，無所安慰，自然要轉移到未來世界與空中天國去。這是中國人民在當時感覺到宗教需要的一個最大理由。

印度佛教適於此時傳入中國。佛教思想中之慈悲觀與平等觀，這是與中國傳統觀念最相融洽的。而且佛家思想裏更有與中國傳統精神極易融洽之一點，即在他的一種反心內觀的態度。我們可以說，古代希臘的自然哲學與希伯來人的宗教信仰，雖則他們顯有不同，但有一點是相同的，他們同樣撇開自己，用純客觀的眼光向外探索。希臘人用的是科學方法，來尋求自然真理，希伯來人用的是宗教精神來信仰一個上帝之存在。無論上帝與自然，同樣超於人類自身之外。人類先須撇開自己，一意向外，始能認識此種科學或宗教之真理。中國的傳統觀念，尤其是儒家思想，則一切著重在自身，一切由自身出發，一切又到自身歸宿。他看世界萬象，並不用一種純客觀的眼光，並不覺得世界外我而存在，與我為對立。他卻慣用一種物已融和的人格透入的看法。向外看猶如向內看，他常把外面內面看成一片，他把自己放大了，不認狹窄的自己與廣大的外面互相對立。這一種態度，即在道家也還如此。故曰天地與我並生，萬物與我爲一。在中國人眼光裏，沒有純客觀的世界，即世界並不純粹脫離人類而獨立，因此在中國思想裏，不能產生西方的宗教，也不能產生西方的科學。但佛教精神在此上頗與中國思想合符。他雖則成一宗教，但信仰的對象並不是外在的上帝，而是人類自身諸佛菩薩，這一層正和中國人崇拜聖賢的理論不謀而合。因此佛教理論，亦常從人類自身出發，仍歸宿到人類自身。我們可以說佛教還是一種人本位的宗教，而基督教則是一種天本位的宗教。所以基督教要從天地創始上帝主宰說到萬物人生，而佛教則只從人的身上，尤其是人的心上，說到外面萬物衆生與大千世界。因此基督教極易與希臘哲學合流，而佛教思想則甚爲中國人民所讚許。

但佛教思想有與中國儒家顯相違異之一點，儒家對現實人生抱一種積極樂觀的態度，他對於人類心理有一種極深刻的觀察，認爲只要根據人類自有的某幾個心態，就此推擴，便可達到天下太平世界大同的現實人生之理想境界。佛家則對人生徹頭徹尾的悲觀消極，他們並不主張改善人生，而主張取消人生。他們對人心又另有一種看法，他們根據另外某幾個人類心態，認爲應該由此入手，把現實人生的一切活動逐步取消，以達到個人心境上之絕對安靜，即涅槃。乃至於人生之根本取消。在這上佛家思想乃頗與中國道家爲近。道家對於現實人生是悲觀消極的。佛教初輸入，即依附著此種在當時盛行的悲觀與消極的道家的人生觀而流布。但道家與佛家亦有深刻的相異點，佛家嚴肅厭世，因此有出世的要求，道家只消極悲觀，卻不嚴肅厭世，因此變成輕蔑隨順一種玩世不恭的游戲人間。因此這兩種悲觀消極的人生觀，到底還要分道揚鑣，各自發展。佛教依附道家思想而流傳，道教又模倣佛教形式而產生。在佛教傳入中國的前後，遂同時有道教之成立。但道教正因爲缺乏嚴肅厭世的心理，所以到底不成其爲一種眞的宗教。嚴肅厭世的眞宗教，到底是外來的，不是中國傳統文化之所有。

再換一觀點言之，儒家是純乎站在人的本位上來觀察與辨認宇宙萬物的，道家則頗欲超脫人本位而觀察辨認外面的世界。這一點，道家思想又似頗有與西方自然科學接近的可能。道家對現實人生始終抱著一種黏著的態度。他雖對現實人生抱悲觀，但不肯向現實人生求擺脫。他依然要在現實人生裏尋求安頓。他不像佛家直截主張取消現實，道家只想放寬一步，從超乎人本位以外的觀察與辨認中來熟識此世界，然後操縱之以爲我用，使我得到安樂與寧靜。因此道家思想常偏近於方術的。但他不能像古代希臘人以及近代西方人之活潑壯往，積極奮鬬，又不能徹底超脫自身，對外物眞作一種純客觀的考察與玩索，因此中國的道家思想，他雖含著不少近於西方自然科學的成分，卻永遠產生不出西方的科學。

道家既看不起現實人生，又不肯直截捨棄，他雖想利用自然，又沒有一個積極奮鬬的意態，因而曲折走上了神仙與長生的追求。這是人類自自在在，不費絲毫手腳，不煩奮鬬吃苦，而在自然界裏獲得了他種種的自由與要求之一種詩意的想像。在先只如秦始皇漢武帝在現世界功成志滿，覺得現實人生已達頂點，更無可往，日暮途窮，遂想訪神仙求長生，聊以自慰。後來東漢的士族們深感王室腐化，世事不可爲，想在自己小環境裏藏躱逃避，自尋安樂，因而閉門習靜，焚香默坐，或誦經咒，或服食藥物，這依然是黄老方術，不是宗教信仰。那時道家思想尤其盛行的有兩處，一在今山東江蘇省境，一在今四川省境。這兩處都可與印度發生交通關係。從山東江蘇沿海乘海船到交趾，這是海上接通印度的一條路。從四川向西南從陸路穿過西南夷，從今雲南省大理入緬甸境，這是陸上接通印度的一條路。或許在東漢中晚時，印度佛教已不斷從此兩處漸漸間接直接傳到中國，中國社會正在厭倦現實人生，便無意中把他們所知道的粗淺的佛教傳說牽強附會到中國固有的道家思想中去。當時還不過爲的消災降福，升仙長生。因此當時有把老子與釋迦同室祭祠的，在東漢的王宮裏已有此種風氣。這便是由道家漸漸過搭到佛教上去的開始。直到此種風氣，散布愈廣，滲透遍了廣大的農村社會，遂有漢末黄巾之亂，促成漢王室之崩潰。

在東漢王室崩潰以前，佛教在中國，只在社會底層暗暗生長，還沒有浮現到社會上層來。但一到三國時代，形勢便不同。兩漢四百年的傳統王室，徹底崩潰，社會大亂，人心無主，傳統文化尊嚴掃地，中國人民遂開始正式的皈依佛教。中國始有正式僧人，並西行求法。（西元二五九年，潁川朱士行出家，爲中國有正式僧人之始）直至西晉末年，北方大亂，諸胡羣起，那時佛法更見盛行。胡人中不少信受佛法的，他們自認在中國不是傳統的統治者，因此很情願來宏揚非傳統的宗教，最著名的如石勒之敬事佛圖澄，符堅之敬禮釋道安，姚興之敬禮鳩摩羅什，北方佛教因受諸胡君主之尊獎而大宏。因此北方佛教，始終與政治發生密切聯繫。但一切實際政治問題，到底不能仰賴佛法來解決，於是北方士族遂始終把握到領導實際政治的地位與權威。他們想要與佛法抗衡，便權宜的推出道教。北魏太武帝時，開始有道佛兩教之衝突。這一個衝突，以北魏大臣崔浩爲中心。崔家是北方士族的代表，這一衝突實在不好算是宗教思想之衝突，而是政治問題的衝突。崔浩提倡的是寇謙之一派的道教。寇謙之在當時被尊奉爲天師。他採用了不少西漢時代的五德終始說，這已不是東漢以來流傳在社會底層消極的神仙長生的道教，而又重返到西漢時代儒生們提倡的天人合一的政治理論的傳統上去了。在此衝突過程中，有『盪除胡神，擊破胡經』的口號發現，可見這一個衝突，顯然是北方士族想把政治領導權牢牢掌握在自己手裏的一種努力。一時北方佛法頗受壓迫，但崔浩一家不久便被族誅。佛法終於再盛。據魏書釋老志統計，在西元五四〇年時，北方佛寺到達三萬所，僧尼有二百萬，這眞盛極一時了。但是避調役，逃罪罰，並不能說眞心信仰的，恐占多數。那時北方佛寺營造之奢侈，以及像伊闕石窟，雲岡石窟等雕像之靡費，從傳統政治理論及社會秩序來看，佛法興盛，有損無益。因此北方又繼續經過幾次道佛衝突之後，終於佛道兩教全退處於次要的地位，實際政治領導權始終仍爲士族所操持，而傳統的儒家精神終於復活。那是已在北周及隋唐初期了。

南朝自東晉以後，佛教亦大盛。那時南方佛教的風尙與北方頗不同。北方佛法常受王室擁護，頗想造成一種神權政治而沒有成功。南方佛法則多由士大夫自由研習，他們多用純哲學的探究，要想把佛教哲學來代替儒家思想成爲人生眞理之新南針。他們大體都是居士而非出家的僧侶。因此北方佛教常帶政治性，南方佛教則多帶哲學性。北方佛教重在外面的莊嚴，南方佛教重在內部的思索。在這方面，南方佛教實較北方佛教爲解放。當時南朝君主，如梁武帝他的皈依佛教，亦純爲教義之眞切嚮往，並不夾雜絲毫政治作用。但尊信佛法，到底要歸重出世，或偏近老莊，不能做現實人生之指導。梁武帝因爲一心崇佛，疎忽了實際政治，招致大亂，自身被困餓死，這是南方佛法進展一大打擊。當時南方亦有道佛之爭，但所爭亦多屬哲理方面，並不牽涉政治問題。當時有一爭辯最烈的，關於人類靈魂之有無問題，亦起在梁武帝時，一派主張人生只有心的作用，沒有靈魂，人死則心作用亦隨與俱息，這一派稱爲神滅論。另一派則主張人生除心外別有靈魂，靈魂不隨人死而俱滅，其人雖死，靈魂依然存在。這一派稱爲神不滅論。神滅論可說是中國的傳統觀念，只要人死，其人的心靈作用隨以俱息，更無靈魂可以脫離肉體而存在。如此則人類生命只限於現世，沒有所謂過去世與未來世。換言之，人生只有歷史上即文化界的過去世與未來世，沒有宗教上即靈魂界的過去世與未來世。故人類只當在此現實世界及其歷史世界裏努力，即向人類文化界努力，不應蔑去這個現世與歷史文化世界而另想一個未來世界。如此則人生理論之歸宿，勢必仍走向儒家的路子。當時主張神滅論的是范縝，這是中國傳統思想對佛教一個極有力而最中要害的打擊。梁武帝曾詔令羣臣各各爲文答辯，可見范說在當時影響與震動之大。只要此下世運漸轉，現世生活重有希望，實際人生的領導權，終於要復歸到中國之舊傳統，我們只看這一爭論，便可想見其端倪。

但上面所述南北雙方的佛法大行，若另換一副眼光看之，則還都是些助緣而非其主因。我們要繼續略述南北朝時代佛學盛行之眞精神。在中國史上平民講學的風氣，從孔子墨子開始，直到東漢末葉馬融鄭玄，中間經歷將近千年，社會講學之風愈來愈盛。漢末太學生至三萬人，可見一斑。一到三國之亂，講學之風頓衰，一方固由人心對於儒學暫時失卻信仰，同時亦因社會播遷流離，沒有講學的環境。更重要的是士族門第都集中到中央政府，要求政治力量的庇護，因爲士族集中，一面助長其奢侈與淸談之風，一面與農村隔絕，漸漸失卻活力與生源，常自關閉在私家門第的小安樂窩裏，思想日陷於退嬰與消極，他們只以老莊玄虛自娛，（此如南方士族）。較好的亦不過能注重到政治問題而止，（此如北方士族）再沒有教育社會群衆的精神與熱心了。因此機緣，而後佛寺和僧侶正好代之而與，掌握了社會大衆的教育權。一般平民社會中的聰秀子弟有志向學的，只要走進廟宇，既得師友講習之樂，又獲書籍繙閱之便。私人經濟不需掛慮，而一切兵火盜賊之災亦不侵害到他們，又得當時南北雙方政府之提倡與擁護，佛法推行自然要更加蓬勃了。

在此我們需要特別指出一點，印度佛教本與其他宗教不同，他雖亦有偶像崇拜和神話粉飾，但到底是更傾向於人生哲學之研尋，並注重在人類內心智慧之自啓自悟的。尤其在當時中國的佛教，更可說是哲理的探求遠超於宗教的信仰。因此在印度佛教以小乘爲正統，大乘爲閏位，但在中國，則小乘推行時期甚短，兩晉以後即大乘盛行。在印度，大乘初起與小乘對抗極烈，在中國則開始即二乘錯雜輸入，兼聽並信。此後大乘風靡，亦不以傍習小乘爲病。至於持小乘議毀大乘者在中國幾絕無僅有。中國佛教顯然是更偏重在學理而偏輕於宗教的，這又可說是中國文化一種特殊精神之表現。那時的中印交通，海道由廣州放洋（或由安南或由青島）經爪哇錫蘭等地而達印度。陸道經西域，踰葱嶺，經帕米爾高原阿富汗斯坦入迦濕彌羅。這兩條路皆須經歷無窮艱險。但中國僧人親往印度求法的，由三國末年迄於唐代中葉，先後將五百年間，繼續不斷，其至今有姓名可考者多達一百餘人，其名佚不傳者又有八十餘人，尚有其他失於記載的。這些冒著道路艱險遠往求法的人，幾乎全都是私人自動前往，極少由國家政府資助車派。他們遠往印度的心理，也絕對不能與基督徒禮拜耶路撒冷，回教徒謁麥加，或蒙古喇嘛參禮西天相擬並視。雖則他們同樣有一股宗教熱忱，但更重要的還是由於他們對於探求人生眞理的一種如饑如渴的精神所激發。他們幾於純粹爲一種知識的追求，爲一種指示人生最高眞理的知識之追求，而非僅僅爲心靈之安慰與信仰之宣洩。他們的宗教熱忱，絕不損傷到他們理智之清明。這許多遠行求法的高僧，當他們回國時，莫不攜回了更多重要的佛教經典。說到繙譯成績，亦至可驚。根據唐代開元釋教錄所述，自漢末下迄唐代開元中葉時代，譯人一百七十六，所譯經典達二千二百七十八部，七千零四十六卷。根據現存的繙譯經典而論，汰其僞託，刪除重複，亦有五千卷內外。這實在是中國文化史上一絕大事業。這一事業之大部分，十分之九的工作，全在上述五百年間。若論中國僧人自己撰述，在此時期內亦至少有三四百種之多。我們若論社會秩序與政治制度，魏晉南北朝一段，誠然可說是中國史上一個中衰期，若論學術思想方面之勇猛精進，與創闢新天地的精神，這一時期，非但較之西漢不見遜色，而且猶有過之。那時一般高僧們的人格與精力眼光與胸襟，較之兩漢儒生，實在超出遠甚。我們純從文化史的立場來看魏晉南北朝時代中國文化衍進，依然有活力，依然在向前，並沒有中衰。

上面屢經說過，中國人的文化觀念，是深於民族觀念的，換言之，即是文化界線深於民族界線的。但這並不是說中國人對於自己文化自高自大，對外來文化深閉固拒。中國文化雖則由其孤立創造，其四圍雖則沒有可以為他借鏡或取法的相等文化供作參考，但中國人傳統的文化觀念，終是極為宏闊而適於世界性的，不局促於一民族或一國家。換言之，民族界線或國家疆域，是妨害或阻隔不住中國人傳統文化觀念的一種特殊的世界意味的。我們只看當時中國人對於印度佛教那種公開而懇切，謙虛而清明的態度，及其對於異國僧人之敬禮，以及西行求法之真忱，便可為我上述做一絕好證明。惟其如此，我們甚至可以說兩晉南北朝時代的高僧，若論其內心精神，我們不妨徑叫他們是一種變相的新儒家。他們研尋佛法，無非是想把他來代替儒家，做人生最高真理之指導。他們還是宗教的意味淺，而教育的意味深。個人出世的要求淡，而為大眾救濟的要求濃。因此在東漢末年及三國時代，佛教尚不失其一種宗教的面目，而流傳在社會下層的，一到兩晉以後，佛教便轉成一種純真理探求與純學術思辨的新姿態而出現。此後印度佛教，便在中國文化園地上生根結果，完全成為一種中國化的佛教，在中國開創了許多印度原來沒有的新宗派。其中如天台宗，創自隋代高僧智顗，（西元五三一——五九七）這是中國人前無所受而自創一宗的開始，又如隋唐之際的華嚴宗此亦中國自創，他們兩宗所講如台宗所謂卽空卽假卽中三諦圓融，華嚴宗所謂理事無礙，事事無礙，一卽一切，一切卽一等，這些理論都已把中國人傳統觀念所看重的現實人生，融入了佛教教義，這些全都是中國化的佛教了。同時禪宗興起，佛教教理更是中國化，中國人更把佛教教理完全應用到實際人生的倫常日用方面來，再不是印度原來的佛教了。那時在印度佛教已衰歇，婆羅門教已復盛，而在中國佛教乃成爲中國文化大流裏一條小支河，全身渾化在大流中而失其獨立的存在。

在此更有一點值得我們特別注意，那時佛教思想，雖極盛行，但無論南北雙方，社會上，對於中國傳統家族組織以及家庭禮教，卻一樣的嚴格保守，沒有絲毫搖動。尤其是北朝，大家庭制，到處盛行，有三世四世同居共財的，亦有五世六世乃至九世同居的。一家男女百口二百口，史稱其「兒無常父，衣無常主，」這種大家族共產制度，正與佛教出家修行同時並盛，在南方雖則貴族家庭盛行小家庭制，然家庭禮法，一樣看重，而庶人社會亦有大家族同居共財之風，頗有許多學者，同時精研佛理與儒家的家庭禮法。尤如南齊張融，他病卒遺令入殮，左手執孝經老子，右手執小品法華經，這竟像後世所謂的三教合一了。本來佛法與孝道，這是兩種正相背馳的精神而能同時存在，佛教教理主張無我乃至於無生，但中國傳統家庭精神，正著重在由小我來認取生命之綿延，中國家庭是父子重於夫婦的。夫婦的結合尙是人爲，父子則屬天倫。只有從父子觀念上，纔可看出生命之緜延，纔可把人生融化入大自然。因此夫婦組合的家庭，多少尙是平面的自由的友誼的可分可合的，還是個人主義爲中心的。只有父子組合的家庭，始是直線的天然的不可分割的超乎個人而沒入於人類生命大流中。佛教出家思想多半側重個人方面立論，中國傳統家庭精神早已是超個人的，所以佛教出世思想搖撼不動他的根本精神，而且父子相傳生命永久緜延，亦與佛家個體輪迴的說法各走一邊，不能融洽。這讓我們正可想像到當時中國人的內心境界，一面對於外來佛法新教義雖屬饑渴追尋，誠心探究，一面對於前代儒家舊禮教還是同樣的懇摯愛護，篤守不渝，這裏面固然也有一些由於當時門第勢力等外在的因緣，但到底這一種似相衝突而終極融和的廣大寬平的胸襟，及其靜深圓密的態度，是值得我們欽佩的。就此一點，便大可使我們預先料到，只要一旦機緣成熟，勢必有一番調和完整的新境界之出現，這便是隋唐以下的社會。

因此在中國史上，我們可以說他既沒有不可泯滅的民族界線，同時亦沒有不相容忍的宗教戰爭。魏晉南北朝時代民族新分子之羼雜，只引起了中國社會秩序之新調整，宗教新信仰之傳入，只擴大了中國思想領域之新疆界。在中國文化史裏，只見有吸收融和擴大，不見有分裂鬥爭與消滅。

第八章　文藝美術與個性伸展

中國史上經過魏晉南北朝一段中衰時期，接著又是隋唐復興之盛運，前後三個世紀（西元五八九——九〇六）在這時期裏，經濟文物，較之秦漢時代，似乎尚有過之無不及。論其疆土，唐代極盛時，北逾大漠，南統安南，東北境視漢稍狹，而西境較漢猶廣。那時的四夷君長，奉尊唐太宗為皇帝天可汗，諸蕃渠帥死亡者，必由唐下詔冊立其後嗣，這儼然是當時的一個世界聯邦，而由唐為之宗主。唐人因於四邊設六都護府，以護理歸化諸異族。安東都護府在朝鮮，安西及北庭都護府在新疆，安南都護府在安南，安北都護府在科布多，雲中都護府在蒙古，可見唐代立國規模之宏闊。

論其政治，依然還是秦漢傳統規模，王室與政府分立，君權與相權互濟。那時的相權，劃分為三機關執掌，一中書省，司發命之權，二門下省，司審駁之權，三尚書省，司執行之權。但中書門下兩省，依慣例常合署辦公，共同掌握發布命令之權，尚書省則綜綰全國行政事宜。下分吏戶禮兵刑工六部，每部各轄四司，共為二十四司，成為全國行政之總樞紐。此後宋元明清四代的尚書省，大體沿襲唐制。這一個組織詳備的行政系統，實為漢代所未有。

有名的唐六典成書於唐玄宗開元二十三年（西元七三五）周禮全書共分三百六十官，把全國政治社會經濟教育文化武事一切在一個理想的制度下支配職掌這是中國戰國時代的一部烏托邦。他把極高玄的理想，在極繁密的制度中表達。這可說是中國民族對於控制人事能力創造政治理想具有一種極優越的天才之具體表現。此下如西漢末年之王莽北周時代之蘇綽皆多少依據周禮來做變法之張本。隋唐政治制度，本沿北周而來故唐制中本來有不少依照著周禮書中規模的。卽如尚書省六部便沿周禮六官（天地春夏秋冬）而來。但周禮到底是一部理想的書只是先秦時代一個不知名的學者胸中的一個理想國的描寫唐六典則大體根據當時事實雖亦有幾許理想的成分羼雜，我們不妨認此書爲當時一部政府組織法典，或可說是一部成文的大憲章。唐代政治大體上依照此書之規定而推行，此後宋元明清四代，亦都遵奉此書爲行政圭臬理想的周禮，實現爲具體的唐六典，這又是中國文化史上一絕大的成績。其次如唐律匯合先秦兩漢以來，歷代法律菁華，爲中國法系成熟之結晶品，其法律全部之用意重人品重等級重責任，論時際論關係去貪汚定主從，定等次重賠償，重自首避操縱，從整個法律精神中間，透露出中國傳統文化之甚深意義，不僅爲後來宋元明清四代法律之藍本，而且順適行使於國外，東起日本西達葱嶺北方契丹蒙古諸族南方安南諸邦全都是唐律廣被行使之地。

現在再論到唐代一般國民負擔，如賦稅與兵役等，似乎亦較漢代爲輕減。漢人三十稅一，稅額已極輕，但唐代更輕，實際只合四十稅一之數。唐代的租庸調制，沿接北周均田制度而來，全國農民均各計口授田，因有授田始有租，壯丁的力役爲庸，地方土產之貢獻爲調。唐調與田租配合徵收。依理論，全國沒有一個無分田的農民，因此也不應該有一個農民負擔不起他應向國家繳納的租庸調。漢代只做到輕徭薄賦，唐代則進一步已做到爲民制產。先使每一國民有他普通水準以上的生活憑籍，再繼之以輕徭薄賦，國民經濟自然更易繁榮。漢人的眼光，常注意於裁抑兼并，如董仲舒主張限民名田（即限止每一國民最高額的土地私有量）直到王莽主張把田畝收歸國有皆是。唐代則進一層注意到田畝之平均分配，使下級農民皆有最低額之田畝分配，則上層豪強之兼并，自可不禁自絕。

對於商業方面，漢唐政策亦相隨而不同。漢代對商人開始即採一種裁抑政策，唐代則頗採放任主義，故在漢武帝時，鹽鐵由官家專營，不許商賈，而唐初則不僅准許商營而且還全不收稅。我們可以說，漢代的經濟政策，（尤其是漢武帝時代）常偏在壓抑高層經濟，而對低層的則忽略了。唐代的經濟政策，（尤其是唐初如太宗時代）則注意在培植低層經濟而對高層的則較爲寬大與自由。因此唐代社會富力亦較漢代增高。

再論到兵役，漢代是寓兵於農的，全國壯丁皆須服兵役，這是通國皆兵的兵農合一制。唐代則寓農於兵，只是一種選農訓兵制，在國內挑定幾百個軍事區域，把那些區域以內的某些處農村特別武裝起來，使臨時負戰鬭，平時負保衛的責任。這叫做府兵制。全國大概有五六百府，（最多時達七百餘府。）全數只有四十萬軍隊。這些府兵，一樣由國家授給田畝，自己耕種，因此在國家可省養兵之費，只在農事外由國家特設將領（折衝都尉）

施以長時期的軍事訓練。此制較漢制有幾個優點。一則漢代一個國民受軍訓與軍役的時期，不出兩年，唐代府兵則常在軍訓中，因此其訓練易於更精熟。二則漢代凡屬窮苦大衆皆須服兵役，唐代府兵則挑身家殷實者充之。（當時分國民經濟爲九等，府兵家產須在六等以上，即中上之家。）下等人戶不得充府兵，因此軍隊素質易於提高。三則漢代全國軍力普遍平等，唐代則於需要處設軍區，更需要處得多設，不需要處得不設，較爲活動。四則漢代全民皆兵，（那時丞相的兒子亦都在壯丁時期荷戈戍邊，）唐制則大多數國民皆可避免兵役。依照中國人傳統和平觀念與其文化理論，要強迫全國人民都學習殺人打仗，究竟不是理想的好境界。現在雖不能完全達到人類全體和平，但大多數的民衆則已可以畢生不見兵革了。

但在唐代更重要的一個進步，則爲當時新創設的一種科舉制度。中國政治在秦漢以下，早已脫離了貴族政治與軍人政治的階段，全國官吏由全國各地分區推選，這早已是一種平民政治了。不過漢代的選舉，雖說是鄉舉里選，其權實操之於地方長官，（即太守）僅由地方長官採納鄉里輿論，而最後的決定權還是在地方長官手裏。因此雖則全國政治人員均來自民間，而漸漸不免爲來自民間之一個較狹小的圈子裏，這樣便逐步在民間造成了一種特殊階級，此即東漢末年以下之所謂門第，我們現在則稱之謂變相的新貴族。待到三國魏晉兵亂相尋，地方政治解體，選舉無法推行，乃有臨時創設的所謂九品中正制。這一制度由各地方在中央政府服務的大官吏中，遴選一人爲中正，使其代表各本地方人之一般意見，把其鄉士人才分列爲九等，（上上，上中，上下，中上，中中，中下，下上，下中，下下）造爲簿册上之政府。政府則根據此項簿册，以爲用人之標準。此一制度，用意仍與漢代之鄉舉里選制相差不遠。只是漢代之察舉由地方長官執行，而魏晉以下之中正，則爲中央官吏之兼差。彼等因在中央服務，自然更不易知道地方輿論之眞情實況，而那時的門第勢力愈來愈盛，因此中正的九等考，終不免即以門第高下爲標準。如此則九品中正漸漸成爲門第勢力之護符。直到隋唐，再將此制改進，成爲一種公開競選的考試制度。地方人士有志在政治上活動的，皆可向地方官吏親自報名應試。地方官即將此等應試人申送中央政府，由中央特派官吏加以一種特定的試驗。凡中第合選的人，即無異取得了一種做官從政的許可狀，將來可在政治界出身。其不中選的，則失卻政府任用的資格。如此一來，其中選權，皆由公開的考試標準而決定，無論地方官或中央官，都不能再以私意上下其間。漢代的察舉標準，大體不外兩項第一是鄉里之輿論，大體以偏於日常道德方面者爲主，其次是在地方政府的服務成績，因漢制應選者必先爲吏，故此項亦居重要。如此則漢代所得，自然偏於才德篤實之人才。魏晉以下的中正制度，一方面因與鄉里遠隔，不易採取眞正的輿情，又因九品簿册，不限於服務爲吏的人，因此不注重其實際才能。如此則眞實的才與德兩方面俱忽略了，只依照當時門第貴族盛行的老莊清淡（即一種帶有哲學意味而超脫世俗的幽默談話）用作高下的標準。唐代科舉由中央公開考試，亦不注重鄉里輿情，但應考資格有身家清白一條，便把道德上消極的限制規定了。只要其人實有不道德的消極缺點，便可剝奪他的應考權。唐代考試，亦不限於做吏的人，則注重實際服務成績一端亦失去了，但唐代進士中第，依然要照實際的吏才成績遞次升遷，因此這一條亦可兼顧。因此唐代的考試制度，實際所重，似乎只是一種才智測驗，只要其人道德上無嚴重的大毛病，而其聰明才智過人者，便讓他到實際政治界去服務，然後再依他的成績而升進，這是唐代科舉制度的用意所在。因此唐代科舉所重者，專在一種文字的考驗。其先亦曾注重考驗其對於實際政治問題之理論的方面，亦曾考驗其對於古代經籍之義解的方面，但這兩種考驗，皆易陳腐落套，皆易鈔襲雷同，因此到後的考試，遂專偏重於詩賦一項。一則詩賦命題可以層出無窮，杏花柳葉，酒樓旅店，凡天地間形形色色，事事物物，皆可命題。二則詩賦以薄物短篇，又規定爲種種韻律上的限制，而應試者可以不即不離的將其胸襟抱負理解趣味，運用古書成語及古史成典，婉轉曲折在毫不相干的題目下表達。無論國家大政事人生大理論，一樣的在風花雪月的吐屬中逗露宣洩。因此有才必兼有情，有學必兼有品。否則才儘高，學儘博，而情不深，品不潔的，依然不能成爲詩賦之上乘。唐代以詩賦取士，正合符於中國傳統文化一向注重的幾點，並非漫然的。

唐代科舉制度，同樣爲宋元明清四代所傳襲，沿續達千年之久。這是建築中國近代政治的一塊中心大柱石，中國近代政治，全在這制度上安頓。同時亦是近代中國文化機體一條大動脈，在此制度下，不斷刺激中國全國各地面，使之朝向同一文化目標而進趨。中國全國各地之優秀人才，縷縷由此制度選拔到中央政治上，永遠新陳代謝，永遠維持一個文化性的平民精神，永遠向心凝結，維持著一個大一統的局面。魏晉以下的門第新貴族，因科舉制度之出現而漸漸地和平消失於無形。自宋以下，中國社會永遠平等，再沒有別一種新貴族之形成。最受全國各級社會尊視的，便是那輩應科舉的讀書人。那輩讀書人大體上全都拔起於農村。因爲農村環境是最適於養育這一輩理想的才情兼茂品學並秀的人才的。一到工商喧鬧的都市社會，便不是孵育那一種人才的好所在了。那些人由農村轉到政府，再由政府退歸農村。歷代的著名人物，在政治上成就了他們驚天動地的一番事業之後，往往平平濟濟退歸鄉村去，選擇一個山明水秀良田美樹的境地卜宅終老。這在一方面自然亦是受他早年那種文藝薰陶的影響。即在城市住下的，也無形中把城市鄉村化了，把城市山林化了。退休的士大夫，必有一些小小的園林建築，帶著極濃重極生動的鄉村與山林的自然天趣。他們的弟姪兒孫，一個個要在這公開競選制度下來自己尋覓出路，自己掙扎地位，他們絲毫沾不到父兄祖上已獲的光輝，直要等到他們屢代書香漸漸把一個最適合於孕育文藝天才的自然環境隔絕了，富貴塵俗把他們的家庭逐漸腐化，而另幾個優秀天才的家庭又開始從清新幽靜的鄉村裏平地拔起來，彌縫了那幾個破落舊家庭的罅隙。中國是一個傳統農業文化的國家，憑籍這一個文藝競選的考試制度，把傳統文化種子始終保留在全國各地的農村，根柢盤互，日深枝葉發布日茂，使全國各地農村文化水準，永遠維持而又逐步向上。幾乎使無一農村無讀書聲，無一地方無歷史上的名人古蹟。農村永遠爲中國文化之醞酵地。不得不說多少是這一個制度之功效。再從此滲透到中國人傳統的家族宗教（孝）與鄉土倫理（忠），若依近代術語說之，孝的觀念起於血緣團體，忠的觀念起於地域團體，中國人所謂移孝作忠。即是由血緣團體中之道德觀念轉化而成地域團體之道德觀念，惟中國人又能將此兩觀念巧妙而恰當地擴展成爲天下太平與世界大同的基本道德觀念。以及自然哲學（天人合一）與和平信仰（善）的種種方面去。我們只須認識到中國文化之整個意義，便不難見這一制度在近千年來中國史上所應有之地位。我們不妨說，在近代英美發育成長的一種公民競選制度，是一種偏重於經濟性的平民精神之表現，而中國隋唐以來的科舉制度則爲一種偏重於文化性的平民精神之表現，偏經濟性的比較適宜於工商競爭的社會，而偏文化性的則比較適宜於農業和平的社會。

現在讓我們把唐代社會再回頭作一概括的瞻覩。唐代的武力是震爍一時的，再不患外寇之侵凌了，唐代的政治也已上軌道，帶有傳統文化性的平民精神正在逐步上昇。唐代的社會經濟也可說一時沒有問題了，一般的平民各有他們水準以上的生活。唐代社會早已到了一個內在既安富外觀又尊榮的地位。試問那時的人生，再需要往那裏去呢？在這問題的解答下，正可指出中國文化前進之終極趨嚮，讓我此下再慢慢道來。

中國文化是一種傳統愛好和平的文化，這已在上文屢屢述過，因此中國人始終不肯向富強路上作漫無目的而又無所底止的追求。若論武力擴張，依照唐代國力，正可儘量向外伸展，但即在唐太宗時，一般觀念已對向外作戰表示懷疑與厭倦。中國人對國際，只願有一種和平防禦性的武裝。唐代雖武功赫奕，聲威遠播，但中國人的和平頭腦始終清醒，在唐代人的詩裏，歌詠著戰爭之殘暴與不人道的，眞是到處皆是，舉不勝舉。中國人既不願在武力上盡量擴張向外征服，同時又不願在財富上盡量積聚無限爭奪。在唐代的社會情況下，無論國外國內貿易均有掌握人間絕大財富權之機會與可能。但中國人對財產積聚又始終抱一種不甚重視的態度，因此在當時一般生活水準雖普遍提高，但特殊的資產階級過度的財富巨頭則永不產生。根據唐人小說，只見說許多大食、波斯商人在中國境內經營財利積畜鉅萬，但中國人似乎並不十分歆羨，詩歌文藝絕不歌頌財富，這是不需再說的。這不僅由於中國政治常採一種社會主義的經濟政策，不讓私人財力過分抬頭，亦由中國人一般心理都不肯在這一方面奮鬪。否則儻使中國人大多數心理羣向財富路子上去，則政府的幾條法令，到底亦防不住資本勢力之終於泛濫而橫決。因此唐代社會雖極一時之富強，但唐代人之內心趨嚮則殊不在富強上。只因憑藉了唐代當時這一點的富強基礎，而中國文化之終極趨嚮在唐代社會裏不免要花葩怒放，漫爛空前的自由表白了。

我所說的中國傳統和平文化，決不是一種漫無目的又漫無底止的富強追求，即所謂權力意志與向外征服，又不是一種醉生夢死，偸安姑息，無文化理想的雞豕生活，也不是消極悲觀，夢想天國，脫離現實的宗教生活。中國人理想中的和平文化，實是一種富有哲理的人生之享受，深言之，應說他是富有哲理的人生之體味。那一種深含哲理的人生享受與體味，在實際人生上的表達，最先是在政治社會一切制度方面，更進則在文學藝術一切創作方面。中國文化在秦漢時代已完成具第一基礎，即政治社會方面一切人事制度之基礎，在隋唐時代則更進而完成其第二基礎，卽文學藝術方面一切人文創造的基礎。這在孔子書裏特別提出的仁與禮之兩字，卽包括了此一切。仁是人類內在共通之一般眞情與善意，禮是人類相互間恰好的一種節限與文飾。政治社會上一切制度，便要把握此人類內在共通之眞情而建立於種種相互間恰好之節限與文飾上。文學與藝術亦在把握此人類內在共同眞情而以恰好之節文表達之。全部人生都應在把握此內在共同眞情而以恰好之節文表達之的上面努力。中國人理想的和平文化，簡言之，大率如是。政治社會種種制度，只不過爲和平人生做成一個共同的大間架，文學藝術種種創造，纔是和平人生個別而深一層的流露。政治社會一切制度，譬如一大家宅或大園林，文學藝術是此房屋中之家具陳設園林裏的花木布置。中國人的家屋與園林，已在秦漢時代蓋造齊全，隋唐時代再在此家屋裏講究陳設，再在此園林裏布置花草。至於全部設計，則在先秦時代早已擬成一個草案了。

現在要開始敍述唐代文學藝術之發展，卻須搶先約略插說一段唐代佛教之蛻變。佛教來自印度，其本身帶有一種極濃重的厭世離俗的思想，尤其是初期的小乘佛教，更顯得如此。正値三國兩晉，中國大亂，人心皇皇一時無主，相率由道士神仙老莊玩世的不嚴肅態度下轉入佛教，悲天憫人，蘄求出世，這亦是一時的不得已。不久中國佛學界卽由小乘轉進大乘，這已是由宗教出世的迷信，轉到宇宙人生最高原理之哲學的探求了。那時尙在東晉末葉，南北朝開始的時代。但佛教精神無論大乘小乘，要之有他一番濃重的厭世離俗觀，這與中國傳統文化精神，到底不合，因此一到隋唐時代，世運更新，佛教思想亦追隨演變，而有中國佛教之出現。最先是陳隋之際開始的天台宗，他們根據人類心理，兼採道家傳統老莊哲學，而創生了一套新的精神修養與自我教育的實際方法，他們雖未脫佛教面目，但已不是小乘佛教之出世迷信，也不是大乘佛教之純粹的哲學思辨，也並不專在一切宗教的威儀戒律上努力。他們已偏重在現實人生之心理的調整上用工夫，這已走入了中國傳統文化要求人生藝術化的老路。再由天台轉入禪宗，那個趨勢更確定，更鮮明了。而且也更活潑，更開展了。唐代禪宗之盛行，其開始在武則天時代，那時唐代一切文學藝術正在含葩待放，而禪宗卻如早春寒梅，一枝絕嬌豔的花朵，先在冰天雪地中開出。禪宗的精神，完全要在現實人生之日常生活中認取他們一片天機自由自在，正是從宗教束縛中解放而重新回到現實人生來的第一聲。運水擔柴，莫非神通，嬉笑怒罵，全成妙道。中國此後文學藝術一切活潑自然空靈脫灑的境界，論其意趣理致，幾乎完全與禪宗的精神發生內在而很深微的關係。所以唐代的禪宗，是中國史上的一段宗教革命與文藝復興。那時中國文化，還是以北方中國黃河流域爲主體，但唐代禪宗諸祖師，你試一查考他們的履歷，幾乎十之八九是南方人，是在長江南岸的人。乃至在當時尚目爲文運未啓的閩粵嶺南人，也在禪宗中嶄然露頭角。禪宗實際的開山祖師第六祖慧能，（西曆六三八——七一三）便是一個見稱爲南方獦獠的。當時的禪宗興起，實在是南方中國人一種新血液新生命大量灌輸到一向以北方黃河流域爲主體的中國舊的傳統文化大流裏來的一番新波瀾新激動。單就宗教立場來看，也已是一番驚天動地的大革命。從此印度佛教悲觀厭世的，一變而爲中國佛教一片天機，活潑自在，全部的日常生活一轉眼間，均已天堂化，佛國化。其實這不啻是印度佛教之根本取消。但在中國社會上，在中國歷史上，如此的大激動，大轉變，卻很輕鬆很和平的完成了。只在山門裏幾度瞬眉揚目，便把這一大事自在完成，我們若把這一番經過，來與西方耶教的宗教革命作一個比擬。他們是流血殘殺，外面的爭持勝過了內面的轉變。我們則談笑出之，內裏的翻新勝過了外面的爭持，這豈不已是中國文化最高目的人生之藝術化的一個已有成績的當前好例嗎？

從唐代有禪宗新佛教之創始，一面是佛教思想內部起革命，直影響到宋儒道學運動，把中國思想界的領導權，再從佛教完全轉移到儒家的手裏，這一層都屬思想史上的問題，此處不擬詳述。另一面是中國社會之日常人生，再由宗教廟宇裏的厭世絕俗，嚴肅枯槁，再回到日常生活自然活潑的天趣中來，這便闢開了文學藝術一條新道路，正好在下面逐次序述。

文學藝術在中國文化史上，發源甚早，但到唐代，有他發展的兩大趨勢，一是由貴族階級轉移到平民社會，一是由宗教方面轉移到日常人生。大體說來，宗教勢力本易與貴族特權結不解緣，只要社會上封建貴族的特權勢力取消，宗教的號召與信仰，亦將相隨鬆懈，古代中國的宗教勢力，已隨春秋戰國時代封建貴族之崩潰而失其存在，東漢以下，新的門第產生，變相的封建貴族復活，印度佛教適亦乘時東來，隋唐以下，科舉制與門第衰落，佛教勢力亦漸次走上衰頹的路。因此唐代的文學藝術，遂很顯著的有此從貴族到平民，從宗教到日常人生的兩大趨勢，亦是相隨於當時的歷史大流而自然應有的。

現在先說文學，中國古代文學必溯源於詩經三百首。但那時還在封建貴族時代，雖則三百首詩經裏，有不少平民社會的作品，但到底那三百首詩是由政府收集而流行在貴族社會的，不好算他是純粹的平民文學。戰國時代的楚辭，亦似由平民社會開始，但到底還發育成長在貴族階級的手裏。漢代的辭賦，沿襲楚騷而來，大體上還流行在宮廷王侯間，成爲一種寓有供奉上層貴族消遣性的文學。那時的樂府歌辭，亦還和古代詩經一般，由民間採上政府，同樣不脫上層階級之操持。但到五言詩逐漸發展，純粹平民性的文學亦逐漸抬頭。一到魏晉南朝，五言歌詩更盛行了，那時是古代的貴族文學逐漸消失，後代的平民文學逐漸長成的轉變時代。但魏晉南朝的詩人，多半出身於門第新貴族之中，還不能算純粹的平民文學。中國文學史上純粹平民文學之大興，自然要從唐代開始，那是與政治社會一應文化大流的趨勢合符的。唐代詩人之多，詩學之盛，眞可說是超前絕後，清代編集的全唐詩九百卷，凡詩四萬八千九百餘首，作者二千二百餘人，可以想見其一斑。唐詩之最要精神，在其完全以平民風格而出現，以平民的作家，而歌唱著平民日常生活下之種種情調與種種境界，縱涉及政府與宮廷的，亦全以平民意態出之。那五萬首的唐詩，便是三百年唐代平民社會之全部生活之寫照。一到唐代，文學始普遍及全社會全人生，再不爲上層貴族階級所獨有。

中國文學，除卻詩歌以外，便要輪到散文。先秦諸子，如論語孟子老子莊子等，後世所稱爲諸子的，莫非中國極精美的散文作品，但這是一種哲理的論著。其次如史書，在中國發達最早最完備，如古代之尚書，先秦以前的左傳，與西漢時代的史記等，亦為中國散文家不祧之鼻祖，但這些到底是史傳，不稱純文學作品。其他如戰國時代策士之游說辭，以及兩漢時代政治上有名的奏疏等，雖亦多精美的結構，但依然是屬於政治上的應用文件。亦非純文學作品。若要說到平民作家之散文，用來歌詠日常生活的那一種純文學性的散文，我們不妨稱之為詩意的散文，或竟可稱之為散文詩或無韻詩的，那已開始發展在魏晉之際了。這亦和詩歌一樣，要到唐代始為極盛。清人編集全唐文一千卷，凡文一萬八千四百八十八篇，作者三千零四十二人，中間雖夾有不少非純文學的作品，但我們說歌詠平民社會人生日常的散體文，要到唐代始為發展成熟，這亦無可懷疑的。

古代的文學，是應用於貴族社會的多些，而宗教方面者次之。古代的藝術，則應用於宗教方面者多些，而貴族社會次之。但一到唐代全都變了，文學藝術全都以應用於平民社會的日常人生為主題。這自然是中國文化史上一個顯著的大進步。現在說到藝術，中國藝術中最獨特而重要的厥為書法。書法成為一種藝術，亦在魏晉時代。一到南北朝時代，黃河流域與長江流域南北雙方的書法，顯有不同。南方擅長帖書（大體以行草為主，）是用毛筆書寫在紙或絹上的，這算是一種比較新興的風氣。北方則擅長碑書，（大體尚帶古代隸書的傳統。）是把字刻在石上的，是一種較老的傳統。大抵南方的帖書，更普通的是當時人相互往來的書信，這已是平民社會日常人生的風味了。北方碑書，則多用於名山勝地，佛道大寺院所在，或名臣貴族死後誌銘之用，或埋在墓中，或立在墓道上。這還是以貴族社會與宗教意味的分數爲多。一到唐代，南帖北碑漸漸合流，但南方的風格平民社會日常人生的氣味，到底佔了優勢。從唐以後，字學書品遂爲中國平民藝術一大宗。而帖書佔了上風，碑法幾乎失傳。南派盛行，北派衰落。這雖指書法一項而論，但大可代表中國一切藝術演進之趨勢。

中國藝術書法以外便推畫。中國繪畫發達甚早，但據古書記載，秦漢時代的繪事大體還以壁畫與刻石爲主，那些都應用在宮殿廟宇墳墓，依然是在貴族和宗教的兩個圈子內。繪事大興，亦要到魏晉以後，那時用紙和絹作畫之風開始盛行。南北朝時代，畫風與書法一樣，同有南北之別。大抵無論書畫，南方是代表新興的平民社會與日常人生的風度，北方則代表傳統的貴族與宗教的氣味。而繪事尤以在南方者爲盛，北方視之遠遜。一到唐代，雖亦有南北合流之象，但如書法一般，唐人風氣也還以南方作風爲正宗。一樣是平民意味與日常風格漸占上風，而貴族與宗教的色彩則日見淡薄。因此仙釋人物畫漸轉而爲山水花鳥，壁畫與石刻漸轉而爲紙幅尺素，在平民社會日常起居的堂屋與書房中懸掛起來。這是一個很顯明的轉變。我們只要一看書法繪事兩項，在南北朝到隋唐一段如此般的轉變，便可看出中國人的藝術如何從貴族與宗教方面逐步過渡到平民社會與日常人生方面來的一個大趨勢。再把這一情形與文學方面的演變相聯合，再旁推到佛教史上禪宗的創立，便知中國文化史上平民社會日常人生之活潑與充實，實在是隋唐時代一大特徵。這自然是中國文化史上應有的進嚮中一重要的階程。

詩文字畫四項，全要到唐代纔完全成其爲平民社會和日常人生的文學和藝術，而唐人對此四項的造詣，亦都登峯造極，使後代人有望塵莫及之想。舉要言之，詩人如杜甫（西元七一二——七七〇）文人如韓愈，（西元七六八——八二四）書家如顏眞卿，（西元七〇九——七八四）畫家如吳道玄（玄宗時，生卒年未詳）這些全是後世文學藝術界公認爲最高第一流超前絕後不可復及的標準。這幾人全在第八世紀裏出現，只韓愈稍晚，下及第九世紀的初期。在西元七五〇年左右，第八世紀恰過一半的時候，正是唐代社會經濟文物發展到最旺盛最富足的時期，此下即接著大騷亂驟起，在那時期，社會人生精力可謂蘊蓄充盈，而人類內心又不斷受到一種深微的刺激，這眞是理想上文學藝術醱酵成熟的大時期。無怪那時的禪宗，要搶先在宗教氛圍裏突圍而出，禪宗便是由宗教回復到人生的大呼號，由是一切文學藝術，如風起雲湧，不可抑勒，而終成爲一個平民社會日常人生之大充實。我們要想了解中國文化之終極趨嚮，要想欣賞中國人對人生之終極要求，不得不先認識中國文學藝術之特性與其內在之精意。要想認識中國人之文學與藝術，唐代是一個發展成熟之最高點。必先了解唐人，然後瞻前矚後，可以竟體瞭然。漢代人對於政治社會的種種計劃，唐代人對於文學藝術的種種趣味，這實在是中國文化史上之兩大骨幹，後代的中國，全在這兩大骨幹上支撐。政治社會的體制，安定了人生的共通部分，文學藝術的陶寫，滿足了人生的獨特部分。中國後代人常以漢唐並稱，這亦是一個主要的意義。

第九章　宗教再澄清民族再融和與社會文化之再普及與再深入

歷史上的劃分時期，本來沒有確切標準，並亦很難恰當。我們若把中國文化演進，勉強替他劃分時期，則先秦以上可說是第一期，秦漢隋唐是第二期，以下宋元明清四代是第三期。第一二兩期的大概，都已在上面述說過。宋元明清四代約略一千年，這可說是中國的近代史，比較上又自成一個段落。若把國力強旺的一點來論，這一期較之漢唐時代確爲遜色。宋代始終未能統一，遼金兩族先後割據中國的東北部乃至整個的黃河流域，西夏又在西北部崛強負嵎，安南乃至雲南的一部分，也各自分國獨立了。元代雖說武功赫奕，然這是蒙古人民的奇蹟，並非中國傳統文化裏應有之一節目。只有明代三百年（一三六八——一六四三）那時疆域展擴，和漢唐差不多，而海上勢力還超過漢唐之上。最後清代他是中國東北吉林省長白山外一個名叫滿洲的小部族，乘機竊據遼河流域，又乘中國內亂，顚覆明室，始終形成一個部族狹義的私政權，綿延了兩百四十年之久。這在中國史上，以漢族爲文化正統的眼光看來，同樣是一個變局。因此我們說，這一千年來的近代中國，在其國力方面，大體上是比漢唐遜色了。這亦有幾層理由。

第一中國民族本來是一個趨嚮和平的民族，這已在上面幾章屢屢陳述過。秦漢時代依照中國傳統和平文化之目標，創建了統一政治與平等社會各方面的大規模，但到底去古未遠，古代封建貴族的剩餘勢力，依然存在。東漢以下便有門第新貴族之產生。這一種門第新貴族，直要到中唐以後始絡續消失。若照中國傳統文化理想言之，此等封建貴族特權勢力，固屬要不得。但就社會的戰鬬性而言，則此等勢力實際上無異於是一個個小的戰鬬團體，他在整個社會裏無形中可以增強他的戰鬬性。古代西方如希臘城市國家，以及羅馬帝國，都由幾個小組織中心放射出力量來。近代的歐洲社會，開始脫離封建貴族之特權勢力，便走上資本主義的控制下，也始終有他小組織的中心勢力存在。再由此種勢力向外放射，所以西方社會始終有他的力量與戰鬬性。中國魏晉南北朝時代，北方社會所以能保守其傳統文化以與胡人抗衡的，也便賴籍於此。西漢則古代封建力量尚未消融淨盡，唐代則西晉南北朝以來的門第勢力也還存在，所以漢唐二代社會武力仍有這些小組織的中心做他內裏的骨子。一到中唐以下，中國社會完全走上他文化理想的境界了，封建貴族澈底消失，工商資本勢力亦不能抬頭，社會整個的在平鋪狀態下，和協而均衡，內部再沒有小組織特殊勢力之存在，再沒有一個個小的戰鬬集團之存在，因而整個社會之組織力與戰鬬性亦隨之降落，這是宋以下中國國力趨嚮衰弱之第一因。

第二中國文化進向，就其外面形態論，有與西方顯相不同之一點。上面說過，西方國家是向外征服的，中國國家是向心凝結的。我們若把這一觀點轉移到整個文化趨嚮上，亦可得一相似的概念。西方文化是先由精華積聚的一小中心點慢慢向外散放的，中國文化則常由大處落墨，先擺布了一大局面，再逐步融凝固結，向內裏充實。這自然是城市商業文化與大陸農業文化之不同點。先秦儒家天下太平世界大同的大理想，可說已爲中國和平文化先擺下一個最大的局面，待到秦漢時代文治政府開始創建，平等社會開始成立，這是第一步的充實。隋唐時代，平民社會日常人生的文學藝術逐步發展，這是第二步的充實。秦漢時代的注意力，比較還偏在人生共通方面，一到隋唐以下，一般興趣，不免轉換到人生的獨特方面去。若是眞個天下太平，世界大同，人生共通的間架建築得很完固，我們在此下各自向個性的獨特方面發展，體味理想的人生，享受理想的現實，豈不甚妙。但唐以下的中國環境，實際上並未到此，他還在列國分爭時代，而天下太平世界大同以後的那些文學藝術的優美境界，早已由唐人抉奧啓祕，把他開示給現世界了。宋以下的中國人，大體上憧憬於這種理想的人生之享受與體會，常誤認爲中國早已是一個天下，早已是一個世界，卻不免忽略了對於國外的情勢，忽略了對於非理想的人生之奮鬬與擺脫，這是近代中國國力衰弱的第二因。即就宋儒思想來說，他們雖說要修身齊家治國平天下一貫用力，一貫做工，但到底他們的精神偏重在修齊方面的更勝過於治平方面。他們的人生理論，認爲日常人生，即可到達神聖境界，這是他們從禪宗思想轉手而來的。因此他們依然不免過分看重平民社會的日常人生方面，雖則要想回復先秦儒家精神，但終不免損減了他們對大全體整個總局面之努力與強力的向前要求之興趣。

第三中國的西北和東北，不僅是中國國防地理上必要的屏障，亦是中國國防經濟上必要的富源。精良的馬匹，豐足的鐵礦全部產生在那裏。宋代一開始東北西北便爲遼夏分據，因此其整個國力始終難於健全。而且中國自宋以下的社會，是偏向於愛好文學與藝術的，因此在自然形勢上中國近代社會不斷的向長江流域以及東南沿海一帶發展，北方高原大陸，逐漸被忽略，被遺棄，遠不如漢唐時代之健旺與活潑了，這又是中國近代國力趨向衰弱之第三因。

若論政治制度方面，宋元明清四代，依舊遵照漢唐舊規模。惟因最先激於唐代末年之軍閥割據，而開始厲行中央集權。又因元清兩代均以部族政權的私意識來霸持，因此在中央集權之上還加上一種君權日漲相權日消的傾向，這兩層都是近千年來的中國政治所不如漢唐的。

但是一千年來的中國文化，除卻上述，還有許多値得提出，引起我們注意的。現在分別敍述之如次：

這一千年來在中國文化史上値得大書特書的第一事，厥爲宗教思想之再澄清。中國的文化建設，在先秦以前，早已超越了宗教的需要，中國人早已創建了一種現實世界平民社會合理的日常人生的自本自性的教義，更不需要再有信仰上帝或諸神的宗教。這是先秦時代的功績。秦漢時代便本著這一種教義來創建理想的政治和社會。一到東漢末年，政治腐敗，社會騷亂，現實人生失望，遂歡迎印度之佛教傳入，同時又有模擬佛教的道教產生，這已全在上面幾章裏述過。待到隋唐復興，政治社會重上軌道，中國人傳統現實人生之理想，再度活躍，則消極出世的宗教思想自然失卻需要，不再做人生嚮往之指導者。因此一到隋唐時代，佛道兩教便不免要走上衰運，或轉變方向，這是易於瞭解，無煩詳論的。但這裏另有一問題，隋唐以下宋元明清一千年來的近代中國，有些時其衰亂情況更甚於隋唐之前，但何以此千年來的宗教勢力，卻永遠不再抬頭，永不能再如魏晉南北朝時代的風靡日照。只如金元時代黃河流域的全眞教，雖亦一時獲得社會上羣衆的歸附，但到底沒有握到學術思想上的領導權，斷不能和魏晉南北朝時代的佛教相擬。這裏自然另有一些原因，值得我們敍述。

原來佛教思想傳入中國，早已逐步的中國化了。尤其是晚起的禪宗。他們的理論，主張自性自修，自性迷即衆生，自性悟即是佛。又說萬法盡在自心，從自心中頓見眞如本性。他們常勸人在家修行，見取自性，直成佛道。實在他們已完全脫落了宗教的蹊徑。一切歸依自性，倘何宗教可言。識心見性，自成佛道，便何異儒家盡心知性盡性知天的理論。禪宗只把儒家的天字聖字換成佛字，其他完全一樣，要從自心自性上認取。因此一到禪宗思想出世，各人都回頭到自己心性上來，不再有所謂西方佛法要向外追求。那時的佛教精神，早已爲平民社會日常人生所融化。所以說無明即眞如，煩惱即菩提，輪迴即涅槃。這無異於說一切塵世俗界，即是佛土天堂了。但這裏究竟還有一層隔膜，因爲禪宗在理論上雖則全部中國化了，但他們到底是一種在寺院裏發展成熟的思想，無意中脫不淨嚮慕個人的獨善與出世。直要到宋代新儒家興起，再從禪宗思想轉進一步，要從內身自心自性中認取修身齊家治國平天下的大本原，如是始算完全再回到先秦儒家思想的老根基，這裏也幾乎經歷了一千年的時期。在此一千年內，中國人不僅將印度佛教思想全部移植過來，而且又能把他徹底消化，變爲己有，因此在以後的中國，佛教思想便永遠不再成爲指導人生的南針。社會上雖還到處有寺院與僧侶，但這已成爲慈善與救濟事業之一部分，一面養育著許多孤苦無告的人們，一面讓他們管領山林風景，作爲社會一種公共建築，附以許多富於文學與藝術性之游賞的方便。一面自然還是禪宗盛行，不斷有許多高僧，借著佛寺作爲他們一種特殊的人生哲學之研究所與實驗室，他們與那時盛行的新儒家思想，還是息息相通，但他們只成了旁枝而非本幹。若認爲宋以後的中國，還是一個佛教世界，這是不能認識中國眞象的錯覺。

這裏還有一層關係，只因魏晉南北朝時代，一方面是儒家思想衰微了，另一方面是門第的新貴族崛起。知識與學問操在那些新貴族手裏，一般平民，無法獲得教育與知識，僧侶和寺院遂得乘此掌握到指導人民的大權。一到宋代以下，中國社會上再沒有貴族存在了。新的平民學者再起，這即是宋代的新儒家，他們到處講學，書院林立，儒家思想恢復了他的平民精神，他遂重新掌握到人生大道的領導權，寺院僧侶自然要退處一隅。

而且這裏還有一層關係，唐宋以下文學藝術的發展，他們都有代替宗教之功能。中國文學有與西方絕不同之一點，西方文學在比較上是以戲曲與小說爲大宗的，他們側重在人生具體的描寫，無論是浪漫派或寫實派均然。他們對人生或賦以熱烈的想望，或加以深刻的諷刺，他們常使讀者對現實人生激起不滿，因此有人說，西方文學是站在人生前面的，他常領導著人生使之更往前趨。中國則不然，中國文學比較上以詩歌散文做中心。那些詩歌散文，都不喜作人生的具體描寫，他們只是些輕靈的抒情小品，平澹寧靜，偏重對於失意人生作一種同情之慰籍，或則是一種恬適的和平人生之體味與歌頌。大體上在中國文學裏，是解脫性多於執著性的。他是一種超現實的更寬大更和平的境界之憧憬。因此我們可以說中國文學好像是站在人生後面的，他常使讀者獲得一種清涼靜退的意味。他並不在鞭策或鼓舞人向前，他只隨在人後面時時來加以一種安慰或解放。因此中國文學常是和平生活之欣賞者，乃至失意生活之共鳴者。中國文學家常說詩窮而後工，又說，懽虞之言難作，他們只對人生消極方面予人慰籍，不對人生積極方面有所鼓動。他們似乎缺少熱拉拉的情緒，但可以使人在現實狀況下解脫出來，覺得心神舒泰。西方的戲曲和小說，多半取材於都市，為商業文化之產物。中國詩和散文則多半取材於鄉村與自然界，為一種農業文化之代表。都市與人刺激，田園給人寧澹，這是很自然的趨勢。中國藝術亦一樣具此意境，書法的微妙，純在意境上，純在氣息上，他絕不沾染到絲毫現實塵俗具體的事物方面，這是不煩詳說的了。茲且姑舉繪事為例。中國畫自唐宋以下，他的大趨嚮亦在逃避現實，亦在對現實為超脫與解放。他的著眼之點，並不在外界事象或物體之具體就實的寫照，他只借著外界事物一些影象來抒寫自己胸中的另一番情味或境界。山水和花鳥是中國畫家最愛運用的題材，因為與實際人生隔得遠，又自然又生動，中國人理想中和平而恬澹的生活，便在此自然生動富有天趣的山水花鳥中寄託著。中國畫的外形極單純，又極調和。人世間一切亂雜雜的衝突與悲劇一概洗淨了。唐宋以下，中國社會每一家庭，稍識幾字的，在他的堂屋裏或書齋臥室裏，幾乎都有一兩幅紙絹裝裱的畫懸掛著，或立軸，或橫披，只要偶一眺矚，便使你悠然意遠。這些全是中國人心靈上的桃花源，亦可說是他們的一種天堂樂土。此乃中國心靈對於自然觀照之廣大深刻處。山水草木花鳥魚蟲，一切有情非有情界，皆與吾廣大心靈相通，此即北宋新儒家所提倡以萬物爲一體的精神，而輕妙地在藝術中吐露呈現出來了。中國社會每逢亂離，這些藝術品更易爲一般人所欣賞與寶愛。宗教的功用，大部分是逃避現實，使人從現實小我中解放出來，而與人以更大的天地，藉此亦可作爲人生失意的安慰。這一方面，中國唐宋以下的文學與藝術，可謂已盡其能事。若論宗教方面對於人生積極的指示，在中國社會上本已有儒家思想完此職責。儒家教人孝弟忠恕愛敬，教人修身齊家治國平天下，一切向前，一切負責任，人生的義務性太重了，要你具備着一副知其不可而爲之的精神，義命所在，使你感到無所逃於天地之間。在中國人這種倫理觀念的後面，不得不有中國人這種的文學與藝術與之相調劑。中國的儒家教義是剛性的，中國的文學藝術則是柔性的。中國的儒家教義是陽面的，中國的文學藝術則是陰面的。中國人的理想人生，便在此儒家教義與文學藝術之一剛一柔，一陰一陽，互爲張弛下，和平前進。西方人的宗教，本來是一種陰面柔性的功能的，而中國唐宋以下之文學藝術，已經發展到可取而代之的地位了。因此唐宋以下的社會，到底不需要再有宗教，所有的宗教，均佔不到文化機構上的重要地位。因此中國社會上宗教信仰，儘可自由，對於政治風俗，都不致發生嚴重影繫。自宋以下的社會宗教思想之再澄清，實在不可不說是中國文化進展一絕大的成績。

其次值得我們大書特書的第二步，便要算到民族之再融和。中國儒家思想，本來寓有極濃重的宗教精神的。他們抱着天下太平世界大同的觀念，本想要融和全世界一切人類來共同到達這一種理想的和平生活的境界的。他們對人類個別的教導，便是人類相互間的孝弟忠恕愛敬，他們對人類社會共通間架之建立，便有他們修身齊家治國平天下的大抱負。由人人的孝弟忠恕愛敬，到達家齊國治天下平的時運，便是天下太平世界大同。中國儒家把政治和宗教兩種功能，融通一貫，因此不許有帝國主義之向外征服與不平等的民族界線。在中國人目光下，只有教化是向內向外的終極目標。自宋以下的中國，不斷有異文化的外族入侵，中國人在武力抵抗失敗之餘，卻還是抱著此種教化主義之勇氣與熱忱，依然沿襲中國文化傳統精神來繼續完成民族融和之大理想。其間最主要的，如契丹，如女眞，如蒙古，如滿洲，其先全是在中國邊疆上尙未十分薰染透中國文化的小部族，他們憑藉武力，乘中國內亂，或割據中國疆土之一部分，或全部侵入了中國，但最多耐不到三百年的時期，或則全部爲中國文化所同化，或則亦部分的消融在中國民族的大爐裏，不再有他特殊的存在。其他如回族藏族苗族，也都或先或後的在朝向著民族融和的方向走去。中國文化譬如是一個電氣罐子，看不出什麼鮮紅熱烈的火燄，但挨近他的，便要爲他那一股電力所融化。現在中國境內尙有蒙族藏族等未經十分融化淨盡的民族界線，這是因爲天然的地理環境所限，一般日常生活太懸異了之故。最近的將來，中國新工業化完成，藉新的工業交通與新的工業製造使邊疆生活與腹地生活日漸接近，則中國文化之同化力量，便可有驚人的新發展，民族融和無異的仍將為中國文化前進一顯著的大標記。尤其如東北的朝鮮，西南的安南，漢唐以來，向為中國舊壤，與中國素來就鎔成一國，嗣後雖有時獨立，但他們在政治上還是與中國取得密切的聯繫，在文化上則全和中國為一體，並沒有什麼區別。尤其在明代三百年間，朝鮮安南和中國的國際關係，儼如長兄與弱弟般。他們用的是中國文字，讀的是中國書，採的是中國政制，只要地理上不是有遼遠的隔閡，或是濟之以近代的交通，那末民族融和也一定能很順利進行的。

其次我們還要提到日本，據中國古書傳說，（見王充論衡，）遠在西周初年，倭人與越裳氏早已相率入貢了，但無論如何，到東漢初年，漢倭交通已成為確切的史實。以下的倭人使常受漢文化之薰陶與扶翼。直到南朝時代，中國佛教開始由朝鮮半島上的百濟國間接傳往，其他中國經書如論語五經等，並及醫卜曆算諸書，及一切工藝技術，亦均在南朝時期大量移播。一到隋唐時代，尤其是唐代，日本仰慕中國文化之熱潮，益為高漲。前後遣唐使者及留學生與留學僧侶之派遣，盛況空前。唐代一切文物制度，均為日本朝野所模倣。上自政治宗教經濟制度刑法諸項，下至文學曆法醫藥美術書法繪畫音樂建築一切工藝風俗禮制，幾乎無不自唐代學習移植。日本文化可說全部是中國的傳統，那時日本文化可說是中國文化本幹上一椏杈的嫩枝。日本在文化系統上只是中國的附庸。此下宋元明清四代，繼續著這個趨勢，日本僧侶不斷到中國來求法，中國高僧，亦不斷往日本去傳法，那時中國是禪宗盛行，在日本亦同樣的盡力鼓吹禪宗。其他像中國書籍印刷術曆學醫學一切美術工藝，仍是繼續不斷的東渡，日本文化不僅在中國誕生，並亦由中國繼續撫養長大，最近西洋文明雖經打進了日本海岸，日本人也很快的接受了西洋文明，但在他的根柢深處，依然脫不了中國文化之潛勢力。

因此我們可以說，近千年來的中國人，在國內進行著民族融和，在國外則進行著文化移殖。只要在地理環境和交通條件允許之下，文化移殖便可很快轉換成民族融和的，中國人天下太平世界大同之理想，在此一千年內並未衰歇，依然步步進行著，這是中國文化史在此千年內值得大書特書的又一事。

第三值得我們注意的，則為社會文化之再普及與再深入。上面已經說過，中國文化是先攏布成一大局面，再步步向裏充實的。在這一節裏，我們可以較詳細的為之證明。中國社會由唐以下，因於科舉制度之功效，而使貴族門第澈底消失，上面已經述過。同時亦因印刷術發明，書籍傳播方便，更使文化大流益益泛濫，滲透到社會的下層去。自東漢人蔡倫（西曆紀元二世紀初年）發明造紙，避免了竹重絹貴，書籍傳鈔已見便利，至於雕版印書，究竟在何時創始，現在尚難確定。我們只知在西曆九世紀的初期，那時已有印版時憲書盛行於蜀中及淮南，由此再遍布全國，（根據全唐文卷六百二十四、）然其最先雕印書籍，似乎只限於此等流傳社會的小書及一些佛書等，直要到五代宋初，雕版印書術才正式應用到古代經典上來。自此以下，書籍傳播日易日廣，文化益普及，社會階級益見消融。又兼宋代新儒學崛與，他們講的是萬物一體之道，故說「民吾同胞，物吾與也。」他們的工夫，則從存天理去人欲入手。他們的規模與節目，則爲古代大學篇中所舉的格物致知誠意正心修身齊家治國平天下八項。他們大率都像范仲淹（西元九八九——一〇五二）那樣「爲秀才時卽以天下爲己任」，他們都抱著「先天下之憂而憂，後天下之樂而樂」的胸襟。他們全都是具有清明的理智而兼附有宗教熱忱的書生。這一派儒學，從宋初（西曆十一世紀）開始，直到明末淸初（西曆十七世紀末）始見衰替。前後有七百年的長時期，中國近代文化向社會下層之更深入與更普及，全由他們主持與發動。他們中間出過不少有名的學者，最爲後人敬重的，則如周敦頤（西元一〇一七——一〇八二），張載（西元一〇二〇——一〇七八），程顥（西元一〇三二——一〇八五），程頤（西元一〇三三——一一〇七）兄弟，朱熹（西元一一三〇——一二〇〇），陸九淵（西元一一三九——一一九二），王守仁（西元一四七二——一五八二）等。

與這一派儒學相隨並盛的，則有書院制度與講學風氣。漢唐兩代國家的公立學校，規制頗爲詳備，學員亦極盛，只有魏晉南北朝時代公立學校有名無實，嚴肅的講學風氣，掌握在佛教的寺院裏。宋元明淸四代的書院制度，則是一種私立學校而代替著佛寺嚴肅講學之風的。書院的開始，多在名山勝地，由社會私人捐資修築，最重要的是藏書堂，其次是學員之宿舍。每一書院，常供奉著某幾個已過名儒的神位與畫像，爲之年時舉行祠典；可見書院規模，本來是頗仿佛寺而產生的。稍後則幾於通都大邑均有書院。有的亦由政府大吏提倡成立，或由政府撥款維持，但書院教育的超政治而獨立的自由講學之風格，是始終保持的。在那時期裏，政府仍有公立學校，國立大學與地方州縣學均有，尤其如宋明兩代，常常採取私家書院規制，模倣改進，但從大體說來，一般教育權始終在書院方面，始終在私家講學的手裏。我們可以說自宋以下一千年的中國，是平民學者私家講學的中國，教育權既不屬之政府官吏，亦不屬之宗教僧侶了。說到講學的風氣，最先亦由佛寺傳來。宋明儒的講學，與兩漢儒家的經傳，可說全屬兩事。傳經是偏於學術意味的，講學則頗帶有宗教精神。因此宋明儒的講學風氣，循其所至，是一定要普及於社會之全階層的。自北宋二程以下，講學風氣愈播愈盛，直到明代王守仁門下，如浙中的王畿（西元一四八九——一五八二），以及泰州的王艮（西元一四八三——一五四〇），他們的講學幾乎全成了一種社會活動。同時又因他們（新儒家）講的多注重在現實人生與倫常日用，因此他們常常要牽涉到政治問題，如是則私家講學常要走上自由議政的路，而與政府相衝突。因此宋明兩代，亦屢有政府明令禁止書院講學與驅散學員等事。宋代的程頤朱熹，都曾受過這一種壓迫。最顯著的如明代末年的東林黨，他們是一個學術集團，而同時被視為一個政治集團，他們雖多半是在野的學者，但在政治上形成了絕大的聲勢。因此我們若不瞭解此七百年來新儒家之精神與其實際的活動，我們亦將無法瞭解近代中國文化動態之樞紐所在。

中國新儒家以書院自由講學為根據，一面代替宗教深入社會，一面主張清議上干政治，這已在上一節述過。那時的新儒家更有一番重要的新貢獻，則為對於地方自治之努力。唐以前的中國，貴族階級始終未獲完全消滅，所謂地方事務，在中央政治力量所照顧不到處，則大體由貴族與門第的力量來支撐與導指。一到宋代，社會眞成平等，再沒有貴族與大門第存在了。中國是一個大一統的國家，單靠一個中央政府與不到兩千個以上的地方行政單位，是管不了民間一切事的。縣是中國政府最下級的地方行政單位，但大縣便儼如一小國，從前每一縣必有幾個貴族豪家自領己事，等於助官爲理。宋後貴族豪家消失了，經濟上的大資本家並未產生，社會平鋪散漫，而文化益普及益深入，如是則地方行政事務似應更繁重，政治權力似應更伸張，但實際並不然。宋以後地方官廳的事務反而似乎更簡了，他們的政治權力反而似乎更縮了，這全是地方自治逐步進展的結果。那些地方自治也可說全由新儒家精神爲之唱導與主持。

舉其要者，在經濟方面則有義莊義塾學田社倉等。唐代計口授田的制度，到中晚唐以後便崩壞了，認田不認人的兩稅制開始，田畝重新走上兼併的路，那時便有所謂莊園與莊田。義莊制亦稱義田制，由范仲淹創始，他把官俸所得捐出大批莊田，用作族中恤貧濟困的公田，這一風俗，普遍地盛行在中國各農村，直到晚清末年。這是一個農村共產制之雛形與先聲。義塾是由私家捐款所立的平民學校，學田是以私款捐作學校基金，或獎助貧苦優秀子弟的學費的。社倉是農村在豐年時積穀以供凶荒的一種制度。漢代有常平倉，唐代有義倉，都由政府主辦，宋後的社倉則由地方士紳自己處理。這一制度由朱子之經營而得名。其關於保衛方面，則有保甲制度。漢代之寓兵於農，即全農皆兵制，唐代之寓農於兵，即選農訓兵制，皆在上面述過。一到宋代，農兵制破壞，募兵制代興，農民終身不見兵革，農村再沒有武力自衛，這亦是宋後社會漸趨弱象之一因。宋王安石（西元一〇二一

——一〇八六）爲相，始創保甲法，再來提倡農村自衛，此雖由政府所領導，但後來常成爲地方自治事業之一種，而且曾表顯過不少煊赫的功績。如明代戚繼光之禦倭寇（明嘉靖隆慶時，在西曆十六世紀中葉），清代傅鼐之治苗亂（清嘉慶時，在西曆十八世紀末年），曾國藩之平洪楊（咸同間，在西曆十九世紀中葉），莫不以團練與鄉兵建績，他們用的都是保甲遺意。朱子的社倉制，並亦用保甲法來推行。此外尚有鄉約，爲張載門下藍田呂氏兄弟所倡始，又經朱子爲之增訂條例，這是帶有宗教（因其多由同宗族人團成）與道德（因其專講人生道義）精神的一種鄉村約法。此後常有按時宣講鄉約的。王守仁門下大弟子之講學，亦與講鄉約合流。以上所述，書院學田制度等，是關於文化事業的，社倉義莊制度等，是關於經濟事業的，保甲團練制度等，是關於警衛事業的，此類事務，皆由鄉村約法的精神與形式來舉辦。宋代下的社會，因有此幾項事業，上面雖不經政治力量推動，下面雖沒有貴族與大資本家領導，一個形似平鋪散漫的社會，而一切有關地方利害的公共業務，卻得安穩衍進。

宋以下中國社會文化之再普及與再深入，不僅在儒學展開的一方面可以看到，即在文學藝術方面，同樣可以見到。宋明以來的詩歌散文，完全沿襲唐人，脫離了宗教與貴族性，而表現著一種平民社會日常人生的精神，並且更普遍更豐盛了。這一層在此不想再多說。這裏想說到的，是文學方面的另外幾個發展。

第一件是白話文學之興起。中國文字一面控制著語言，一面又追隨語言而變動，這一層前面已述過，但到底語言與文字之間，是要有幾分隔閡的。爲要普及民間，求一般民衆之易知易曉起見，於是有白話文學之創興。

白話文學由唐代禪宗語錄開始。禪宗六祖慧能，自己是一個未受正式教育的人，他的教義全由他的信徒由口語體寫出，以後的禪師們便相率採用了白話語錄的體裁。直到宋代二程門人，開始也用口語體寫其教義，於是語錄體遂並行於儒釋二派間。這是白話文學興起之一支。在唐時又有一種變文，乃以詩歌與散文合組而成之通俗文，亦用口語體寫出。他們採取佛經中或中國原有故事，敷陳演說，使之活潑生動。近代在敦煌石室中發見有大目犍連冥間救母變文，舜子至孝變文等。這一種文體演變到宋代，便成當時的所謂平話。這已是純粹的平民文學，完全脫離了宗教性的面目了。但同時平話體的出現，也可說是古代貴族文學轉移到平民文學之一徵。漢代的賦體，本亦重在敷陳演說，只是在宮廷中向皇帝貴族們作一種消遣娛樂而已。宋代的平話，亦可說從宮廷貴族裏面解放到平民社會的一種新賦體，這是白話文學興起之又一支。此下由平話漸變而成章回體的演義小說，如元代施耐菴的水滸傳，便由大宋宣和遺事脫胎而來。明代吳承恩的西遊記，便由大唐三藏取經詩話（有詩有話，故稱詩話，即變文也）脫胎而來。此外如明代之三國演義，清代之紅樓夢等，都成爲有名而普遍的社會讀物。由此演義小說，遂成爲中國近千年來平民社會白話文學之又一大宗。

其次再要述及的，則爲宋元戲曲之盛行。戲曲在古代，起源亦甚早。詩經裏的頌，本屬一種樂舞，這便是古代的戲曲了。但此後經歷漢唐時代，戲曲一項極少演進，直到宋元，戲曲始盛。宋元戲曲有一特殊的要點，便是都帶著音樂與歌唱，無寧可以說中國戲曲是即以音樂與歌唱爲主的，這亦是中國文學藝術一種特有的性格。中國人對於人生體味，一向是愛好在空靈幽微的方面用心的。中國人不愛在人生的現實具體方面過分刻劃，過分追求。因此中國文學大統，一向以小品的抒情詩爲主，史詩就不發達，散文地位便不如詩，小說地位又不如散文，戲曲的地位又不如小說。愈落在具體上，愈陷入現實境界，便愈離了中國人的文學標準。因此中國人的戲曲，到底要歌舞化，讓他好與具體的現實隔離。後代戲台上的臉譜等，都是從這一意義而來。因此我們敍述到宋元戲曲的開頭，應該是從鼓子詞和搊彈詞等演化而來的。鼓子詞搊彈詞本身便是一種變文或平話，莫不有說有唱，而多半以唱爲主，由此再多加以表演的部分，便成爲戲曲了。因此我們又可以說，中國的戲曲只是中國的詩歌與音樂之順應於通化而產生的。在此我們應該旁述到一些中國的音樂。中國是一個愛好音樂的民族，在古代音樂已極發達，惟大體論之，中國古代音樂也多半偏在貴族與宗教方面的使用的。即就樂器一項而論，如鐘磬琴瑟之類，都是龐大而又安定，只適合於宗廟與宮殿之用。下到漢代，中國音樂頗受西域外來的影響，尤其在佛教傳入以後，但在魏晉南北朝時代，因社會動亂，音樂方面未得圓滿暢足之發展。唐代則突飛猛進，幾乎有成爲世界性的音樂之趨勢。但就大體言，還是以大管絃樂與大舞樂爲主體的大場面的音樂，運用於貴族與宗教方面者爲宜。一到宋代，大管絃樂及大舞樂皆形衰微，音樂規模日趨小型化，宜於平民社會室內之娛樂。即如鼓兒詞搊彈詞皆是以輕小單簡便於移動行走的樂器爲主了。搊彈詞所用的，只是一琵琶或三絃，由一人搊彈幷念唱之，鼓兒詞則只以一鼓作音節，此等皆極適於平民農村社會之情形。由此，我們亦可證中國音樂演變，亦同樣有自貴族社會宗教場面轉移到平民社會日常人生方面之趨向。那時一般文人學士們本來全已是純粹平民社會的人物了，所以他們的眼光與興趣亦不再在貴族門第與宗教方面而全都轉移到平民社會的日常人生上來，因此他們才肯耗費心血，憑籍著民間簡單的樂器來譜出他們絕精妙的詞曲，這便逐漸地進展而形成為戲劇了。這又是當時新興的白話平民文學之第三支。

戲劇在宋金時代已見流行，而到元代則登峯造極。當時尚有南戲北劇之分，而總稱則曰元曲。大抵北曲始於金而盛於元，南曲始於元而盛於明。北曲著名的，有如王實甫之西廂記，馬致遠之岳陽樓，南曲著名的，有如高則誠之琵琶記，施君美之拜月亭。當時記載元代人所撰雜劇，有五百四十九種之多，一到明代，又由雜劇轉成傳奇，那是由每四折的短劇演進成無限的長劇了。其間著名的則如湯顯祖的牡丹亭，阮大鋮的燕子箋，都在文學史上有相當價值的。尤其是在萬曆時代（西曆十六世紀末十七世紀初）起於江南崑山縣的崑腔（南曲）的勢力，幾於風靡南北。直到近代，南北曲的遺風餘韻，依然普遍全國各都市各農村，為平民社會文藝欣賞之又一宗。由上所說，中國從唐代的杜甫韓愈演變到宋元明時代之關漢卿與施耐菴，豈不明白指示出中國文學在平民社會一種再普及與再深入之趨勢，這實在是中國近代文化史上值得注意的一件事。但我們不要誤會，以為唐代的杜甫韓愈們時代到宋明已成死去，如枯枝朽葉般已經沒有他們的生氣。這裏所敘述的白話文學小說戲劇等之發展，尋其根脈，還是從唐代詩文杜甫韓愈們繁衍伸展而來。當知一幹萬條，枝葉扶疏，詩文正宗則依然不廢江河萬古流，只在此處我們沒有對他詳述之必要。

以上約略敍述了文學平民化之趨勢，我們要繼續說到美術方面。關於字畫兩項，一如詩文般，沿著唐人開闢的路向繼續推進，繼續發展，此處也不擬多說，此下仍想另換一方向略說一些關於工藝美術的事，這又是一種平民的美術。一方面是全由平民創製的，另一方面也是由平民來享受的。中國是一個農業文化的國家，國內國外的商業雖亦相當發達，但過量的資本則在國家法令以及社會輿論之經常控制下不獲存在。因此工業方面，其演進路向，並不受商業資本偏重於牟利意味之指導，而大部分走上藝術審美的境界。因中國平民一般的聰明，精細，忍耐，與恬憺種種性格上的優點，在工藝方面之造就，便也十分透露出中國文化之內含精神，而這一方面之成功，尤其在唐宋以下，更值得我們注意。舉其著者，如陶瓷業，如絲織與刺繡，如雕漆工，如玉工以及其他一切的美術工藝，流傳在一般社會與日常人生融成一片的，在宋以後的中國文化上，實在放了一大異彩。他們雖說是人生日用的工藝品，其實在他們的後面，都包蘊著甚深的詩情畫意，甚深的道德教訓與文化精神。無論在色澤上，形製上，他們總是和平，靜穆，協調，均勻，尙含蓄，不尙發露，尙自然，不尙雕琢。中國思想上所說的天人合一，應用到工藝美術方面，則變爲心物合一。人類的匠心，絕不肯損傷到外物所自有之內性，工藝只就外物自性上爲之釋回增美，這正有合於中庸上所說的盡物性。對於物性之一番磨礱光輝，其根本還須從自己盡人性上做起。物性與人性相悅而解，相得益彰，這是中國工藝美術界所懸爲一種共同的理想境界的，因此中國人的工藝，定要不見斧鑿痕，因爲斧鑿痕是用人力損傷了物性的表記，這是中國人最懸爲厲戒的。中國人又常說鬼斧神工，又說天工人其代之，明代的宋應星嘗著了一部有名的專門講究製造工業方面的書，他的書名便叫天工開物（書成於崇禎十年西元一六三七）這裏所稱的鬼斧神工與天工諸語，都是不情願對外物多施人力的表示。這不是說中國人不願用人力，只是中國人不肯用人力來斲喪了自然。中國人只想用人的聰明智巧來幫助造化，卻不肯用來代替造化或說征服造化，因此中國人頗不喜機械，常贊匠心而斥機心，因爲機械似乎用人的智巧來驅遣物力使之欲罷不能，這並不是天趣，並不是物性。窒塞了天趣，斲喪了物性，反過來亦會損傷到人的自性的。這不是中國文化理想的境界。我們若能運用這一種眼光來看中國民間的一切工藝美術品，便可看出他共同的哲學意味與內在精神。

中國人一方面極重自然，但另一方面又極重實用，中國人的人生理想是要把實用和自然調和起來，融成一片。因此中國的民間工藝，一方面完全像是美術品，莫不天趣活潑，生意盎然。但另一方面他又完全是一種實用品，對於日常人生有其極親密極廣泛的應用。譬如絲織刺繡是屬於衣的，陶瓷器皿是屬於食的，現在想特別提出略加申說的，是屬於居住方面的園亭建築。上面說過中國宋以下的民間藝術，只是文學美術詩文字畫一切文化生活向平民日常人生方面之再普及與再深入，因此民間工藝常與詩文字畫有其顯著的聯繫。因此一婆盛飯的磁碗，他可以寫上一首膾炙人口的風雅的唐詩，或是一幅山水人物畫，多半則是詩畫皆全。一幅臥牀的錦被，也可以繡上幾處栩栩欲活的花草蟲魚，或再題上幾句寄託遙深的詩句的。總之中國宋以下的民間工藝是完全美術化了，平民社會的日常人生是完全沉浸在詩文字畫的境界中了。在建築居住方面滿足此要求的便是園亭建築。唐代詩人而兼畫家的王維，（西元六九九——七五九）他是宋元以下文人畫派的始祖。人家說他詩中有畫，畫中有詩。他所住的輞川（今陝西藍田縣南）別業，便是他的詩畫的真本。王維又是耽於禪理的，他的詩句像「雨中山果落，燈下草蟲鳴，」這一類都想把一切有情無情，自然與人生全融成一片。這裏正可指出中國人如何把佛教出世的情味融化到日常人生而文學美術化了的一個例證。這一種境界，便全由中國的禪宗創始。所以這一種境界，中國人有時竟稱之爲禪的境界。王維的輞川別業，是要把他的日常起居和他詩畫的境界乃至全部哲理人生的境界融凝一致的。而王維正是一個禪味最深的人。中國唐以下佛寺禪院的建築，大半多選擇名山勝地，大半都像王維輞川別業般，有他們同樣的用意。但這裏到底還脫不淨貴族氣與宗教氣。但到宋以下的中國，宗教與貴族的人生境界全要日常平民化了，這是中國近代文化一大趨勢，在建築方面表示最顯著的便是園亭建築，這是把自然界的山水風物，遷移到城市家宅中來了，好讓一般孝親敬長忠君愛國在現實人生中的人們，時時有親近自然的機會，隨時隨地得與花草蟲魚爲友，隨時得有山水風雲盪滌胸襟。只要家宅中有一畝半畝空地，便可堆山鑿池，高木森林，蕭然有出世之意。我想只舉園亭建築，便可代表中國工藝美術之一般要求與一般意味。

上述的諸種工藝，如陶瓷、絲織、雕刻、建築等他的趨嚮於平民社會與日常人生，大體上都要到宋代始爲顯著。唐代的美術與工藝，尙多帶富貴氣，有誇耀奢張的局面，否則還不免粗氣，未臻精純。一到宋代才完全純淨素樸化了，而又同時精緻化了。因此我們可以說中國的民間工藝實在是唐不如宋。一到宋代，遂更見中國文化向平民社會之更普及與更深入。這一趨勢，經歷到淸朝先後幾及一千年。中間發展最旺盛的有兩個時期，一是在明代的萬曆（西曆十六十七世紀之交），一則淸代的乾隆。（西曆十八世紀之中晚）這是唐代開元天寶（西曆八世紀之前半）以後，中國史上國力最豐隆最暢旺的兩時期，尤其以萬曆時期爲甚。我們只要把玩到那些時期裏的每一民間工藝品，我們便可想像出那時中國人的一般生活，便可想像到中國文化之內在精神與其理想境界。我們若不瞭解中國人的文學美術與工藝，便無法瞭解宋以下之中國，便把握不住中國文化大流之所趨嚮及其意義。

第十章　東西接觸與文化更新

中國文化進展，根據上述可分爲三階段。第一是先秦時代，天下太平世界大同的基本理想，即在此期建立，而同時完成了民族融和與國家凝成的大規模，爲後來文化衍進之根據。第二是漢唐時代，在此期內，民主精神的文治政府，經濟平等的自由社會，次第實現，這是安放理想文化共通的大間架，栽培理想文化共通的大園地。第三是宋元明清時代，在此期內，個性伸展在不背融和大全的條件下，盡量成熟了，文學美術工藝一切如春花怒放般光明暢茂。若照中國文化的自然趨嚮，繼續向前，沒有外力摧殘阻抑，他的前程是很鮮明的。他將不會有崇尚權力的獨裁與專制的政府，他將不會有資本主義的經濟上之畸形發展。他將沒有民族界線與國際鬥爭，他將沒有宗教信仰上不相容忍之衝突與現世厭倦，他將是一個現實人生之繼續擴大與終極融和。但在這最近一千年來，其文化自身亦有不少弱徵暴露，這在前章裏已述過。正當他弱徵暴露的時候，卻遇到了一個純然新鮮的異文化，歐美文化，挾持其精力瀰滿富強逼人的態勢突然來臨，這一個接觸，從明代末年西曆十六世紀開始，到今已逾四個半世紀了，越到後來，中國越覺得相形見絀。最近一百年內，中國表現得處處不如人。中國愈來愈窮，愈來愈弱，在此資本主義帝國主義侵略狂潮正值高漲的時代，幾乎無以自存。中國一向是一個農業文化的國家，他一切以安足爲目的，現在他驟然遇見了西歐一個以富強爲目的商業文化。一旦相形見絀了，因西方的富強，推翻了自己的安足，中國文化要開始在不安足的環境中失敗而毀滅。如是中國人當前遇到了兩個問題，第一如何趕快學到歐美西方文化的富強力量，好把自己國家和民族的地位支撐住。第二是如何學到了歐美西方文化的富強力量，而不把自己傳統文化以安足爲終極理想的農業文化之精神斲喪或戕伐了。換言之，即是如何再吸收融和西方文化而使中國傳統文化更光大與更充實。若第一問題不解決，中國的國家民族將根本不存在，若第二問題不解決，則中國國家民族雖得存在，而中國傳統文化則仍將失其存在。世界上關心中國文化的人，都將注意到這兩問題。

讓我們從中西交通的歷史上先約略敍述起。中國在世界上，是比較算得一個文化孤立的國家。但中國實不斷與其四鄰異族相交通相接觸。中國的對西交通，有西北的陸線與西南的海線兩條大路。尤其是漢唐以下，中國那兩條路線之交通頻繁，是歷歷有史可徵的。而且中國人對外族異文化，常抱一種活潑廣大的興趣，常願接受而消化之，把外面的新材料來營養自己的舊傳統。中國人常抱著一個天人合一的大理想，覺得外面一切異樣的新鮮的所見所值，都可融會協調，和凝爲一。這是中國文化精神最主要的一個特性。舉其最著的例，自然是東漢以下對於印度文明與佛教思想的那種態度，是值得我們讚佩與驚嘆的。那時中國自己傳統文化，至少已經歷了三千年，在那時雖說政治動搖，社會衰亂，到底並未到文化破產的徵象，但那時的中國人，對印度佛教那種熱忱追求與虛心接納的心理，這全是一種純眞理的渴慕，眞可說絕無絲毫我見存在的。此下到唐代，印度思想之流入，雖逐漸枯絕，但中國對其更西方的大食波斯一帶的通商，卻大大繁盛起來。那時在中國各地，幾乎全都有大食波斯商人的足跡。只廣州一埠，在唐代末年，還有大食波斯商人集膺達十萬人之多。那時中國除卻佛教外，還有景教祆教摩尼教回教等傳入，這些宗教雖在中國並不能如佛教般影響之大，但中國人對於外族宗教態度之開放，是很可注意的。而且除卻宗教信仰以外，其他一切如衣服飲食遊戲禮俗以及美術工藝各方面，中國接受西方新花樣的，還是不可勝舉。因此我們可以說，中國不論在盛時（如唐），或衰時（如魏晉南北朝），對於外族異文化，不論精神方面（如宗教信仰），或物質方面（如美術工藝等），中國人的心胸是一樣開放而熱忱的。因此中國文化雖則是一種孤立而自成的，但他對外來文化還是不斷接觸到。中國人雖對自已傳統文化十分自信與愛護，但對外來文化又同時寬大肯接納。

中國人第一次接觸到西方文化是印度，第二次是波斯阿剌伯，第三次始是歐洲。歐洲文化開始到東方來，那已在晚明時期了。中國人在南洋的文化勢力，是幾乎與有史時期俱來的。安南古城，秦時即隸象郡，這早在中國疆土以內了。眞臘俗稱東埔寨，至隋時始通中國。暹羅亦到隋時始通。緬甸則漢通西南夷時，已見於中國典籍，丁那時稱之爲撣。爪哇在東漢陽嘉時（西元一三二）通中國。蘇門答臘之三佛齊，在南朝時代來貢。婆羅洲在唐初（西元六六九）來貢只爪哇一處，自西歷二世紀迄十五世紀，前後貢使見於中國史乘的已有三十餘次。大抵秦漢到南朝，中國對南洋交通早已極活躍了，唐宋時代尤其旺盛，而更活躍的時期則在明代。當明成祖時，鄭和奉使海外修造二千料大海舶，（注明史稱修四十四丈，廣十八丈，據近人考訂，應該是長十六丈多，闊二丈多的船，）共六十二艘，隨行將士二萬七千八百餘人，自此先後奉使達七次之多，所歷古城爪哇眞臘暹羅滿剌加蘇門答臘錫蘭等凡三十餘國。其第三次出使，越過印度南境而抵波斯灣，其第四第五次，並橫跨印度洋而達非洲東岸，那時尙在葡萄牙人甘馬發現好望角之前數十年。可見中國雖是一個傳統大陸農業文化的國家，他對海上活動，亦未嘗沒有相當的興趣與能力。但因中國在上的政府，既無帝國主義向外侵略的野心，（倘使有，亦常為下面和平民衆所反對。）在下的民衆，又沒有畸形的資本勢力之推動，（倘使有，亦常為上面的主持經濟平衡主義的政府所抑制。）因此中國的海上事業，在下只是些和平民衆小規模的商販活動，在上只是政府籍以表示中國文化遠播之一種光榮禮節而已。而那些南方熱帶的海島居民，他們的生活習慣，到底與中國大陸農業相差過遠，因此中國文化急切也不獲在這些處生根結實。因此自秦以下直迄明代，幾乎兩千年的時期裏，中國與南洋的交通，雖永遠展開，但中國既不以武力佔領之，而文化傳播亦未達十分滿意之程度，只是彼此間常保一種親善的睦誼而止。但一到西洋勢力東漸，那些南洋島民的命運，便急劇惡化，而中國恰亦走上衰運，自經倭寇肆擾，對海事常抱戒心。當利瑪竇初到中國之歲，（西元一六二三）那時明代萬曆盛運已過，政治社會一切動搖，此下恰恰二十年，便就亡國，滿洲入主，那時一輩士大夫，還有什麼心緒，能注意到西方的文化方面呢？

滿清入關以後，中國學術全在不正常狀態下發展。那時一批第一流的學者，都抱著亡國之痛，對清政權不肯屈服，他們的行動畢生都不自由，只有閉戶埋頭，對中國傳統文化作一番徹底從頭檢討的工作，他們自無心於旁騖。第二流以下的因應變局已感不易，更說不上什麼貢獻。清代自削平中國各地的叛變之後，又繼續興著好幾次文字大獄，把中國學者的內心自由精神痛切膺懲，逼到乾隆時代，那時正當西方十八世紀三十年代之後，直到十八世紀之末，稍中國社會亦算勉強地和平而繁榮了，一般學者全都驅束到古經籍的校勘訓詁方面去，死心塌地，不問世事。而那時的西方，正是近代文化開始上路突飛猛進的時候，只可惜中國人又如此地白白糟蹋蹉跎過了。

嘉慶道光以下，正當西方十九世紀開始時期，中國社會終於要昂起頭來反抗滿洲人私心狹意的部族政權之統治，但那時東西雙方國力便顯著的不相平衡了，中國人要開始嘗到南洋諸民族所遭逢的惡劣命運了。那時的中國人，內部尚未能擺脫滿清部族政權之羈軛，外面又要招架西洋帝國主義與資本主義之侵略，中國人在此雙重壓迫下，開始覺悟到要從頭調整他的全部文化機構來應付這一個幾千年歷史上從未遇到的大變局，那真是一件十分吃力的事。自鴉片戰爭（西元一八四二）直到現在一百年內，中國人便在此情況下掙扎奮鬥。我們若看清這三百年來中國人之處境，與其內心情緒之激擾與不安定，則在此時期內，中國人之不能好好接納西方文化而加以消化，是不足深怪的。

而且當利瑪竇等初來中國時，他們的一腔熱忱，只在傳教，但在中國傳統文化機構上，宗教早不佔重要的地位，耶穌教偏重對外信仰，不能像佛教般偏重自心修悟，較近中國人的脾胃。因此明代的中國人，不免要對西方傳教士抱幾分輕蔑心理，這亦是很自然的。利瑪竇等想把他們天文輿地曆法算數等知識炫耀於中國人之前，因此來推行他們的教義。但在中國人看來，他們天文輿地曆法算數等知識是值得欣羨的，他們的教義，則是值不得信從的。利瑪竇等想把中國人從天算輿地方面引上宗教去，但中國人則因懷疑他們的宗教信仰而牽連把他們天算輿地之學也一并冷淡了。這是一件很可惜的事。起初利瑪竇等因感在中國傳教不易，因之對於中國固有的禮俗，一切採取容忍態度，在中國的基督徒也許祀孔祭祖，這是當時耶穌會一種不得已的策略，但在西方的教會，則始終反對是項策略，而在中國也同樣激起了康熙時代除卻利瑪竇派之外一概不得在中國傳教的詔令。我們大體上可以說，近三百年來的東西接觸，前半時期是西方教士的時期，他們在中國是沒有播下許多好成績的。

一到十八世紀終了，十九世紀開始，西方情形大變了，西力東漸的急先鋒，顯然不是教士而是商人了。那時西方資本主義與帝國主義的力量，正如初生之虎，其鋒不可當，但在中國人眼光中，是一向看不起富強侵略的。

中國人經過幾次挫折，也都知道自己力量不如人了，但還敵不過他內心中的一股義憤與鄙夷。因此在中國人眼光裏，又不免要誤會到西方只是些貪利與恃強的勾當，而忽略了在他後面策動的西方文化的眞力量與眞性質。在那時的日本，他雖說是中國文化之附庸，他受西洋勢力的壓迫，便翻然變計，但到底薰陶不深，一心一意慕效富強，學步侵略，在不久的時期內，日本早已現代化了，他也就變成一個富強而能發動侵略的國家了，但在中國則不然。日本人之學西洋，是舉國一致的，興趣集中的，在中國則是隨伴著一種鄙夷之心，由於不得已而學之的。在中國人看來，誤謂西方一切，全是爲資本主義與帝國主義供作吞噬攫奪用的一種爪牙，以及欺騙引誘人的一種假面具而已。在日本人則只要這一副爪牙假面具而已足，在中國人則內心實在討厭這一些，而又不得不勉強學習他。中日兩國效法西化之一成一敗，是有他雙方心理上甚微妙的一種因緣的。我們亦可以說西力東漸的第二期，他的商人先鋒隊，在中國所留下的影響，並不比教士們好些，而且是更壞了。

話雖如此說，這三百年來的中國人，對此西方異文化的態度，到底還是熱忱注意，虛心接納；利瑪竇初來便得中國名儒徐光啓與李之藻之篤信與擁護。清代經學家，對於天文曆法算數輿地音韻諸學，他們一樣注意到西方的新說而盡量利用，一到晚清末葉，中國士大夫潛心理化製造之學的也多了，後來越發擴大，對於西方政法經濟社會組織文史哲學一切文化方面，在中國全都有人注意研習。一到雙方接觸漸深，中國人知道西方社會，並不僅是些教堂與公司，牧師與商人，也不完全就是一個資本主義與帝國主義之富強侵略，中國人對西方文化的興趣便突然濃厚。中國人那種追求純眞理的渴忱，又在向西方世界五體投地的傾倒備至了。在不久以前，中國知識界裏頗有一輩人主張把中國傳統全部文化機構都徹底破壞了，如此始好使中國切實學得像西方。但這一種見解流行不久，便為中國人民所厭棄。現在的中國人已經漸漸懂得把全部西方文化分析解剖，再來與中國固有文化相比量。現在的中國人他們漸漸覺得西方文化所最超出於中國而為中國固有文化機構裏所最感欠缺的，是他們的科學。科學亦是一種純粹眞理，並非只為資本主義與帝國主義做爪牙。中國人學習科學，並非卽是學習富強侵凌。而且這一次世界大戰爭，中國又身當其衝，中國人深感到自己傳統的一套和平哲學與天下太平世界大同的文化理想，實在對人類將來太有價值了，而中國的現狀，又是太貧太弱。除非學到西方人的科學方法，中國終將無法自存，而中國那套傳統的文化理想，亦將無法廣播於世界而為人類造幸福，中國人在此兩重觀念下，始從內心眞誠處發出一種覺悟，這是中國傳統文化所負最大使命之覺悟。此下的中國，必需急激的西方化，換辭言之，卽是急激的科學化。而科學化了的中國，依然還要在中國傳統文化的大使命裏盡其責任，這幾乎是成為目前中國人的一般見解了。

現在有一個新問題急待提出，卽是在中國傳統文化機構裏，為何沒有科學的地位呢？中國傳統文化機構裏儻無科學的地位，中國要學習西方科學是否可能呢？中國學得科學而把新中國科學化了，那時是否將把中國固有文化機構損傷或折毀呢？這些問題是批評中國傳統文化以及預期中國新文化前途的人所共同要遇到的，本書作者願在下面約略申述一些個人的意見。

嚴格說來，在中國傳統文化裏，並非沒有科學。天文、曆法、算數、醫藥、水利工程、工藝製造各方面，中國發達皆甚早，其所到達的境界亦甚高，這些不能說他全都非科學。若把東方文物輸入西方的重要項目而言，如蠶絲在兩漢時代已不斷由中國傳入羅馬，其後到南朝梁簡文時，（西元五五〇）波斯人又將中國蠶種傳至東羅馬都城君士坦丁。造紙法在中國東漢時已發明，直至唐玄宗時，大食人始在西域獲得紙匠，因在撒馬爾罕設立紙廠，爲大食人造紙之始。大食專利數百年，直到西曆十二世紀，造紙法始入歐洲。如羅盤早見於南北朝時代之宋書，稱爲周公所作，馬鈞（西曆三世紀初年）祖沖之（西曆五世紀中葉）都造過指南車。此後到北宋沈括（西曆十一世紀中葉）的書裏（夢溪筆談）又記載到此種製造。歐洲用磁針盤供航海用，始於西元一三〇二年，那已在元成宗大德六年，尚在沈括所記之後二百五十年。這也是由阿剌伯人從中國傳入歐洲的。雕版印刷術中國發明尚在西曆九世紀以前，（見前章）到宋仁宗時，（西曆十一世紀前半期）畢昇又發明活版印書。至歐洲方面德國創始活字版已在明英宗正統三年（西元一四三八）後，於中國四百年。又如火藥，中國古時已有，北宋靖康時（西元一一二六）已見火礮。（據三朝北盟會編）南宋虞允文造霹靂礮，以紙包石灰硫黃爲之。孝宗時魏勝造礮車，火藥用硝石硫磺柳炭，這些都在西曆十二世紀內。至歐洲德人初造火藥，已在元順帝至正十年，（西元一三五〇）那已是十四世紀之中葉了。至於發射火藥之礮在歐洲使用，則已在十五世紀了。又如清代北京的天文觀象臺，建造始於元代之郭守敬（西元一二七六年）較之歐洲最早丹麥人所建，尙早三百年。（丹麥天文台在西元一五七六年）而郭守敬所造儀器還都是模倣宋人的。至若明代宋應星所著的天工開物十八卷（書成於西元一六三七）中間所載一事一物，何莫非中國人從科學經驗中得來的可寶貴的知識。誰又能在近代科學技術與傳統工藝技巧之間，分劃出一條截然的鴻溝來呢？所以我們若說中國傳統文化裏沒有科學地位，這是一句寃枉話，不合歷史情實。平心論之，在西曆十八世紀以前，中國的物質文明一般計量，還是在西方之上。只在西曆十九世紀之開始，西方近代科學突飛猛進，這一百五十年來，西方社會之日異月新，是至可驚異的，而中國在此時期裏，反而步步落後。我們若專把這一段切線來衡量中國文化，是要陷於短視與偏見之誚的。

但在中國傳統文化裏，雖說未嘗沒有科學，究竟其地位並不甚高。就中國全部文化機構言之，科學佔的是不頂重要的部位，這亦是事實。到底科學在中國不好算得很發達，這又爲什麼呢？現在試再舉要論列。第一，東西雙方的思想習慣，確有不同。東方人好向內看，而西方人則好向外看。這一層上面已約略說過。因此太抽象的偏於邏輯的思想與理論，在中國不甚發展。中國人常愛在活的直接的親經驗裏去領悟。科學與宗教，在西方歷史上雖像是絕相反對的兩件事，但在東方人眼光看來，他們還是同根同源，他們一樣是抽象的、邏輯的、向外推尋。在東方既沒有西方人那種宗教理論與興趣，因此西方人那樣的科學興味也同時減少了。譬如哥白尼的地動說，達爾文的進化論在西方是一種驚天動地的大事業，因其與他們的宗教理論宗教信仰恰相反對之故。但在中國，根本便沒有上帝創世一套的宗教，雖則在社會上亦有天地開闢等傳說，但在整個學術思想上本來沒有地位。（佛教思想亦不重這方面。）因此中國人聽到哥白尼地動說達爾文進化論等，只覺其是一番證據確鑿的新知識，並不覺得他有驚天動地的偉大。因此東方人對於此等科學新說之反應，反而好像是有些平淡與落漠了。這是說的科學思想方面，再說到科學應用方面，科學發展多少是伴隨着一種向外征服的權力意識而來的，那種意識又並不為東方人所重視。在國際政治上反對帝國侵略，在社會經濟上反對資本剝削。科學發明在此兩方面的應用，遂不為東方人所獎勵，有時把他冷淡擱置，有時尙要加以壓迫摧殘，如此則科學發明自然要中途停頓。卽如上述火藥羅盤雕版印刷三項大發明，只有印刷術一項，在中國社會上始終為人看重。火藥則用來做花爆，放在空中變成一種佳時令節的娛樂品。這早已十足的藝術化了。元明清三代，每遇戰事，便要感到大炮威力之需要，他們只向西方臨時取法。一到戰事消弭，大炮的重視也冷淡了，再不關心了。如此則中國的軍用火器，便永遠停滯落人之後，不再進步了。又如羅盤，一般社會用來定方向，測日晷，建屋築墓，應用到鬼神迷信方面去了。中國雖很早便有相當的造船術，相當的航海技能，但中國人沒有一種遠渡重洋發展資本勢力的野心，因此羅盤應用也不能像西方般發揮盡致。在西方的名言說：「知識卽是權力，」東方人決不如此想，尤其是近代的科學知識，這眞是人類最高最大的權力表現，但東方人心目中不重視權力，故而科學發明又少了許多鼓勵與鞭策。

現在再進一步言之，似乎每一種文化，只要他在進展，他自然要用力向他缺陷處努力克服與彌補。上面說過，中國文化是先在一個廣大規模上逐步充實其內容，而西方文化則常由一較小較狹的中心點向外伸擴，此亦由於雙方自然環境所影響。因爲西方的地勢，本自分裂破碎，不易融凝合一，因此在西方世界裏常見衝突與不穩定。西方人的心裏，因此常愛尋求一個超現實的抽象的爲一般共通的一種絕對的概念。這一概念，如古代希臘悲劇裏的命運觀，哲學上的理性觀，羅馬人之法律觀，耶穌教之上帝觀，近世科學界對於自然界之秩序觀與機械觀，皆可謂之同根共源，都根源於一種超現實的概括的（抽象的）邏輯的（理性的）和諧之要求。此種和諧卻全是外力的，西方人即以此種外力的和諧之想像，來彌補克服他們內在世界之缺陷。但到底他們的文學藝術哲學宗教法律科學諸部門，依然還是相互分割，各有疆界，亦如西方的自然環境般不易調協。到底不免要各自獨立，相互對抗。中國文化則自始即在一個廣大和協的環境下產生成長，因此中國方面的缺憾，並不在一種共通與秩序，這一方面早已爲中國文化所具有了。中國方面的缺陷，則在此種共通與秩序之下的一種變通與解放。因此中國人的命運觀，並不注重在自然界必然的秩序上，而轉反注意到必然秩序裏面一些偶然的例外。中國人的法律觀，亦不注重在那種鐵面無私的刻板固定的法律條文上，而轉反注意到斟情酌理的，在法律條文以外的變例。中國人的上帝觀念，亦沒有像西方人般對於理性之堅執。西方人的上帝是邏輯的，中國的上帝，則比較接近於經驗的中國人的興趣，對於絕對的抽象的邏輯的一般的理性方面比較淡，而對於活的直接而具體的經驗的個別情感方面則比較濃。這亦是中國文化系統上一種必然應有的彌縫。因為中國世界早已是一個共通的世界了，中國社會早已是一種和諧而有秩序的社會了，若再如西方般專走抽象與邏輯的路，將使中國文化更偏到一般與概括方面去，如此則將窒塞了個性伸展。中國哲學上有一句話，叫做理一分殊，中國人認為理一是不成問題了，應該側重的轉在分殊方面。如此則科學思想便不易發展。科學思想的精髓，正在抽象理性的深信與堅執，正應側重理一，不側重分殊。科學家因刻意尋求理一，（應知此正西方文化之所缺）不惜隔絕事實，從任何實體中抽離來完成他的試驗與理論。中國人不愛如此做，中國人常是融和圓通的，實際上中國人正已在理性之中，因此卻反要從理性外面尋求解放。但雖如此，在中國人觀念裏，宗教法律文學哲學科學藝術諸部門，仍然是融和調協的。他們在實際上只是一體，（此即理一也）他們相互間不需要亦不允許界限與分別。這是中國文化不求和諧而早已和諧處。若用西方眼光來看中國，不僅中國沒有科學，即哲學宗教等，亦像沒有完全長成。中國思想好像一片模糊，尚未走上條理分明的境界。但我們若從中國方面回看西歐，則此等壁壘森嚴，彼此隔絕的情形，亦不過一種不近情理的冷硬而無生趣的強為分割而已。雙方的學術思想界，正如雙方自然環境般，一邊只見破碎分離，一邊只見完整凝一。

我們再從另一方面言之，我們儘管可以說中國科學不發達，卻不能說中國人沒有科學才能，儻使中國人眞的沒有科學才能，則他們歷史上也不會有如許發見和發明。不過中國人科學才能之表現，也有和西方人不同處。中國人對物常不喜爲外面之分析，而長於把捉物性直入其內裏。這因中國人常愛把物界和人類同一看待，常把自然界看成一有生機的完整體，因此好談物之性，而不喜歡談物質構造。同時中國人觀察的眼光是極靈敏的，他既透過物體外層之構造而向內深入直接捆捉住物性，因此中國人一樣能利用物界，只在西方人看來，好像是知其然而不知其所以然，還未到理性分析的境界。中國人也常說可以神遇而不可以目視，可以意會而不可以言傳，便是說的這個道理。中國人在他神遇意會的一番靈感之後，他也有本領把來試驗和證明。中國人對於試驗和證明的手腕和心思，又是非常精細而極活潑的，否則中國人的靈感，將永遠在神秘中，不能有許多實際的發明和製造。但因中國人觀念中不重分析，因此也沒有理論上的說明，一切發現，遂只變成技術般在社會傳布，學理的解釋與再探討是缺乏了，如此則使後起的人不易繼續前進，這亦造成了中國科學界一極大的缺憾。

以上所說，都是中國傳統文化裏科學不甚發展之原因。但中國文化最多亦只是不易在自己手裏發生出近代科學來，卻不能說他連接受科學的可能亦沒有。則何以近百年來西方科學思想與科學方法大量輸入，而中國方面還是遲遲不進，老見落後趕不上去呢？這裏面亦有其他的原因，最主要的，由於中國人只以功利眼光去看科學，而沒有把純眞理的眼光來看他。日本人也同樣以功利眼光看科學，但日本人中心欣羡功利，因此學成了。中國人心裏實在非講功利，只迫於事勢，不得不勉強學習，因此學不深入。又一原因則在中國政治社會全部變動，非到國內相當得一安定的秩序，科學也無從生根滋長。此後的中國，國內國外的和平秩序恢復了，對科學的觀念也正確了，我想科學在中國，一定還有極高速度的發展。

讓我們再談到最後一問題，科學在中國一如在西方般發展以後，是否將損害或拆毀中國原來的文化機構呢？這一問題頗是重要，但據本書作者之意見，中國固有文化機構，將決不以科學發達而受損。因爲中國傳統文化，一向是高興接受外來新原素而仍可無害其原有的舊組織的。這不僅在中國國民性之寬大，實亦由於中國傳統文化特有的中和性格，便其可以多方面的吸收與融和。姑讓我們具體而淺近的說一些。即以儒家思想與耶穌教義論之，在儒家思想的系統下，儘可接受耶教教理。耶教最高教理在信仰上帝創世，儒家思想之主要中心則爲性善論。在人性皆善的理論上加上一個人類由上帝創造的學說，是無傷大體的。因爲人類儻由上帝創造，亦未必便見人性皆惡。但反過來，在耶教教理方面，卻不能輕易接受儒家思想，因爲你若眞相信人性皆善，則不得不接受如孟子所說人皆可以爲堯舜，及禪宗所謂自性自佛的話，從此發展引伸，便要對耶教一切仰賴上帝的宗教理論，加以無形的打擊了。循此而下，耶穌教勢非亦變成一變相的儒家不止。因此儒家思想可以容忍耶穌教，耶穌教卻不能容忍儒家思想。在晚明及淸初，中國人可以接納利瑪竇，但西方教會則必須排斥利瑪竇，便爲此故。這裏面並非全爲東西變方民族性之不同，而變方教義性質之不同，實更爲重要。再以儒家思想與佛教教理言之儒家思想之終極目標爲修身齊家治國平天下，佛家的終極目標爲入無餘涅槃而滅度之。在儒家思想的系統下，儘可容受此種無餘涅槃之觀念，（無論大乘教義的或小乘教義的。）宋明新儒家便常有此種理論，這無異於成了「生而不有爲而不恃功成而弗居」的境界。因此儒家儘可談佛參禪，在儒家的功業上，再加以佛家的胸襟，是不相妨的。依然不害其爲儒。但佛家卻不能輕易接受儒理，若佛家亦來講修身齊家治國平天下，則必蓄髮回俗，不成其爲佛，而轉變爲儒了。我們若明得此理，便知中國社會上有所謂三教合流，乃至對於一切宗教之容忍，是不足爲奇的了。

科學與宗教，在西方是顯相敵對的。信了科學，便不能再信宗教，因此雙方水火，互相排斥，但在中國固有文化的機構下，是既可容受宗教，亦同樣可以容受科學的。就思想系統而說，西方近代科學界之新理論，他們所針對的，是他們的宗教教理，並非針對著中國思想。在中國思想裏加進科學成分，只是有益無損。中庸上說：「盡己之性，而後可以盡人之性，盡人之性而後可以盡物之性，盡物之性而後可以贊天地之化育」。承認有天地之化育是宗教精神，要求盡物之性是科學精神，而歸本在盡己之性與盡人之性兩項下面，則是儒家精神了。儒家承認有天地之化育，但必需用己和人去贊他。宋儒說爲天地立心，便是此旨，如此則便非純宗教的了。儒家亦要盡物之性，但必著重在盡人性上下手，則便非偏科學的了。因此科學與宗教之相互敵對，一到儒家的思想範圍裏，便須失其壁壘。宗教與科學，在中國傳統文化機構下，都可有他們的地位，只不是互相敵對，也不是各霸一方，他們將融和一氣而以儒家思想爲中心。

近代西方科學的趨勢已有些盡物性而損及人性的傾向了，中庸上所謂盡人之性而後可以盡物之性一句話，我們可從兩方面分別講述。先從淺一層向外方面言之，民主精神的文治政府，經濟平衡的自由社會，是盡人性的共通大骨幹，必先在這種政府和社會的控制下來發展科學，才是合於盡人性而後可以盡物性的意義，像西方科學界這樣爲人無控制的利用，在中國人觀念下是不甚同情的。近百年來的中國政治和中國社會一切失卻軌道，無怪中國人對於科學興趣，要老是趦趄徬徨了。左傳上曾說過「正德利用厚生」，中國人一向重視現實人生，利用厚生自然要講究，但中國人觀念裏認爲非先正德，則利用厚生到底不可能。西方科學似乎僅注意在利用上，儻使專從利用的目標走去，是走不到正德的境界的，不能正德亦將不能厚生。正德便是盡人性，利用便是盡物性。

再從深一層向內方面言之，中國人向來主張天人合一與心物合一，這在上面已說過，因此中國人的對物觀念，常和對人觀念般，認爲他們中間也有融和一致的共通相似點。常認爲物性與人性，一樣是一種天地之性，應該不相違異。因此中國人的對物態度，與其說是科學的，毋寧說是藝術的。其實在中國人觀念下，根本便不情願把科學藝術宗教哲學一樣樣分開，使之各立門戶，不相聞問。中國人常願將此種種差別同樣的融和一氣，不加區分。因此中國人常說：「技而進乎道」，又說：「形而上者謂之道，形而下者謂之器。」技與器應該屬藝術還該屬科學，是分辨不清的。道應該屬宗教還該屬哲學，一樣分辨不清。形上形下，一氣貫注纔是中國人的理想。我們若把西方通行語說之，他須是一個宗教與哲學家，(注意與字義不同或字)他纔可做一理想的藝術家與科學家。易經裏面把中國古代一切關於人事方面之製造與發明，(此卽藝術與科學)統統歸之聖人的功績，(聖人略猶如西方之哲學家，)而聖人所以能製造發明這些東西，則全由於他能法則天象，所謂天垂象聖人則之，(此卽宗教，)正爲天人物三者中間有一個共通一貫的道理。也可說是一種共同相似的傾向。天人物三者間，因有這一種共通的道理和傾向，所以纔能形成這一個共同生息的宇宙。這一種道理或傾向，儒家稱之爲性。物之性太雜碎，天之性太渺茫，莫切於先瞭解人之性，要瞭解人之性，自然莫切於從己之性推去。因爲己亦是一人，人亦是一物。合卻天地人物，纔見造化神明之大全。這是中國思想整個的一套。在此一套思想裏，儘可有科學家的地位。上面說過，中國人的科學天才，是偏長於對有機的完整的全體作一種直透內部的心物共鳴的體察的。這是宗教哲學藝術科學同根共源之點。若使科學在中國獲得長足進展，一定在這一方面有他驚人的異采。(按本節所用宗教哲學等名詞，皆就西方術語用之。在西方文化系統上，宗教與科學爲兩大壁壘，而哲學則依違兩可於其間。在中國根本無多哲學，中國人之哲學，在西方人眼光下，則僅是一種倫理學而已。中國亦無嚴格上的宗教，由中國宗教亦已倫理化也。故中國卽以倫理學(或稱人生哲學)便可包括宗教與哲學。而西方哲學中之宇宙論形上學知識論等，中國亦只在倫理學中。西方學術重區分，東方則重融通，故西方科學必另自區分爲一大類中國有科學，則仍必融通於此一大全體之內。西方科學家觀察外物，全從區分精神，中國有科學家，亦仍必以完整的全體的情味來體會外物，此雖非絕對如此，然雙方畸輕畸重之間，則必有如此的趨勢無疑。）

上文所說的科學，乃專指自然科學而言。我們若再進一步深細言之，則自然科學之外還該有人文科學。近代的西方，自然科學突飛猛進，而人文科學落後趕不上，兩者間脫了節，遂致形成近代西方文化上種種的病態。但人文科學畢竟與自然科學對象不同，質性相異，我們不能用同一的心智，或同一的方法來駕馭來探究。若就性質言，自然科學是重在抽象方面的，而人文科學則重在具體方面。若就方法言，自然科學是推概的，而人文科學則是綜括的。讓我們粗略地把各項學科依次作一序列，數學與幾何學是最抽象最推概的科學，他是自然科學之柱石，若無數學，即不能有自然科學，但物理化學，較之數學與幾何學，已不能全重抽象，全用推概的方法了。天文學氣象學乃至地質學等，更具體了，既屬具體，則便須綜括，不能推概。如二加二等於四，三角形內之三角等於兩直角，如此之類，是最抽象的，可以推一概萬的。力學中之槓桿，以及化學中之氫二氧爲水之類，便漸由形式而落到實體，漸從推概中稍帶有綜括的意味了。若至天文氣象地質，你決不能專據一隅而推概萬方，你只有在各地方的具體事象中綜括出一通則來。以上都說的物質科學。若依次輪到生命科學，如生物學，雖亦屬於自然科學之一邊，然因其有生命，便不能不有變異，既有變異，便不能推概，更須綜括。若由生物學轉到人類學，再轉到社會學，歷史文化學之各部門，那距離自然科學更遠了，不僅有生命，而且有個性，變異性更大，更不能抽象地推概。人文科學是有生命的，有個性的，有變異的，更只有具體的綜括，始可得一近是的眞理。若用抽象的推概方法，則無不失敗。經濟學較政治學可推概些，何以故？因經濟學中還多含物質的自然的成分，而政治學則人文的意味更偏重了。你說凡人皆有死，蘇格拉底是人，所以蘇格拉底亦有死，這不屬人文科學的範圍，這依然在自然科學的圍墻裏面，因此雖像說的是人事，而依然可以推概，可以成一邏輯。但你不能說凡人皆怕死，蘇格拉底是人，所以蘇格拉底亦怕死。這不是一推概的命題，而應該是一綜括的命題。你須先問蘇格拉底是否怕死，再可確立凡人是否怕死之一辭。因爲這是屬於人文科學的園地了，人文科學的對象是最富個性最多變異的，因此是最顯最切實，最宜綜括的，不比自然科學的對象，沒有個性，無變異，只是些抽象的形式，可以推概。我們若明白得這點，我們亦可說西方人的心習，和其慣用的方法，使他在自然科學方面更有成就，更見成績。中國文化是一向偏重在人文科學的，他注重具體的綜括，不注重抽象的推概。惟其注重綜括，所以常留著餘地，好容新的事象與新的物變之隨時參加。中國人一向心習之長處在此，所以能寬廓，能圓融，能吸收，能變通。若我們認爲人文科學演進可以利用自然科學，可以駕馭自然科學，則中國傳統文化中，可以容得進近代西方之科學文明，這是不成問題的，不僅可以容受，應該還能融化能開新，這是我們對於面臨的最近中國新文化時期之前途的希望。

現在我們將結束本書，不妨把中國文化演進分成幾個階段的觀念，在此重新提撥一遍。第一是先秦時代，那時中國人把對人生的理想和信念確定下來了，這是中國文化演進的大方針，即中國文化之終極目標所在，在此時期明白提出，以下則遵循此路向而前進。第二是漢唐時期，那時的中國人把政治社會一切規模與制度亦規劃出一個大體的輪廓了。這是人生的共通境界，必先這一個共通境界安頓妥貼，始說得上各人的個別發展。第三是宋元明清時期，那時的中國人，更顯著的發展，是在文學與藝術方面。人生的共通境界安定了，個性的自由伸展也開始了。第四時期是我們面臨著的最近將來的時期，人事上的共通方面與個別方面都已安排照顧到了，下面應該注意到四圍的物質環境上來盡量的改善與利用。概括言之，第一時期，可稱宗教與哲學時期，（此處所用宗教與哲學兩詞之含義已釋在前，即對人生之理想與信仰是也）第二時期，可稱政治與經濟時期，（政治採用民主精神的文治政府，經濟主張財富平衡的自由社會）第三時期可稱文學與藝術時期，文學藝術偏於現實人生而又能代表一部分之宗教性能者，第四時期可稱為科學與工業時期，（科學在理論方面必然將發揮圓成第一時期之理想與信仰，科學在實用方面必然受第二時期政治與經濟理論之控制與督導）但此種區分並非說中國文化在變異與轉換，只是說中國文化在推擴與充實。中國文化依然是這一個大體[illegible]逐次推擴到各方面，又充實了各部門。更此以往，乃始為中國人真到達他終極理想的天下太平與世界大同的時期。

版權所有

中華民國三十七年七月初版

中國文化史導論

全一册　定價國幣五元八角

（外埠酌加運費匯費）

(2416)

著者　錢　穆

發行人　蔣志澄

印刷所　正中書局

發行所　正中書局

整：著

校：讀

滬·本

2/2—0.15